DÉMOCRATIE ET JUSTICE SOCIALE

DANS LA MÊME COLLECTION

Magali Bessone, *Faire justice de l'irréparable. Esclavage colonial et responsabilités contemporaines*, 2019.

Charles Girard, *Délibérer entre égaux. Enquête sur l'idéal démocratique*, 2019.

L'ESPRIT DES LOIS

Directeurs : Stéphane CHAUVIER et Céline SPECTOR

DÉMOCRATIE ET JUSTICE SOCIALE

par

Pierre-Étienne VANDAMME

Ouvrage publié avec le concours du Centre national du livre

PARIS

LIBRAIRIE PHILOSOPHIQUE J. VRIN

6 place de la Sorbonne, V^{e}

2021

AVERTISSEMENT

Les termes comme « citoyens », « représentants » ou « élus » sont à entendre au sens épicène dans l'ensemble de l'ouvrage.

Imprimé en France

ISSN 2682-1699

ISBN 978-2-7116-3004-2

www.vrin.fr

INTRODUCTION

La démocratie est-elle la meilleure forme de gouvernement, la plus susceptible de justice ? Une société juste, mais non démocratique est-elle concevable ? Comment améliorer nos institutions pour rendre nos sociétés et notre monde plus justes ? Telles sont les grandes questions qui habitent ce livre. Elles ne sont pas neuves, mais leur actualité est incontestable et le débat est loin d'être épuisé. Les résultats de nombreuses élections interpellent. Les institutions démocratiques existantes n'ont pas été capables d'empêcher un accroissement massif des inégalités au cours des dernières décennies. De nombreuses démocraties font face à une montée du national-populisme renvoyant au statut d'utopie la perspective d'une justice mondiale. La crise environnementale majeure à laquelle nous faisons face ne trouve pas, jusqu'à présent, de réponse démocratique qui soit à la hauteur.

Faut-il blâmer la démocratie comme type de régime ? Est-ce plutôt la faute aux institutions démocratiques existantes, qui peuvent et devraient être réformées ? Aux contraintes économiques pesant sur le monde politique ? C'est à ces questions importantes que ce livre cherche à apporter des réponses, dans une démarche de philosophie politique consistant à interroger la justification morale de la démocratie et les critères d'évaluation des politiques publiques, ainsi qu'à explorer, dans une perspective pragmatique et constructive, des alternatives plausibles aux institutions existantes, en dialogue avec les sciences sociales.

Le point de départ de ce livre est l'idée initialement formulée par John Rawls selon laquelle la justice serait la vertu la plus importante des institutions sociales [1]. Comment évaluer la démocratie de ce point de vue ? Est-ce une forme de gouvernement intrinsèquement juste du fait qu'elle repose sur une forme d'égalité des citoyens ou qu'elle consacre

1. J. Rawls, *Théorie de la justice*, Paris, Seuil, 2009, p. 29 et p. 33.

l'autonomie collective ? Est-ce au contraire une valeur qui se heurte parfois aux exigences de justice ? On pourrait certes considérer que, dans l'idéal, les deux valeurs se rejoindraient : une société de citoyens véritablement libres et égaux serait à la fois juste et ne pourrait être que démocratique, puisque si certains ont plus de pouvoir politique que d'autres, les citoyens ne sont pas véritablement égaux, ni d'ailleurs véritablement libres [1]. Ce qui m'intéresse toutefois ici n'est pas la relation entre l'idéal de justice et l'idéal démocratique. C'est plutôt celle entre l'idéal de justice et la démocratie comme type de régime existant, avec les imperfections du monde réel (des citoyens ne se souciant pas toujours les uns des autres ; des représentants qui ne poursuivent pas toujours le bien commun ; des institutions pas toujours bien conçues).

La démocratie, prise en ce sens, désigne une pluralité de modes d'organisation des décisions collectives ayant pour trait commun l'inclusion, dans le processus de construction des décisions, de l'ensemble des citoyens majeurs, sur un pied d'égalité. Défendre la démocratie revient donc à croire qu'une telle inclusion égalitaire est désirable. La démocratie peut cependant revêtir une grande diversité de formes, parmi lesquelles il nous faut choisir [2]. Quel mode de scrutin est-il préférable ? Les parlementaires doivent-ils être élus ou tirés au sort ? Faut-il protéger certains droits fondamentaux ? Certes, nous sommes largement dépendants des choix qui ont été posés par les fondateurs de nos démocraties, mais les institutions ne sont pas non plus données une fois pour toutes. Il nous revient, à chaque génération, de les évaluer et de tâcher de les modifier si elles nous paraissent inadéquates. Pour ce faire, cependant, il nous faut un critère d'évaluation. Et c'est là qu'intervient l'idée de justice. S'il s'agit vraiment de la vertu la plus importante d'un ordre social, ce doit aussi être la visée de l'organisation démocratique.

Cette dernière thèse fait face à deux concurrentes principales [3]. La première fait de la performance économique la vertu suprême d'un régime politique. Cependant, la richesse collective – a fortiori mesurée par le

1. C. Castoriadis, « Socialisme et société autonome », dans *Le contenu du socialisme*, Paris, Union générale d'Éditions, 1979.

2. P. Van Parijs, *Just Democracy : The Rawls-Machiavelli Programme*, Colchester, ECPR Press, 2011, p. 2.

3. Une troisième thèse concurrente pourrait être l'idée que la vertu principale de la démocratie est sa capacité à pacifier les relations sociales (A. Przeworski, « Minimalist Conception of Democracy : A Defense », *in* I. Shapiro, C. Hacker-Cordón (dir.), *Democracy's Value*, Cambridge, Cambridge University Press., 1999, p. 23-55.). Mais si la paix constitue assurément une visée prioritaire, il me semble qu'elle peut aisément être intégrée dans une visée plus générale de justice.

PIB – constitue un bien pauvre indicateur de la qualité d'une organisation sociale. Ce critère ne dit rien, en effet, de la manière dont sont réparties les richesses ni de la qualité de vie des citoyens. Or, ce qui importe au premier chef, d'un point de vue moral, ce n'est pas qu'un pays produise beaucoup de richesses ou qu'un maximum de personnes vivent dans l'opulence; c'est que chacun dispose de chances égales de mener une vie de qualité. Cela implique que les considérations *distributives* priment sur les considérations *agrégatives* [1] dans l'évaluation d'un ordre social. Même si la richesse collective est susceptible d'augmenter la qualité de vie de chacun et importe donc certainement, cela ne peut se faire au détriment des opportunités de certains [2].

Quant aux considérations *qualitatives* – comme le bonheur, l'harmonie ou la cohésion sociale – elles importent aussi certainement, puisque nous nous soucions des opportunités d'accès à une vie de qualité, et pas à n'importe quelle vie. Mais en organisant nos sociétés de manière à y augmenter la qualité de vie, nous ne pouvons fermer les yeux sur les questions de justice telles que la distribution des opportunités et du pouvoir de définir ce qu'est une vie de qualité [3]. En outre, contrairement aux questions de justice, il n'est pas nécessaire de se mettre entièrement d'accord sur ce qui fait une vie de qualité. Cet objectif peut être défini et poursuivi de manière distincte par des individus ou groupes dotés d'aspirations différentes – tant que les aspirations de certains ne s'imposent pas à tous de manière hégémonique.

La seconde thèse concurrente est celle selon laquelle le premier critère d'évaluation d'un ordre social devrait être le degré de contrôle du peuple sur ses institutions [4], ou son degré d'autonomie [5]. Ainsi formulée, elle ne

1. Les considérations distributives concernent la manière dont sont répartis des biens (comme des ressources, ou du bien-être) parmi une population; les considérations agrégatives concernent la quantité de ces biens dont jouissent des individus ou la collectivité. Voir B. Barry, « Justice and the Common Good », *Analysis* 21/4, 1961, p. 86-90; *Political Argument*, Londres, Routledge, 1965, p. 43-44.

2. Il s'agit de l'argument désormais classique formulé par Rawls (*Théorie de la justice*) à l'encontre de la tradition utilitariste, dominante en science économique.

3. Daniel A. Bell (*The China model : Political meritocracy and the limits of democracy*. Princeton, Princeton University Press, 2015), par exemple, défend un modèle politique chinois idéalisé sous prétexte qu'il génère une très bonne harmonie sociale. Une telle approche, cependant, ferme les yeux sur les considérables asymétries de pouvoir et la force de l'idéologie dans le façonnement d'une telle harmonie.

4. F. Cunningham, *Democratic Theory and Socialism*, Cambridge, Cambridge University Press, 1987, p. 26-28.

5. C. Castoriadis, « Socialisme et société autonome »; J. Habermas, *Droit et démocratie. Entre faits et normes*, Paris, Gallimard, 1997.

peut manquer de séduire. Il est d'ailleurs difficile de nier que la démocratie tient une grande part de sa valeur du fait qu'elle permet aux citoyens de choisir leurs propres lois. Ceci n'est nullement remis en cause ici. Mais l'idée que l'autonomie du peuple devrait être maximale est problématique à plusieurs titres. D'abord, parce que le « peuple » n'existe pas, du moins pas en tant qu'entité homogène dotée d'une volonté commune [1]. Cela signifie qu'un contrôle populaire maximal sur les institutions politiques ne satisfera pas toujours l'idéal d'*inclusion* de la démocratie ; la volonté populaire pourrait être simplement rabattue sur la volonté majoritaire. Or, l'idée que la *majorité* devrait avoir un maximum de pouvoir de choisir ses propres lois est beaucoup moins séduisante. La règle de majorité, indispensable pour la prise de décision dans des groupes larges et hétérogènes, peut engendrer de l'exclusion quand se forment des minorités permanentes dont la voix n'est jamais prise en compte. En outre, dans le domaine des décisions politiques, il est rarement possible d'inclure *toutes* les parties prenantes comme le voudrait l'idéal d'inclusion. Ce qui fait qu'un contrôle maximal par ceux qui sont inclus dans la communauté politique peut aussi avoir des conséquences très néfastes pour ceux qui en sont exclus mais sont pourtant affectés au plus haut point par ses décisions (étrangers et générations futures, en particulier). Enfin, la poursuite d'une autonomie maximale peut pousser dans le sens d'une décentralisation maximale des décisions. Cela permet en effet de réduire le nombre de personnes qui ne se reconnaissent pas dans les normes choisies par la collectivité. Mais une telle logique entre en tension avec la lutte efficace contre les injustices les plus profondes de notre époque, à savoir la dégradation des conditions de vie des générations futures et les inégalités considérables d'opportunités entre citoyens de différents pays du monde. C'est pourquoi le critère d'autonomie, tout important qu'il soit, n'est pas *suffisant*. Des décisions autonomes peuvent être injustes, et la question qui nous préoccupera ici consiste donc à penser la manière d'organiser l'autonomie collective d'une manière qui promeuve ou favorise des décisions collectives les plus justes possible.

Mais qui décide de ce qui est juste ou injuste ? Pas plus que n'importe qui les philosophes n'ont le droit d'imposer une certaine conception de la justice à l'ensemble de la société. Il revient à chaque communauté politique, de manière autonome, d'essayer de s'entendre sur des principes de justice acceptables par toutes et tous. Cela ne signifie toutefois pas que ces principes ne soient valables que dans ces contextes, qu'il n'existe

1. H. Kelsen, *La démocratie. Sa nature – sa valeur*, Paris, Economica, 1988.

pas de principes valables en tout temps et en tout lieu. Si l'esclavage ou la discrimination raciale sont injustes, ces pratiques le sont partout et l'ont toujours été, indépendamment de ce qu'en pensaient nos ancêtres. Mais il se peut également que certaines pratiques qui nous semblent tout à fait acceptables aujourd'hui répugnent demain à nos petits-enfants. Notre appréciation collective de ce qui est juste et injuste évolue dans le temps, mais cela n'implique pas pour autant que ces considérations morales soient entièrement relatives.

Fort de cette conviction, qui ne pourra ici être étayée davantage [1], ce livre vise, après une clarification des rapports conceptuels entre justice et démocratie, à mettre en avant un critère de justice suffisamment partagé pour servir à évaluer les démocraties existantes et à diagnostiquer leurs manquements [2]. Il s'agit du critère d'*impartialité*, concept central (mais contesté) de la philosophie morale et politique contemporaine. Le principe d'impartialité morale affirme en substance qu'une société est juste si la manière dont elle est organisée ne favorise les intérêts fondamentaux [3] de personne [4]. Un tel principe abstrait me paraît peu susceptible de désaccords *désintéressés*. Les personnes avantagées par la distribution existante des bénéfices et charges de la vie sociale ont bien entendu un motif intéressé de rejeter un tel principe et, si elles ne le font pas, seront probablement incitées (consciemment ou non) à rejeter les implications les plus radicales de ce principe abstrait. Néanmoins, il me semble possible de construire un large consensus autour du rejet du favoritisme, des privilèges, des discriminations. Malgré la diversité de nos convictions éthiques ou religieuses particulières, quelle que soit notre interprétation des implications de ce principe, nous pouvons nous entendre sur son ambition générale de réguler nos conflits de convictions et d'intérêts sans

1. Voir à ce sujet P. Singer, *The Expanding Circle : Ethics and Socio-Biology*, Oxford, Oxford University Press, 1981 ou C. Misak, *Truth, Politics, Morality : Pragmatism and Deliberation*, Londres, Routledge, 2000.

2. Voir *infra* p. 33-75 et chapitre II, p. 93-125.

3. Les intérêts fondamentaux renvoient à ce à quoi chaque citoyen aspire quelles que soient sa conception de ce qu'est une vie bonne et sa position sociale. On peut les distinguer des intérêts particuliers que chacun poursuit en lien avec sa conception du bien et sa position sociale. Si l'État doit manifester une préoccupation impartiale pour les premiers, il n'a pas une même obligation concernant les seconds. Cette notion d'intérêts fondamentaux est proche de celle de « biens premiers » chez Rawls (*Théorie de la justice*, *op. cit.*, § 15), mais elle est plus ouverte. On peut y inclure davantage que ce que fait Rawls – notamment les capabilités fondamentales chères à A. Sen et M. Nussbaum (« Capability and well-being », in *The quality of life*, Oxford, Clarendon Press, 1993).

4. Ce qui n'empêche pas de favoriser les intérêts de certains pour remédier à un désavantage existant.

recours à la force brute et sans abandonner la morale aux rapports de force existants.

La notion d'impartialité sera mobilisée ici pour des raisons philosophiques plutôt que politiques. Elle est certes peu susceptible d'enthousiasmer les foules et ne possédera jamais le pouvoir d'attraction de l'idée d'égalité. Elle me paraît cependant plus précise, plus exacte, d'un point de vue philosophique, que l'idée d'égalité, pour des raisons qui apparaîtront plus clairement dans le second chapitre [1]. Une société juste n'est en effet pas nécessairement une société dans laquelle les citoyens jouissent de rémunérations strictement égales. Certains ont des besoins plus importants que d'autres. Certains occupent des professions plus pénibles que d'autres. Des rémunérations strictement égales pourraient désavantager injustement ces personnes par rapport à leurs pairs qui ont moins de besoins ou occupent des professions plus gratifiantes ou confortables, et donc s'avérer injustes du point de vue de l'impartialité. Néanmoins, comme nous le verrons, les visées d'égalité et d'impartialité vont le plus souvent de pair.

La visée d'impartialité me paraît par ailleurs préférable à celles du bien commun ou de l'intérêt général [2]. Toutes attrayantes que soient ces notions, elles courent un risque important, comme nous le verrons, de masquer les divisions sociales et conflits d'intérêts. La visée d'impartialité part du constat que les sociétés humaines sont traversées par de profonds conflits et que les intérêts des citoyens ne sont pas toujours réconciliables. Plutôt que de fermer les yeux sur ces conflits au nom d'un hypothétique bien commun ou d'un illusoire intérêt commun, il s'agit d'identifier les moyens d'apaiser ces conflits en faisant justice aux revendications des personnes et groupes désavantagés, fût-ce en heurtant les intérêts des plus privilégiés.

Malgré le fait que le lien entre équité et impartialité apparaisse avec évidence dans plusieurs domaines de nos vies, comme les procès, les médiations ou le sport [3], l'impartialité constitue un idéal très souvent mal compris. Le second chapitre aura donc pour objectif de lever un certain nombre de malentendus à son égard. En particulier, il est essentiel de distinguer l'impartialité *morale*, qui consiste à n'accorder à aucune personne plus de valeur qu'à une autre, de l'impartialité *politique*, qui

1. Voir *infra* chapitre 2, p. 106-108.

2. Elle est néanmoins compatible avec certaines définitions de ces termes.

3. On attend d'un juge, d'un médiateur et d'un arbitre qu'ils soient impartiaux, qu'ils ne favorisent aucune des parties prenantes, sans quoi les conflits seraient interminables.

consisterait à ne pas prendre parti, à rester neutre et indépendant. Je chercherai en effet à montrer que la poursuite de l'impartialité morale implique l'*engagement* politique en faveur des plus défavorisés.

Après l'examen des raisons de préférer la démocratie à ses alternatives et la défense de la visée d'impartialité, la troisième et dernière ambition de ce livre consiste à formuler des pistes de réformes politiques susceptibles d'accroître le potentiel de justice de nos [1] démocraties [2]. En vue d'illustrer la diversité des champs et moyens d'action possibles, l'attention sera concentrée sur quatre propositions, qui concernent respectivement les domaines de l'éducation publique, de la représentation politique, de la participation citoyenne et des droits fondamentaux. La première proposition est celle d'une éducation citoyenne ou politique visant à développer la faculté de décentrement des élèves et leur compréhension de la réalité sociale. La seconde consiste à instituer, en parallèle d'une première chambre élue, une seconde chambre de représentants tirés au sort parmi l'ensemble de la population, avec pouvoir d'initiative législative, de seconde lecture et d'amendement. La troisième consiste à repenser les pratiques de vote et à inclure sur les bulletins de vote un choix parmi des justifications proposées, afin d'encourager une attitude plus délibérative face à l'urne et une dynamique de justification mutuelle. La quatrième vise une protection constitutionnelle accrue des droits sociaux pour réduire les atteintes aux droits fondamentaux des plus démunis. Dans chaque cas, j'essaye d'anticiper les objections les plus fortes aux propositions formulées. J'examine enfin brièvement [3] la manière dont ces réformes pourraient contribuer à la justice mondiale dans un monde où la démocratie se joue encore essentiellement à l'échelle nationale.

Une des questions résidant au cœur de ce livre est la suivante : pourquoi le jugement du plus grand nombre serait-il plus susceptible d'impartialité que celui d'un despote ou d'une élite impartial(e) ? En théorie de la démocratie, il est devenu coutume de parler à ce sujet de la valeur *épistémique* de la démocratie, c'est-à-dire la capacité de cette dernière à engendrer des décisions de qualité. C'est dans ce champ de recherche philosophique

1. Par « nos démocraties », j'entends désigner toutes les démocraties suffisamment stabilisées pour que les attentes de justice aient pris le pas sur l'espoir de paix civile. C'est un « nous » inclusif, qui ne se veut pas ethnocentré, même s'il est sans doute en partie biaisé par la perspective qui est la mienne – citoyen aisé d'un pays riche.

2. Voir *infra* chapitre 3, p. 127-208.

3. Voir *infra* p. 208-216.

particulièrement développé dans la littérature de langue anglaise que s'inscrit la présente contribution.

Par rapport à la littérature existante sur ce sujet, je poursuis ici deux objectifs particuliers. Premièrement, expliciter ce qui fait la validité morale d'une décision politique (grâce au critère d'impartialité). En effet, jusqu'à présent, cette littérature s'est plutôt concentrée sur la *rationalité* des décisions démocratiques. Deuxièmement, explorer des pistes d'amélioration du potentiel épistémique de la démocratie. Ces deux questions me semblent négligées par celles et ceux qui écrivent sur le sujet. Or, il ne me paraît pas suffisant de justifier le gouvernement démocratique, de montrer en quoi il est supérieur à ses alternatives. Il s'agit certes d'une tâche importante à l'heure où le monde est peut-être en train de connaître, après des décennies de progrès de la démocratie, une période de « déconsolidation » ou régression démocratique [1]. C'est pourquoi le premier chapitre de ce livre y est dédié. Toutefois, réconcilier avec la démocratie les populations insatisfaites, voire désillusionnées implique à mes yeux de repenser nos institutions politiques [2], d'en identifier les faiblesses et surtout d'explorer les alternatives les plus susceptibles d'en faire à nouveau des vecteurs de progrès social. C'est l'ambition du troisième chapitre.

1. Y. Mounk, *Le Peuple contre la démocratie*, Paris, Éditions de l'Observatoire, 2018, chap. 3.

2. « Politiques » étant à entendre au sens large : toutes les institutions qui contribuent à structurer les dynamiques politiques. Je me pencherai ici sur les institutions représentatives, judiciaire et scolaire, mais la réflexion pourrait par exemple être étendue aux entreprises (voir I. Ferreras, *Firms as Political Entities : Saving Democracy through Economic Bicameralism*, Cambridge, Cambridge University Press, 2017).

CHAPITRE PREMIER

POURQUOI LA DÉMOCRATIE ?

La valeur de la démocratie semble avoir quelque peu perdu de son évidence. Les jeunes générations ne semblent pas lui afficher un soutien massif [1]. Un certain nombre de pays comme la Hongrie, la Pologne ou la Turquie ont récemment connu des processus de régression de la démocratie, voire une franche transition vers l'autoritarisme [2]. Certains régimes non démocratiques se targuent de leur plus grande capacité à assurer la prospérité collective, l'harmonie sociale ou même à lutter contre la crise environnementale [3]. Enfin, l'idée de confier le pouvoir à des experts plutôt que des représentants élus jouit d'un assez fort soutien populaire [4].

La question de ce qui fonde notre attachement à la démocratie est donc plus que jamais d'actualité. Pourquoi revêt-elle à nos yeux tant de valeur ? Et qu'est-ce qui rend les décisions démocratiques légitimes ? Est-ce parce que la démocratie nous offre la possibilité de contribuer à la construction de nos propres lois ? Parce qu'elle incarne un idéal d'égalité entre tous les

1. Y. Mounk, *Le Peuple contre la démocratie*, *op. cit.*, chap. 3. Voir toutefois A. C. Alexander, C. Welzel, « The myth of deconsolidation : Rising liberalism and the populist reaction », *The Journal of Democracy web exchange*, 2017 (https://www.journalofdemocracy.org/online-exchange-democratic-deconsolidation/) et P. Norris, « Is Western democracy backsliding ? Diagnosing the risks », *The Journal of Democracy web exchange*, 2017 (https://www.journalofdemocracy.org/online-exchange-democratic-deconsolidation/).

2. M. Somer, « Turkey : The slippery slope from reformist to revolutionary polarization and democratic breakdown », *The ANNALS of the American Academy of Political and Social Science* 681/1, 2019, p. 42-61 ; I. Krastev, « Eastern Europe's illiberal revolution : The long road to democratic decline », *Foreign Affairs* 97, 2018, p. 49-59 ; A. Cassani, L. Tomini, *Autocratization in post-cold war political regimes*, Berlin, Springer, 2018.

3. D. A. Bell, *The China model* ; M. Beeson, « The coming of environmental authoritarianism », *Environmental politics* 19/2, 2010, p. 276-294.

4. E. Bertsou, G. Pastorella, « Technocratic attitudes : a citizens'perspective of expert decision-making », *West European Politics* 40/2, 2017, p. 430-458.

citoyens ? Parce qu'elle pacifie les conflits sociaux ? Parce qu'elle permet la prospérité collective ? Le développement humain ? La justice sociale ?

Le potentiel pacificateur de la démocratie est indéniable. Et il semble tenir pour grande part au mécanisme électoral. En effet, la durée de vie moyenne d'un gouvernement autoritaire sans élections est de 20 ans. Avec élections, mais sans opposition, on monte à 25 ans. Avec des élections contestées par une opposition, 46 ans. Avec élections et au moins une alternance pacifique, 87 ans [1]. Par ailleurs, on sait de longue date que les démocraties sont, en moyenne, beaucoup moins belliqueuses que les régimes autoritaires [2].

Le potentiel de prospérité des démocraties, en revanche, est plus contesté. Une étude d'ampleur sur l'évolution de 135 pays entre 1950 et 1990 indiquait en effet que, dans des circonstances comparables entre elles, le type de régime (démocratique ou dictatorial) n'a aucun impact significatif observable sur la croissance du revenu national [3]. À en croire l'un des auteurs de cette étude, en 2018 il n'existe toujours pas d'indication claire d'une supériorité de la démocratie par rapport à ses alternatives existantes en termes de création de richesse collective [4]. Ce que l'on observe néanmoins, c'est une plus grande *stabilité* des taux de croissance en démocratie, ainsi que des salaires plus élevés dans des circonstances comparables [5].

Du point de vue du développement humain, les démocraties prennent en revanche plus nettement le dessus grâce à une mortalité infantile réduite et une espérance de vie plus élevée [6]. Et il en va de même du point de vue du respect des droits humains, bien que contrairement à ce qu'on

1. A. Przeworski, *Why Bother with Elections ?*, Cambridge, Polity Press, 2018, p. 117.

2. M. Doyle, « Kant, Liberal Legacies, and Foreign Affairs », *Philosophy and Public Affairs* 12/3, 1983, p. 205-235 ; S. Pinker, *The Better Angels of Our Nature : The Decline of Violence in History and Its Causes*, Londres, Penguin Books, 2011, p. 278-284 ; I. Shapiro, *Politics against Domination*, Cambridge (Mass.), Harvard University Press, 2016, p. 162.

3. A. Przeworski, M. Alvarez, J.-A. Cheibub, F. Limongi, *Democracy and Development : Political Institutions and Well-Being in the World, 1950-1990*, Cambridge, Cambridge University Press, 2000. Si l'on ferme les yeux sur les différences de circonstances, la croissance du revenu total est à peine plus élevée pour les régimes dictatoriaux, mais cela doit encore être nuancé par le fait que le revenu par habitant y est plus faible étant donné que la croissance démographique y est généralement plus élevée.

4. A. Przeworski, *Why Bother with Elections ?*, *op. cit.*, p. 101.

5. *Ibid.*, p. 103.

6. A. Przeworski, M. Alvarez, J.-A. Cheibub, F. Limongi, *Democracy and Development*, *op. cit.*, p. 228 ; J. Gerring, S. Thacker, R. Alfaro, « Democracy and human development », *The Journal of Politics* 74/1, 2012, p. 1-17. Mais un taux d'alphabétisation plus bas (P. Dasgupta, E. Maskin, « Democracy and Other Goods », *in* I. Shapiro, C. Hacker-Cordón, *Democracy's Value*, *op. cit.*, p. 69-90).

pourrait croire, la corrélation n'est positive qu'à partir d'un certain seuil de qualité démocratique [1].

Ces divers critères d'évaluation de la démocratie sont importants, mais ce qui m'intéresse ici plus particulièrement, comme je l'ai souligné dans l'introduction, est la relation entre démocratie et justice sociale. Peut-on dire que la démocratie est plus susceptible de justice sociale que ses alternatives ? Devrait-on plutôt considérer qu'elle est *intrinsèquement* juste ou équitable ? Et si un autre régime offrait de meilleures perspectives de justice, devrions-nous renoncer à la démocratie ? Ces questions me semblent prioritaires. Et si la paix civile et le respect des droits humains font sans doute partie de toute conception plausible de la justice sociale, la prospérité collective – en particulier lorsqu'elle est entendue dans le sens restreint d'une croissance du PIB – est à mes yeux secondaire. Ce n'est pas qu'elle importe peu [2]. L'idée est plutôt qu'elle doit être poursuivie dans le respect des principes de justice.

JUSTIFICATIONS CONCURRENTES DE LA DÉMOCRATIE

Il existe dans la littérature philosophique au moins trois manières de concevoir la relation conceptuelle entre justice et démocratie. Toutes trois s'articulent autour d'une certaine conception de la légitimité démocratique, c'est-à-dire des raisons que nous avons d'obéir aux lois produites démocratiquement.

Dans une perspective *instrumentale*, la légitimité de la démocratie repose entièrement sur la qualité attendue de ses résultats. Autrement dit, si un autre régime produit des résultats plus justes, il sera plus légitime. Dans une perspective *procédurale*, au contraire, la légitimité de la démocratie provient de ses qualités intrinsèques, comme le fait qu'elle permet un arbitrage équitable entre diverses conceptions de la justice, une égalisation du pouvoir ou de la liberté politique. Dans une troisième perspective – *le procéduralisme épistémique* –, la légitimité repose à la fois sur l'acceptabilité sociale de la procédure de décision collective et

1. C. Davenport, D. Armstrong, « Democracy and the violation of human rights : A statistical analysis from 1976 to 1996 », *American Journal of Political Science* 48/3, 2004, p. 538-554.

2. Pour être plus précis, je dirais que la question de la prospérité collective possède une valeur marginale décroissante : elle importe certainement dans des pays souffrant d'importants déficits de développement humain, mais des gains de prospérité ne devraient plus être une obsession dans les pays riches, d'autant que ces gains sont souvent associés à la dégradation de l'environnement.

ses qualités épistémiques, c'est-à-dire sa capacité à générer des décisions rationnelles et justes.

Outre ces trois options, il est également possible de nier toute articulation entre démocratie et justice. L'objection *minimaliste*, par exemple, considère que la valeur de la démocratie provient essentiellement de sa capacité à empêcher la guerre civile et qu'il est déraisonnable, ou irréaliste de nourrir à son égard des attentes de justice [1]. La démocratie revêt donc ici également une valeur instrumentale, mais pas celle de promouvoir la justice. L'objection *agonistique* estime que les conflits sociaux sont irréductibles, de sorte qu'une démocratie juste est de l'ordre de l'« impossibilité conceptuelle » [2]. L'objection *populiste* (ou « néo-populiste »), de son côté, donne la primauté absolue à la démocratie sur tout autre objectif, parce qu'elle assimile ce qui est juste à la volonté populaire – soit imaginaire, soit rabattue sur la volonté majoritaire [3]. C'est par exemple l'idée exprimée par Marine Le Pen selon laquelle « vous ne pouvez pas, en démocratie, avoir raison contre le peuple » [4]. L'objection *élitiste*, enfin, se montre sceptique quant à la capacité de la démocratie à engendrer des décisions justes. Une approche élitiste promouvra alors, dans sa version la plus forte, une forme de despotisme ou d'aristocratie éclairée et, dans ses versions plus modérées, un certain nombre d'institutions indépendantes, technocratiques, n'ayant pas de comptes à rendre aux citoyens. Une telle approche peut également s'inscrire dans une visée instrumentale ou épistémique, mais elle diffère des approches qui seront ici rassemblées dans ces catégories en ce qu'elle ne reconnaît pas le potentiel de justice supérieur de la démocratie. C'est cette objection élitiste que je considère comme la plus sérieuse, et qui motivera les réflexions sur ce qui fait la valeur (et les limites) épistémique(s) de la démocratie.

Enfin, il est également possible de faire de la démocratie une exigence de justice. De ce point de vue, ne peut être juste qu'une société démocratique [5]. Cette approche n'est évidemment pas dénuée de sens,

1. A. Przeworski, « Minimalist Conception of Democracy : A Defense » ; *Democracy and the Limits of Self-Government*, New York, Cambridge University Press, 2010.

2. C. Mouffe, *The Democratic Paradox*, Londres, Verso, 2000, p. 137.

3. Le terme « populisme » fait l'objet de nombreuses controverses académiques. Précisons simplement qu'il n'est pas réductible au type de rhétorique simplificatrice que je pointe ici du doigt.

4. M. Le Pen, « Réaction à l'élection de Donald Trump au JT de 20h », France 2, 9 novembre 2016, (https://youtu.be/zt9OzT-Uow8).

5. Voir notamment C. Castoriadis, *Socialisme et société autonome* ; I. M. Young, *Inclusion and Democracy*, New York, Oxford University Press, 2000 ; N. Fraser, *Qu'est-ce que la justice sociale ? Reconnaissance et redistribution*, Paris, La Découverte, 2005 ; T. Christiano, *The Constitution of Equality : Democratic Authority and Its Limits*, Oxford, Oxford University

mais elle biaiserait d'emblée la réflexion que j'entends ici mener. C'est pourquoi je refuse de prendre pour point de départ de mon argumentation l'hypothèse d'un lien *indissociable* entre démocratie et justice sociale. Qui plus est, une telle approche ne fait que déplacer le problème : au lieu d'une tension entre justice et démocratie, on fera face à une tension entre différentes exigences de justice.

Le régime le plus susceptible de justice ?

La démocratie peut être considérée comme l'instrument de multiples causes, comme la paix, le développement humain, l'émancipation collective, voire l'éducation populaire. Je m'intéresse ici à la démocratie comme instrument de justice. Ceux qui adoptent cette perspective instrumentaliste [1] accordent une valeur prépondérante à la justice sociale et, convaincus qu'une entente est possible sur ce que constitue une société juste, ils jugent que la forme d'organisation politique la plus légitime d'un point de vue moral [2] est celle qui offre le plus de perspectives de justice. C'est donc (principalement) parce que le gouvernement démocratique leur semble offrir de telles perspectives qu'ils lui accordent leurs faveurs.

Le mouvement socialiste constitue un bon exemple historique de ce rapport instrumental à la démocratie. Partant de l'hypothèse que « le prolétariat exploité et réduit à la misère forme l'immense majorité de la population » [3], il était tout naturel pour ses leaders de voir dans le suffrage universel un puissant instrument – fût-il bourgeois – de conquête du pouvoir par le prolétariat [4]. Ou alors, au moins, les élections pouvaient être, comme le suggérait Engels, une sorte de thermomètre qui indiquerait quand le rapport de force serait favorable à la révolution [5].

Press, 2008 ; P. Pettit, *On the People's Terms : A Republican Theory and Model of Democracy*, Cambridge, Cambridge University Press, 2012.

1. Notamment I. Shapiro, *Democratic Justice*, New Haven, Yale University Press, 1999 ; R. Arneson, « Democracy Is Not Intrinsically Just », *in* K. Dowding, R. Goodin, C. Pateman (dir.), *Justice and Democracy : Essays for Brian Barry*, Cambridge, Cambridge University Press, 2004, p. 40-58 ; P. Van Parijs, *Just Democracy.*

2. La légitimité *morale*, *normative*, est à distinguer de la légitimité *politique* ou *sociologique*, c'est-à-dire la perception effective de légitimité par les acteurs.

3. H. Kelsen, *La démocratie. Sa nature – sa valeur*, *op. cit.*, p. 86.

4. Même si, en fin de compte, les régimes se réclamant du socialisme ont plus souvent émergé de coups d'État que des urnes, et même si le beau mariage promis entre démocratie et socialisme fut finalement la source de grandes désillusions. Voir A. Przeworski, *Capitalism and Social Democracy*, Cambridge, Cambridge University Press, 1985.

5. A. Bergounioux, B. Manin, *La social-démocratie ou le compromis*, Paris, P.U.F., 1979, p. 41.

L'exemple socialiste illustre bien les dangers d'une conception strictement instrumentale de la démocratie. Si en Europe de l'Ouest, les partis socialistes se sont démocratisés au point d'abandonner leurs aspirations révolutionnaires, il n'en fut pas de même partout. Lénine, par exemple, qui se présentait comme un démocrate – mais un vrai, pas un démocrate bourgeois – eut tôt fait de sacrifier la démocratie lorsqu'il lui sembla préférable à la cause socialiste de museler toute forme d'opposition [1]. Rétrospectivement, il semble clair que la dictature du parti d'avant-garde qu'il préconisait offrait en réalité bien peu de perspectives de justice sociale, puisqu'elle empêchait toute forme de contestation des injustices par la population et entérinait la soumission de l'ensemble des citoyens au pouvoir arbitraire du parti [2]. Il n'empêche que la question de fond demeure pertinente : si nous avions la conviction qu'un régime non démocratique ou moins démocratique offrait de meilleures perspectives de justice, ne devrions-nous pas accepter de sacrifier un peu de démocratie ?

C'est ici que surgit l'objection la plus fréquemment adressée à l'approche instrumentale : la présence de désaccords fondamentaux sur la question du juste [3]. Puisqu'il n'existe pas de conception de la justice partagée par l'ensemble de la population, il est impossible de déterminer collectivement quel régime produirait les résultats les plus justes.

Il existe cependant trois manières de considérer l'absence d'accord unanime sur ce qui est juste et injuste. La première consiste à nier la possibilité de toute forme d'accord et à isoler la politique et la démocratie de toute recherche d'entente autre que sur les règles du jeu démocratique. C'est la position de Hans Kelsen, selon laquelle les procédures démocratiques n'ont qu'une fonction d'arbitrage équitable entre prétentions concurrentes à l'organisation de l'ordre social, qui n'ont pas à être évaluées quant à leur contenu [4]. La seconde consiste à établir une distinction entre des normes sur lesquelles une très large entente est possible (certains droits fondamentaux par exemple) et d'autres qui font l'objet de désaccords « raisonnables », qui ne se dissiperont pas par le

1. F. Lovell, *From Marx to Lenin : An evaluation of Marx's responsibility for Soviet authoritarianism*, Cambridge, Cambridge University Press, 1984.

2. Voir notamment C. Castoriadis, « Socialisme et société autonome ».

3. A. Gutmann, D. Thompson, *Democracy and Disagreement*, Cambridge (Mass.), Harvard University Press, 1996 ; J. Waldron, *Law and Disagreement*, Oxford, Oxford University Press, 1999 ; D. Mineur, *Le Pouvoir de la majorité : Fondements et limites*, Paris, Garnier, 2017.

4. H. Kelsen, *La démocratie. Sa nature – sa valeur*.

seul exercice de la raison [1]. La troisième consiste à défendre la conception de la justice qui semble la plus raisonnable ou la plus juste et à évaluer la démocratie de ce point de vue. C'est la position instrumentaliste. Elle ne nie évidemment pas la présence de désaccords, ni la profondeur de ces désaccords, mais leur caractère raisonnable [2].

De ce point de vue, l'absence d'accord sur le juste ne suffit pas à discréditer l'approche instrumentale. Le fait qu'il existe un très grand nombre de réponses concurrentes à la question de ce que serait une société juste n'exclut pas logiquement la possibilité qu'une seule de ces réponses soit la bonne (ni qu'aucune d'elles ne soit bonne). Il est donc logiquement cohérent, si l'on est cognitiviste sur le plan politique (c'est-à-dire que l'on croit que les convictions politiques sont soutenues par des raisons, dont certaines sont meilleures que d'autres [3]), de proposer une théorie instrumentale de la démocratie [4]. La question qui compte n'est alors pas celle de l'existence, ici et maintenant, d'un accord suffisamment large sur le juste, mais celle de la plausibilité d'un tel accord. Les instrumentalistes font le pari qu'il est possible de mobiliser une large majorité autour d'une conception spécifique de la justice et de façonner nos institutions démocratiques en fonction de cette aspiration de justice.

Ce qui est également parfois reproché aux instrumentalistes, c'est une certaine arrogance philosophique : nous savons ce qui est juste et nous allons vous en convaincre. Hannah Arendt s'est montré l'une des plus féroces critiques de cette attitude. De Platon à Heidegger, remarquait-elle, les philosophes n'ont souvent fait que répéter un mépris de la foule et de l'opinion publique. Dès lors, lorsqu'ils daignaient s'intéresser à la cité et son organisation, c'était le plus souvent pour l'assujettir, pour sauvegarder

1. J. Waldron, *Law and Disagreement*; L. Valentini, « Justice, Disagreement and Democracy », *British Journal of Political Science* 43/1, 2013, p. 177-199.

2. D. Estlund, « Jeremy Waldron on *Law and Disagreement* », *Philosophical Studies* 99, 2000, p. 111-128 ; H. Landemore, « Beyond the Fact of Disagreement ? The Epistemic Turn in Deliberative Democracy », *Social Epistemology* 31/3, 2017, p. 277-295.

3. Voir H. Landemore, *Democratic Reason : Politics, Collective Intelligence, and the Rule of the Many*, Princeton, Princeton University Press, 2013, chap. 8, qui distingue différents degrés de cognitivisme politique et montre qu'il s'agit d'une position susceptible d'être défendue à partir d'une diversité de perspectives méta-éthiques.

4. Si, à l'inverse, on estime que les questions de justice ne sont pas susceptibles de vérité, est-on nécessairement ramené vers une justification procédurale de la démocratie ? Pas forcément. La démocratie n'apparaît plus que comme une méthode non conflictuelle de décision. S'il n'y a pas de vérité morale, on ne peut pas dire qu'elle soit intrinsèquement juste. Elle n'a plus que la valeur instrumentale d'éviter la guerre civile, valeur qu'elle partage avec des États autocratiques forts.

leur place d'exception au sein de celle-ci [1]. Arendt le déplore, lorsque dans un texte où elle est censée rendre hommage à Heidegger, elle dit :

> Nous qui voulons honorer les penseurs [...], nous ne pouvons guère nous empêcher de trouver frappant, et peut-être scandaleux, que Platon comme Heidegger, alors qu'ils s'engageaient dans les affaires humaines, aient eu recours aux tyrans et dictateurs. Peut-être la cause ne s'en trouve-t-elle pas seulement à chaque fois dans les circonstances de l'époque, et moins encore dans une préformation du caractère, mais plutôt dans [...] une *déformation professionnelle*. Car le penchant au tyrannique se peut constater dans leurs théories chez presque tous les grands penseurs (Kant est la grande exception) [2].

Que Kant soit la grande exception est plutôt rassurant, puisqu'une bonne part de la philosophie politique normative contemporaine se réclame de son héritage. Même s'il en allait autrement, néanmoins, il y aurait sans doute lieu de modérer le constat d'Arendt. Les principaux tenants de l'approche instrumentale ont très peu en commun avec Platon et encore moins avec Heidegger (qui n'a jamais développé de réflexion politique approfondie). Les craintes d'Arendt sont à situer dans un contexte d'élucidation des causes multiples des totalitarismes, tandis que la philosophie normative contemporaine s'inscrit pleinement dans une perspective post-totalitaire. Kelsen, à l'instar d'Arendt, s'inquiétait du lien entre croyance dans des vérités métaphysiques et autoritarisme [3]. Écrivant en 1929, il ne pouvait que s'inquiéter des conséquences politiques d'un rapport absolutiste à la vérité. C'est dans ce contexte qu'il faut comprendre son affirmation selon laquelle « l'idée démocratique suppose une philosophie relativiste » [4] – affirmation malgré tout en tension avec sa valorisation prioritaire de la liberté politique [5].

Fort heureusement, la philosophie normative contemporaine, « post-métaphysique », est d'un autre ordre. Croire dans l'existence de vérités morales, par exemple, n'est pas incompatible avec la démocratie. En effet, comme le souligne Richard Arneson, il est tout à fait possible d'être à la fois *réaliste* sur le plan méta-éthique (c'est-à-dire croire en l'existence

1. Voir J. Taminiaux, *La fille de Thrace et le penseur professionnel. Arendt et Heidegger*, Paris, Payot Rivages, 2006 et M. Abensour, *Hannah Arendt contre la philosophie politique ?*, Paris, Sens et Tonka, 2006.

2. H. Arendt, « Martin Heidegger a quatre-vingts ans », dans *Vies politiques*, Paris, Gallimard, 1974, p. 320.

3. H. Kelsen, *La démocratie. Sa nature – sa valeur*, *op. cit.*, p. 90-91.

4. *Ibid.*, p. 92.

5. C. Girard, « La règle de majorité en démocratie : équité ou vérité ? », *Raisons politiques*, 53, 2014, p. 110-113.

de vérités morales) et *faillibiliste* (c'est-à-dire avoir conscience de la possibilité de se tromper) quant à nos théories morales actuelles, y compris celles qu'on défend soi-même avec conviction [1].

Le faillibilisme est d'ailleurs l'élément décisif qui fera souvent pencher la balance, dans les approches qui défendent une priorité de la justice sur la démocratie, en faveur de la démocratie contre toute forme d'élitisme ou de despotisme éclairé. En effet, la poursuite de la justice et la conscience de la faillibilité du jugement ont pour corollaire nécessaire un espace de discussion libre où les prétentions à la validité de différentes conceptions de la justice puissent être contestées par tous [2]. Contre certaines interprétations de ses détracteurs [3], l'approche instrumentale se distingue par ce trait de l'approche élitiste : il ne s'agit pas pour ses promoteurs d'imposer, tel le philosophe roi platonicien, leur conception de la justice. Il s'agit plutôt de convaincre leurs concitoyens, *dans le débat public démocratique*, de la validité d'une conception de la justice et de l'importance de la poursuivre par le biais de certaines réformes institutionnelles. Et cela implique l'attitude faillibiliste de disposition à réviser ses convictions lorsqu'elles rencontrent des objections valides. En d'autres termes, la conception de la justice défendue par les instrumentalistes n'est tenue pour valide *que jusqu'à preuve du contraire*.

La justification instrumentale de la démocratie est donc une perspective plausible – à condition de rejeter le relativisme moral et politique (l'idée qu'il n'existe pas de lois plus justes que d'autres). Une question distincte est celle de sa pertinence pratique. Pour réformer les institutions démocratiques, il faut généralement mobiliser une large majorité. Peut-on espérer convaincre les gens qu'il faut transformer nos institutions pour arriver à des résultats dont le caractère juste est très contesté ? Étant donné que les philosophes politiques sont eux-mêmes profondément divisés sur la question du juste, on pourrait raisonnablement s'attendre à des désaccords comparables dans l'opinion publique. Il semble cependant qu'il ne faille pas exagérer l'ampleur des désaccords sur le juste. C'est sur les *implications* de principes généraux largement partagés – égalité

1. R. Arneson, « Democracy Is Not Intrinsically Just », *op. cit.*, p. 43.

2. C. Misak, *Truth, Politics, Morality*, *op. cit.*, p. 106.

3. Notamment M. Walzer, « Philosophy and Democracy », dans T. Christiano (éd.) *Philosophy and Democracy : An Anthology*, Oxford, Oxford University Press, 2003 ; J. Habermas, « La morale des visions du monde. "Raison" et "vérité" dans le libéralisme politique de Rawls », dans J. Habermas, J. Rawls, *Débat sur la justice politique*, Paris, Le Cerf, 2005 ; T. Christiano, « Is Democracy Merely a Means to Social Justice ? », *in* A. Reeve, A. Williams (dir.), *Real Libertarianism Assessed : Political Theory after Van Parijs*, New York, Palgrave Macmillan, 2003, p. 172-200.

de traitement, principes de suffisance, de réciprocité, de mérite – que reposent la plupart des querelles politiques [1]. L'instrumentalisme, pour peu qu'il vise une cible largement reconnue comme désirable, peut donc revêtir un intérêt théorique *et* pratique. Je chercherai cependant à montrer dans ce qui suit en quoi l'approche épistémique s'avère plus séduisante. Avant cela, il est important de comprendre l'objection procédurale à l'instrumentalisme.

Des règles du jeu intrinsèquement équitables ?

Les tenants de l'approche procédurale [2] se présentent souvent comme porteurs d'ambitions plus modestes que les instrumentalistes. Il s'agit simplement, dans la variété des théories procédurales de la démocratie, de définir quels sont les principes fondamentaux qui doivent régir la prise de décision démocratique et, éventuellement, quelles sont les institutions incarnant le mieux ces principes. Ces principes fondamentaux sont l'égalité politique, la règle de majorité, le pluralisme et la reddition de comptes électorale, éventuellement appuyés par un principe de discussion publique. Le cœur de l'approche procédurale consiste à affirmer que le conflit politique fondamental doit être « mené selon certaines règles dont le respect assure le fondement même de la légitimité [...] de l'ensemble du système » [3]. Autrement dit, le respect des règles du jeu suffit à assurer la légitimité d'une décision politique. Quant à la question du juste, elle n'est pas, comme dans l'interprétation populiste, assimilée à la volonté populaire, mais les procéduralistes considèrent qu'elle ne peut recevoir de tentative de définition qu'à travers le débat démocratique (et semblent situer la discussion philosophique hors du débat démocratique).

1. Voir D. Miller, « Distributive Justice : What the People Think », *Ethics* 102/3, 1992, p. 555-593 ; M. Forsé, M. Parodi, *La priorité du juste. Éléments pour une sociologie des choix moraux*, Paris, P.U.F., 2004. Cependant, c'est entre la philosophie politique et l'opinion publique que l'écart s'avère souvent important, en particulier sur la question du mérite individuel. Voir D. Miller, « Distributive Justice : What the People Think », *op. cit.* ; A. Swift, « Public Opinion and Political Philosophy : The Relation between Social-Scientific and Philosophical Analyses of Distributive Justice », *Ethical Theory and Moral Practice* 2/4, 1999, p. 337-363.

2. Notamment H. Kelsen, *La démocratie. Sa nature – sa valeur* ; N. Bobbio, *Le futur de la démocratie*, Paris, Seuil, 2007 ; J. Habermas, *Droit et démocratie* ; J. Waldron, *Law and Disagreement* ; N. Urbinati, *Democracy Disfigured : Opinion, Truth, and the People*, Cambridge (Mass.), Harvard University Press, 2014. Pour un aperçu historique (et une discussion critique) des justifications procédurales et instrumentales de la règle de majorité, voir D. Mineur, *Le Pouvoir de la majorité*.

3. N. Bobbio, *Le futur de la démocratie*, *op. cit.*, p. 163.

Habermas, par exemple, perçoit une menace « paternaliste » et une forme de « tutelle philosophique » dans une « théorie qui impose aux citoyens le modèle complet d'une société bien ordonnée » [1]. Pour cette raison, il préfère une approche « qui se limite à clarifier les implications sous-jacentes à l'institutionnalisation juridique des procédures d'auto-législation démocratique [et] ne préjuge pas des résultats que les citoyens devraient eux-mêmes réaliser dans un cadre institutionnel défini par cette procédure » [2]. Il est donc opposé *par principe* à des démarches d'ingénierie démocratique qui conféreraient à la philosophie un rôle trop important.

Cette divergence méthodologique est apparue de manière particulièrement nette dans le débat qui l'a directement opposé à Rawls. Pour comprendre le désaccord entre les deux approches (l'une centrée sur les procédures, l'autre sur les résultats), il faut voir que chaque camp prétend défendre une position plus modeste que l'autre [3]. Et le malentendu résulte du fait qu'ils ne travaillent pas sur le même plan. Rawls vise à formuler, à travers son travail philosophique, une « conception politique de la justice » [4], qui puisse être mise en débat et éventuellement faire l'objet d'un consensus relativement large. Pour sa part, Habermas veut reconstruire philosophiquement la manière dont une communauté politique se donne des lois reconnues comme légitimes. Le premier est plus modeste sur le plan *philosophique* [5], puisqu'il cherche à échapper aux questions de fondement pour se concentrer sur ce qui est susceptible d'un large consensus par recoupement, c'est-à-dire un consensus qui surmonterait les désaccords philosophiques et moraux fondamentaux [6]. Le second est plus modeste sur le plan *politique*, considérant, à rebours de beaucoup trop de ses prédécesseurs et dans une veine arendtienne que sa profession ne lui offre pas de regard privilégié sur la question substantielle du juste. Le malentendu tient au fait que les théoriciens de la justice comme Rawls ne prétendent pas *imposer* une conception de la justice ni *prouver* sa validité universelle. Ils entendent simplement contribuer au

1. J. Habermas, « La morale des visions du monde », *op. cit.*, p. 176.

2. *Ibid.*, p. 176.

3. Voir J. Rawls, « Réponse à Habermas », dans J. Habermas, J. Rawls, *Débat sur la justice politique*, *op. cit.*, p. 60.

4. *Ibid.*, p. 66 ; J. Rawls, *Libéralisme politique*, Paris, P.U.F., 1995.

5. En témoignent les révisions déflationnistes qu'il a fini par apporter à sa théorie de la justice, renonçant à une portée universaliste pour ne la faire plus reposer que sur un « sens commun libéral démocratique ». Voir J. Rawls, *Paix et démocratie. Le droit des peuples et la raison publique*, Paris, Flammarion, 2006.

6. Voir J. Rawls, *Libéralisme politique*, *op. cit.*, chap. 4.

débat public démocratique sur la meilleure manière d'organiser la vie en société. Il n'est donc pas correct de rejeter l'approche instrumentale sous prétexte de laisser les citoyens choisir leurs propres normes. C'est à eux qu'il revient de les choisir, mais puisque toutes les normes ne se valent pas, autant s'assurer que nos processus de décision collective favorisent l'émergence de normes plus justes ou moins injustes.

Nadia Urbinati et Maria Paula Saffon, pour leur part, présentent le procéduralisme comme un « rempart » ayant pour fonction de protéger l'égale liberté politique [1]. Renvoyant à Aristote et Kelsen, elles suggèrent que la démocratie a pour fonction de maximiser la liberté politique et que, dans un contexte de pluralisme et de désaccord, la procédure démocratique moderne (caractérisée par une participation égalitaire à des élections équitables et compétitives) constitue la meilleure manière de respecter cet idéal d'égale liberté [2]. En effet, une telle procédure maximise la liberté politique en sélectionnant les décisions conformes à l'opinion du plus grand nombre, tout en assurant à ceux qui ne partagent pas cette opinion la possibilité de la contester et d'essayer de changer la décision [3]. Cet idéal, précisent Urbinati et Saffon, est procédural – il réside au cœur des procédures démocratiques – et suffit à assurer la légitimité de la démocratie. Il ne doit donc en aucun cas être subordonné à un idéal plus exigeant, tel que la justice, la vérité, ou l'unanimité, sous peine de mettre en péril l'égale liberté politique.

Ce qui motive Urbinati et Saffon, outre la question des désaccords sur le juste déjà abordée, c'est la méfiance face à des attentes trop élevées. Si l'on fait dépendre la légitimité de la démocratie de sa capacité à engendrer un certain idéal de justice, ou de la qualité épistémique de ses décisions, on sape dangereusement son autorité. Or, dans un contexte de pluralisme des valeurs et de conflits distributifs, l'autorité de la démocratie est nécessaire non seulement à la stabilité sociale, mais également à la liberté politique. Si, en effet, la démocratie est subordonnée à des objectifs indépendants, son autorité devient contingente. Elle n'a de valeur qu'à certaines conditions, et il se peut que d'autres formes de gouvernement, sacrifiant l'égale liberté politique, apparaissent plus attrayantes. La démocratie est apparue au terme d'un combat pour le droit à la participation universelle à l'autogouvernement, quelles que soient les compétences et l'éducation

1. Voir M. P. Saffon, N. Urbinati, « Procedural Democracy, the Bulwark of Equal Liberty », *Political Theory* 41/3, 2013, p. 441-481 ; N. Urbinati, *Democracy Disfigured*.
2. M. P. Saffon, N. Urbinati, « Procedural Democracy », *op. cit.*, p. 442.
3. *Ibid.*, p. 459.

que l'on possède. Réintroduire une visée épistémique, selon Urbinati et Saffon, reviendrait à saper les fondements de cet acquis démocratique.

En outre, l'idée de juger les procédures démocratiques en fonction de critères externes – une conception de la justice ou un quelconque critère de validité épistémique – leur paraît illusoire. La démocratie est à leurs yeux basée sur un principe d'immanence : il n'y a pas de position extérieure au débat démocratique à partir de laquelle on pourrait juger la légitimité des décisions [1]. Proposer un critère de validité des décisions politiques, c'est nécessairement s'inscrire dans le débat démocratique, dans la procédure, et accepter de pouvoir être battu.

Cette critique rejoint celle d'Habermas sur le « paternalisme philosophique » de l'approche instrumentale. Elle part du principe que les instrumentalistes (et les tenants de l'approche épistémique) prétendent occuper une position d'extériorité. Or, ce n'est pas le cas. Il doit être possible, de l'intérieur d'une procédure, de questionner la validité de ses résultats. Personne ne devrait accepter les résultats d'une procédure majoritaire sans s'interroger à la fois sur la justesse de ses décisions et sur la capacité de cette procédure à engendrer des décisions correctes. Ce serait faire abdiquer la raison devant l'opinion majoritaire. Ce que font à mes yeux les défenseurs des approches instrumentale et épistémique, ce n'est rien d'autre que soumettre au débat public démocratique des critères d'évaluation de la procédure et de ses résultats ; c'est initier une métaréflexion collective, au sein d'une communauté démocratique, sur les fondements et visées de son organisation.

L'objection procéduraliste repose donc largement sur des malentendus. Mais le désaccord fondamental porte également sur la meilleure manière de défendre la démocratie d'un point de vue philosophique. Les uns estiment qu'une approche instrumentale ou épistémique *fragilise* la défense de la démocratie en l'exposant à des objections élitistes. Les autres pensent au contraire qu'une prise au sérieux des objections élitistes, de la possibilité que la démocratie ne soit pas *nécessairement* le meilleur type de gouvernement, est susceptible de renforcer la justification philosophique de la démocratie. Car si elle n'est pas le régime qui offre les meilleures perspectives de justice, elle perd beaucoup de sa valeur.

1. *Ibid.*, p. 447-448.

L'approche épistémique

Au vu de ce qui précède, on perçoit la singularité de l'approche procédurale pure : elle prétend fonder la légitimité de la démocratie sans référence à une attente de résultats particuliers. Il s'agit maintenant de comprendre en quoi l'approche épistémique (ou « procéduralisme épistémique ») se différencie de l'instrumentalisme pur et comment elle fait face aux critiques procéduralistes. La thèse épistémique, formulée de la manière la plus générale, affirme que la démocratie a tendance à engendrer des résultats de qualité, tendance qu'on peut reconnaître malgré nos désaccords ultimes sur ce qu'est exactement un résultat de qualité [1]. De ce fait, le respect de règles procédurales génère de la légitimité, mais cette légitimité provient en grande partie de la tendance de la procédure à engendrer des décisions correctes, ou de qualité, ce qui fait que la légitimité n'est pas purement procédurale. En opposition aux approches instrumentales, toutefois, le « procéduralisme épistémique » reconnaît que la valeur d'une procédure tient aussi à son caractère procéduralement acceptable. Si une procédure de décision offrait un grand potentiel épistémique mais était inacceptable pour un certain nombre de citoyens, elle ne produirait pas suffisamment de légitimité.

Par ailleurs, les tenants de l'approche épistémique estiment souvent qu'il n'est pas nécessaire de partager une conception entièrement définie de ce qu'est une société juste pour s'entendre sur des critères de qualité des décisions politiques. De ces deux points de vue, donc, l'approche occupe une position médiane par rapport à celles que nous avons examinées ci-dessus.

Certains estiment toutefois que cette position est intenable, qu'on ne peut attribuer une valeur épistémique à des procédures de décision sans idée précise du juste ou du vrai [2]. Comme le souligne cependant David Estlund, il s'agit d'une démarche habituelle en épistémologie : nous n'avons généralement pas d'accès direct à la vérité et pourtant nous sommes capables d'évaluer la capacité de certaines méthodes ou procédures de recherche à mener à cette vérité [3]. Et en réalité, la plupart

1. Voir notamment D. Estlund, *Democratic Authority : A Philosophical Framework*, Princeton, Princeton University Press, 2008; J. L. Martí, « The Epistemic Conception of Deliberative Democracy Defended : Reasons, Rightness and Equal Political Autonomy », *in* S. Besson, J. L. Martí, *Deliberative Democracy and its Discontents*, Aldershot, Ashgate Publishing, 2006, p. 27-56; H. Landemore, *Democratic Reason*.

2. J. Waldron, *Law and Disagreement*, *op. cit.*, p. 253-254.

3. D. Estlund, « Jeremy Waldron on *Law and Disagreement* », *op. cit.*, p. 122.

des défenses de la démocratie font appel, de manière implicite, à un critère de bonnes décisions.

À cet égard, il est intéressant d'examiner les présupposés substantiels du procéduralisme habermassien. Habermas est l'une des figures de proue de la conception délibérative de la démocratie [1], qui entend mettre en avant le rôle de la discussion, de la recherche d'entente et du décentrement des perspectives des acteurs dans la prise de décision démocratique, là où les approches agrégatives de la démocratie se focalisent sur un rapport de force ou de nombre entre groupes d'intérêts divergents. Or, à en croire David Estlund et José Luis Martí, un défenseur cohérent de la démocratie délibérative ne peut défendre un « procéduralisme pur », ou l'idée que la légitimité des décisions démocratiques dérive uniquement de la nature intrinsèquement équitable des procédures, et non de la justice ou de la véracité des résultats [2]. En effet, la différence majeure entre les procédures agrégatives (compter des votes) et délibératives (échanger des arguments dans le but de convaincre les autres) réside en ceci que les secondes présupposent 1) l'existence d'idées plus valides que d'autres et 2) la possibilité de savoir quelles sont les idées les plus correctes [3]. Dans la théorie de l'agir communicationnel élaborée par Habermas [4], ces présuppositions apparaissent comme nécessairement impliquées par chaque discussion visant l'entente.

Or, cela modifie les attentes que nous développons vis-à-vis de la démocratie. En effet, si nous souhaitons que toutes les personnes affectées débattent de manière rationnelle, nous ne pouvons pas en même temps soutenir l'idée que l'unique valeur de cette procédure inclusive réside dans le fait d'inclure chacun en tant qu'égal ou de respecter l'égale liberté politique. Les élections sont elles aussi inclusives et basées sur une certaine égalité politique de tous les citoyens. Ce qui fait la valeur additionnelle des délibérations est le fait qu'elles possèdent une dimension épistémique en ce qu'elles conduisent potentiellement à des décisions *plus rationnelles et plus justes*. Seule cette particularité de la conception délibérative de la démocratie permet d'affirmer sa supériorité normative par rapport à ses alternatives. Juger qu'une procédure de décision plus rationnelle est préférable à une autre qui l'est moins implique en effet

1. Voir C. Girard, A. Le Goff (dir.), *La démocratie délibérative. Anthologie de textes fondamentaux*, Paris, Hermann, 2010.

2. J. L. Martí, « The Epistemic Conception of Deliberative Democracy Defended », *op. cit.*, p. 28.

3. *Ibid.*, p. 29.

4. J. Habermas, *Théorie de l'agir communicationnel*, tomes I et II, Paris, Fayard, 1987.

logiquement la présupposition qu'il existe des décisions meilleures que d'autres. Cela implique en outre d'admettre l'existence d'un critère de validité au moins partiellement indépendant de la procédure [1], afin qu'on puisse juger les résultats de cette dernière [2]. Telle est précisément la thèse des partisans de la justification épistémique de la démocratie *délibérative* (qui justifie donc l'approche délibérative, pas la démocratie en général).

Estlund, pour sa part, va plus loin que Martí, dès lors qu'il entend défendre l'autorité normative de la démocratie *en général*, et non de la seule démocratie *délibérative*. C'est dans cet esprit qu'il discute l'argument traditionnel qui justifie la règle de majorité en se référant à l'idée d'égalité politique : cette règle est juste parce qu'elle n'établit aucune distinction qualitative entre les personnes et offre à chacun une chance égale de l'emporter. Or, si cette règle est juste en vertu de ces seules raisons, alors une règle de décision consistant à tirer au sort un bulletin de vote et considérer la préférence qu'il exprime comme décision collective doit être considérée comme au moins également juste [3].

Si ce dernier mode de décision paraît peu attrayant [4], c'est peut-être parce que nous présupposons que l'opinion de la majorité est généralement plus fiable que celle d'*une personne* tirée au sort. Il y aurait donc un avantage à se fier à la sagesse du nombre. De la sorte, Estlund suggère que la conception épistémique de la démocratie s'inscrit dans un certain sens commun démocratique. Nous qui débattons, argumentons à propos de la politique, nous qui croyons que nos jugements politiques sont appuyés par des raisons, nous n'accepterions pas de nous soumettre à une procédure de décision comme le tirage au sort d'un bulletin de vote qui, bien qu'équitable, laisse trop peu de place à l'échange d'idées et au pouvoir de la persuasion [5]. Nous devons donc expliciter les raisons autres que l'égalité politique qui nous font préférer la règle de majorité.

1. Ce qui ne signifie pas qu'il doive être déterminé à partir d'une position d'extériorité.

2. J. L. Martí, « The Epistemic Conception of Deliberative Democracy Defended », *op. cit.*, p. 30.

3. D. Estlund, *Democratic Authority*, *op. cit.*, p. 82.

4. Ben Saunders (« Democracy, Political Equality, and Majority Rule », *Ethics* 121/1, 2010, p. 148-177) estime pour sa part que ce mode de décision serait parfois plus juste que la règle de majorité dès lors qu'il est plus favorable aux minorités permanentes, auxquelles il offre davantage de probabilités de s'imposer. Didier Mineur (*Le Pouvoir de la majorité*) juge au contraire que l'égalité politique ne doit pas simplement être entendue comme une *chance* égale d'influencer la décision collective, mais aussi comme une *part* égale dans la constitution de cette décision, ce que seule permet la règle de majorité.

5. Voir également C. Girard, « La règle de majorité en démocratie », *op. cit.*, p. 118-119. Le tirage au sort d'une *décision* ne laisse aucune place à l'échange d'idées. Le tirage au sort d'un *bulletin de vote*, offrant une probabilité plus élevée aux vues majoritaires de prévaloir,

Pour autant, Estlund n'explicite pas les critères qui permettent de juger la qualité des décisions politiques et qui permettent dès lors de préférer une procédure à une autre. Reconnaissant toute l'importance des désaccords existants concernant la définition du juste, il se refuse à défendre une approche purement instrumentale, qui n'admettrait comme valides que les décisions qui satisfont à une conception définie de la justice [1]. Il juge en effet que la justification de l'autorité démocratique doit être acceptable depuis l'ensemble des points de vue nuancés, raisonnables. Pour faire autorité et ainsi assurer leur mission régulatrice, les lois démocratiques doivent pouvoir être perçues comme légitimes par-delà les désaccords sur le juste qui divisent les citoyens.

Dans le procéduralisme épistémique qu'il défend, la valeur épistémique des procédures démocratiques, bien que présumée imparfaite, est postulée et permet de légitimer *a priori* les décisions démocratiques, quelle que soit leur validité *effective*. De sorte que les citoyens peuvent faire la distinction entre le caractère légitime, d'une part, et juste ou injuste, d'autre part, des décisions démocratiques. Le procéduralisme épistémique leur fournit des raisons morales d'obéir aux lois démocratiques en général plutôt que des raisons permettant de considérer telle ou telle loi comme juste ou injuste [2]. Faisant usage d'une analogie éclairante, Estlund suggère de considérer la démocratie à l'instar d'un procès d'assises : la légitimité de la sentence ne dépend pas de son caractère correct ou non, car il y aura sans doute encore des désaccords à ce sujet au terme du procès : elle vient (surtout) de la tendance présupposée de la procédure (incluant un jury populaire) à engendrer de bonnes décisions, à rendre justice [3].

C'est le refus d'expliciter a priori ce qu'est une bonne décision politique qui permet à Estlund de rejeter toute forme d'« épistocratie » [4], c'est-à-dire de gouvernement par ceux qui disposent de capacités épistémiques supérieures. Il juge en effet que c'est « le défi moral de toute conception épistémique de l'autorité politique de se laisser guider par la vérité sans

laisse une certaine place à l'échange d'idées, puisqu'on gagne à convaincre un maximum d'électeurs avant le moment de la décision. Cependant, on peut juger que cette procédure ne fait pas suffisamment confiance à ces délibérations, puisqu'elle permet qu'une opinion isolée, potentiellement excentrique, prévale.

1. D. Estlund, *Democratic Authority*, *op. cit.*, p. 98-112.

2. *Ibid.*, p. 104-106.

3. *Ibid.*, p. 108 et 136-158. Voir également J. Raz, « Authority and Justification », *Philosophy and Public Affairs* 14/1, 1985, p. 3-29, qui explique qu'une autorité (juridique ou législative) n'a de sens que si ses décisions sont contraignantes même quand elles sont erronées ou injustes (même si certaines erreurs ou injustices peuvent disqualifier cette autorité).

4. D. Estlund, *Democratic Authority*, *op. cit.*, p. 29.

privilégier de manière illégitime l'opinion d'experts putatifs »[1]. Le problème qui se pose avec les experts, dit-il, c'est que bien que l'on puisse raisonnablement imaginer qu'ils en sachent davantage que la moyenne, leur sélection ne peut échapper à des polémiques et désaccords insolubles, notamment parce que les critères fondant l'expertise sont particulièrement controversés.

On le voit, la justification épistémique de la démocratie proposée par Estlund et développée dans le présent livre est fondamentalement faillibiliste. Et elle possède un double fondement : si nous devons accepter l'autorité des lois produites de manière démocratique, c'est parce que la procédure démocratique, tout en étant acceptable par tous (1), est la plus susceptible de produire des décisions de qualité (2).

En somme, l'approche épistémique se distingue du procéduralisme pur[2] en ceci qu'elle permet de réfléchir aux institutions les plus favorables à des décisions de qualité. Par ailleurs, elle propose une justification plus robuste de la démocratie : ce n'est pas seulement parce qu'elle maximise la liberté politique que nous lui devons allégeance, mais également parce qu'elle nous offre les meilleures perspectives de justice. Il me semble qu'il s'agit de l'argument le plus convaincant qu'on puisse avancer pour justifier la démocratie devant ceux qui y perdent le plus, ceux qui ont le moins de raisons de la défendre (exclus sociaux ou minorités permanentes) : aucun régime alternatif n'offre de meilleures perspectives – ce qui ne signifie évidemment pas que toutes les politiques poursuivies au sein de ce régime soient les meilleures.

Par rapport à l'instrumentalisme pur, enfin, l'approche épistémique a des ambitions un peu plus modestes. Si elle vise la mise en évidence et l'amélioration de la capacité de la démocratie à prendre de bonnes décisions, elle ne prétend pas qu'il est possible de mettre les institutions démocratiques au service d'une conception particulière de la justice. Ses présupposés normatifs étant plus faibles, elle pourra aussi plus aisément convaincre une large majorité des bienfaits de certaines réformes institutionnelles. Enfin, elle permet de penser la *légitimité* comme une notion *graduelle*. La légitimité morale d'une décision démocratique

1. D. Estlund, *Democratic Authority*, *op. cit.*, p. 102.

2. Il s'agit bien entendu d'idéaux-types, ce qui signifie qu'on peut trouver des points de rencontre entre des formes non pures de procéduralisme, d'instrumentalisme et de l'approche épistémique. Voir notamment C. Beitz, *Political Equality : An Essay in Democratic Theory*, Princeton, Princeton University Press, 1989 ; T. Christiano, *The Constitution of Equality* ; D. Mineur, *Le Pouvoir de la majorité*, qui estiment que les procédures démocratiques contiennent en elles-mêmes certaines exigences de justice.

ne dépend pas de son caractère juste. Elle dépend de la capacité de la procédure à engendrer des décisions de qualité. Plus la procédure est déformée par l'influence de l'argent, par exemple, ou plus elle exclut de la décision les personnes affectées, plus sa légitimité sera entamée. Plus elle est égalitaire, inclusive et délibérative, plus la légitimité sera renforcée. En d'autres termes, dans l'approche épistémique, la légitimité d'une procédure démocratique dépend prioritairement de son *potentiel* de justice (ainsi que de son acceptabilité sociale).

Il s'agit maintenant de clarifier en quoi la démocratie se montre potentiellement supérieure (et inférieure) à ses alternatives dans sa capacité à produire des décisions de qualité [1], et de mettre ces thèses à l'épreuve en imaginant des régimes potentiellement plus sages ou plus intelligents [2].

La valeur épistémique de la démocratie

Qu'est-ce qu'une décision politique de qualité ?

Une décision politique de qualité est d'abord une décision qui satisfait nos attentes normatives. Si l'on accepte l'idée que la justice est la vertu la plus importante des institutions sociales, elle devrait être la visée prioritaire de notre organisation politique. On peut imaginer poursuivre également d'autres visées comme la prospérité ou la cohésion sociale, comme cela a été mentionné dans l'introduction, mais je me concentrerai ici sur la justice.

La qualité d'une décision politique se mesure par ailleurs à sa *rationalité*, entendue dans le sens instrumental d'une capacité à sélectionner les moyens adéquats pour parvenir aux fins poursuivies. Pour bien saisir la distinction entre ces deux critères (justice et rationalité), considérons deux exemples.

1. Le gouvernement décide d'offrir à l'ensemble des citoyens un accès gratuit à l'université dans le but d'égaliser les chances d'accéder à un emploi gratifiant et bien rémunéré.

Cette décision peut être considérée comme *juste* du point de vue de sa motivation ou de son intention, l'égalité des chances étant un idéal largement partagé. On pourrait toutefois contester la *rationalité* de cette décision de la manière suivante : est-ce le meilleur moyen de promouvoir

1. *Cf.* p. 35-75.
2. *Cf.* p. 75-88.

l'égalité des chances ? Ne s'agit-il pas en grande partie d'une subvention aux familles aisées, surreprésentées dans la population universitaire ? Ne vaudrait-il pas mieux investir dans l'éducation primaire et secondaire – dans la remédiation scolaire par exemple ?

Nous avons donc ici un exemple de décision potentiellement juste, mais peut-être pas suffisamment rationnelle. Bien entendu, on pourrait aussi considérer cette décision comme injuste au vu de ses effets probables. Dans ce cas, le critère de justice intègre celui de rationalité. Mais ce qui m'importe ici est de montrer qu'il y a deux choses à prendre en compte dans l'évaluation d'une décision politique ou d'une politique publique : l'objectif poursuivi (à évaluer du point de vue de la justice) et les moyens sélectionnés (à évaluer du point de vue de la rationalité instrumentale). Un second exemple devrait permettre de distinguer encore plus nettement ces deux aspects.

2. Le gouvernement décide de réduire la taxation des grosses fortunes dans le but d'obtenir leur soutien politique.

Cette décision peut être considérée comme tout à fait rationnelle du point de vue de l'objectif poursuivi, puisqu'il est fort vraisemblable qu'elle permettra effectivement d'obtenir le soutien politique de ces personnes. Cependant, on peut émettre d'importants doutes sur son caractère juste, puisqu'elle consiste à conférer un avantage supplémentaire à des personnes déjà privilégiées. Certes, dans l'hypothèse où cette réduction d'impôts aurait un effet indirect positif sur les plus démunis (ce que ne manquerait pas de prétendre le gouvernement en question), on pourrait y voir une décision à la fois juste et rationnelle. Cette hypothèse étant toutefois très peu vraisemblable [1], on peut considérer cette décision comme injuste mais rationnelle.

Les sections qui suivent proposent un passage en revue des avantages et limites épistémiques de la démocratie de ces deux points de vue (rationalité et justice), en clarifiant dans la section pertinente (« Démocratie et justice comme impartialité ») le critère de justice mobilisé.

J'entends ici par « démocratie » les systèmes politiques possédant au moins les caractéristiques suivantes :

- Protection suffisante des libertés politiques (d'expression, d'association, de manifestation), qui permettent le débat public et la contestation populaire

1. Il faudrait pour cela que la réduction d'impôts soit, par exemple, strictement nécessaire pour éviter un exil fiscal de certaines grosses fortunes *et* que cela suffise à compenser la perte de revenus pour l'État, sachant que toutes les grosses fortunes bénéficieraient du cadeau fiscal alors qu'il y a très peu de chances que toutes optent pour l'exil fiscal en cas de maintien du taux précédent.

– Suffrage universel égalitaire
– Élections libres, compétitives et récurrentes
– Règle de majorité

Il s'agit bien entendu d'une définition minimale, qui peut être contestée. Le but n'est pas ici de décrire un idéal démocratique [1], mais un type de régime existant à l'heure actuelle dans un certain nombre de pays, avec des degrés divers de « qualité » démocratique. Dans le troisième chapitre, ce modèle démocratique dominant sera remis en question.

Démocratie et rationalité

La sagesse du nombre

L'idée que la démocratie est un mode de gouvernement non seulement égalitaire et respectueux de l'autonomie collective, mais également intelligent est à peu près aussi vieille que la démocratie elle-même. Aristote proposait une compréhension imagée de la « sagesse de la multitude » : il vaut généralement mieux un festin organisé à plusieurs, où chacun apporte quelque chose, plutôt que de laisser une personne se charger de tout. La diversité des goûts, idées et spécialités fera que tout le monde s'y retrouvera mieux. Et il en va de même au niveau politique. La raison, c'est que chacun possède un peu de vertu et de sagesse pratique. Dès lors, il se peut que la multitude, d'un point de vue collectif, se montre supérieure à un plus petit nombre, même si les individus pris séparément ne sont pas spécialement intelligents [2].

L'idée de sagesse collective prit une tournure beaucoup plus rigoureuse avec Condorcet et son fameux théorème du jury, qui a été reformulé et discuté de nombreuses fois depuis. Ce théorème affirme que plus le nombre de participants à une décision est élevé, plus grande est la probabilité que la bonne décision soit prise. Ceci, à trois conditions : 1) les participants font face à un choix binaire ; 2) ils raisonnent de manière suffisamment indépendante les uns des autres ; 3) ils sont, en moyenne, meilleurs que le hasard, c'est-à-dire qu'ils ont en moyenne (un peu) plus de 50% de chances de prendre la bonne décision. Dans ces conditions, imaginons un groupe de 1000 personnes, chacun ayant une probabilité de 51% de prendre la bonne décision. Dans ce cas, il y a à peu près 69% de chances qu'une majorité vote pour la bonne décision. Si l'on passe à 10.000 participants, cette probabilité approche la certitude : 99,97% [3].

1. Je n'entends par exemple pas suggérer que la démocratie soit inconcevable sans élections, ou que ces caractéristiques soient suffisantes d'un point de vue normatif.
2. Aristote, *Les Politiques*, Livre 3, chap. 11, Paris, Vrin, 1995.
3. D. Estlund, *Democratic Authority*, *op. cit.*, p. 223.

La difficulté de ce raisonnement tient évidemment à l'exigence des trois conditions. Dans la réalité, en effet, les décisions à prendre sont rarement binaires, et les électeurs rarement statistiquement indépendants (dans le sens où leur probabilité de prendre la bonne décision ne serait pas affectée par celle des autres). Au contraire, beaucoup sont influencés par des personnes jugées fiables sans qu'elles le soient nécessairement. Si le théorème peut survivre à la non-satisfaction complète de ces deux conditions, qui peuvent être quelque peu relâchées [1], la troisième condition, qui concerne la compétence épistémique moyenne des individus, est trop hypothétique et difficile à mesurer pour asseoir sur des fondations solides la justification épistémique de la démocratie. Rien ne permet en effet d'établir, de manière générale et abstraite, que les citoyens ont en moyenne plus de chances de prendre de bonnes décisions que de se tromper. C'est un présupposé qui biaise d'emblée en faveur du gouvernement par le plus grand nombre [2].

Les bienfaits de la diversité

Un argument à mes yeux plus convaincant à l'appui de l'hypothèse d'intelligence collective se base sur les bienfaits de la diversité cognitive. Le potentiel épistémique de la diversité a été étudié empiriquement par Lu Hong et Scott Page [3], notamment, et exploité dans une perspective de philosophie politique par Hélène Landemore, qui a à ce jour livré la version la plus ambitieuse de la justification épistémique de la démocratie. Là où Martí se contente d'affirmer que la démocratie *délibérative* possède un potentiel épistémique supérieur aux autres modèles *démocratiques*, tandis qu'Estlund juge que la démocratie en général fait mieux que le hasard (tirer au sort le bulletin de vote vainqueur), Landemore défend une version « forte » de l'argument épistémique en faveur de la démocratie : pour la plupart des problèmes politiques, moyennant des circonstances favorables à la délibération et un usage approprié de la règle de majorité, la démocratie apparaît épistémiquement supérieure à « n'importe quelle

1. R. Goodin, C. List, « Epistemic Democracy : Generalizing the Condorcet Jury Theorem », *Journal of Political Philosophy* 9, 2001, p. 277-306 ; D. Estlund, *Democratic Authority*, *op. cit.*, p. 225-228.

2. Voir cependant R. Goodin, K. Spiekermann, *An Epistemic Theory of Democracy*, Oxford, Oxford University Press, 2018 sur les raisons pour lesquelles cette hypothèse pourrait être considérée comme vraisemblable.

3. S. Page, *The Difference : How the Power of Diversity Creates Better Groups, Firms, Schools, and Societies*, Princeton, Princeton University Press, 2007 ; L. Hong, S. Page, « Some Microfoundations of Collective Wisdom », *in* J. Elster, H. Landemore (dir.), *Collective Wisdom : Principles and Mechanisms*, Cambridge, Cambridge University Press, 2012, p. 56-71.

procédure non démocratique telle qu'un conseil d'experts ou un dictateur bienveillant » [1].

Le *Diversity Trumps Ability Theorem* (la diversité l'emporte sur la compétence) affirme en effet qu'un groupe tiré au sort et plus large fait généralement mieux que les meilleurs solutionneurs de problèmes. Pour que se vérifie cette prédiction, cependant, quatre conditions sont nécessaires :

1) Le problème est suffisamment difficile pour qu'il soit nécessaire de faire appel à un groupe pour le résoudre.
2) Tous les agents sont minimalement intelligents.
3) Les participants diffèrent dans leurs manières de raisonner.
4) Les personnes tirées au sort le sont parmi une large population (et diverse, ce qui découle généralement de la taille).

Étant donné le fait que ces conditions ne se vérifient pas toujours [2], Landemore propose une formulation plus modeste du théorème : « il est souvent préférable [pour résoudre un problème complexe] d'avoir un groupe de personnes cognitivement diverses qu'un groupe de personnes très intelligentes qui pensent de la même manière » [3].

Cet argument épistémique en faveur du gouvernement par le nombre s'avère encore plus fort quand une prise de décision démocratique – avec vote et règle de majorité – est précédée de délibérations inclusives. Dans ce cas, les erreurs individuelles de jugement peuvent être mutuellement corrigées, de même que les biais positionnels; diverses idées et modèles causaux entrent en confrontation; et de tout cela *émerge* une intelligence collective qui surpasse la simple addition des intelligences individuelles. Quelque chose de nouveau émerge parce qu'une personne pense à une chose à laquelle les autres n'avaient pas songé; or, maintenant qu'ils la considèrent, leur vient à l'esprit une autre idée, etc., jusqu'à parvenir à une solution qui n'aurait peut-être été envisagée par personne avant la délibération, ou qui n'était défendue que par une faible minorité [4]. Par

1. H. Landemore, *Democratic Reason*, *op. cit.*, p. 3.

2. La seconde, en particulier, rappelle la troisième du théorème de Condorcet, bien qu'elle soit moins exigeante.

3. H. Landemore, *Democratic Reason*, *op. cit.*, p. 103.

4. Landemore utilise à titre d'illustration l'exemple fictionnel du film *Douze hommes en colère* (*Twelve Angry Men*), dans lequel un membre d'un jury pénal est le seul à être convaincu de l'innocence de l'accusé, mais ne peut cependant pas démontrer ce qui n'est qu'une intuition. Entrant en délibération avec les autres jurés, il parvient à les convaincre d'examiner le cas avec une plus grande attention. Chacun offrant alors sa propre perspective, ils finissent finalement tous convaincus de l'innocence de l'accusé, conviction qu'ils peuvent cette fois démontrer à l'appui des preuves qu'ils ont collectivement recueillies.

ailleurs, la diversité convoquée par des délibérations inclusives permet d'éviter le vice central des délibérations dans des groupes relativement homogènes, à savoir la polarisation et la montée aux extrêmes (c'est-à-dire la radicalisation de chaque camp) sous l'effet de la convergence d'arguments unilatéraux [1]. De sorte qu'après de telles délibérations, on peut plus aisément encore se fier au nombre : on espère que « [l]'adhésion du plus grand nombre reflète la force supérieure d'une argumentation par rapport aux autres » [2].

Passant en revue la littérature sur le sujet, Martí précise les raisons qui confèrent leur valeur épistémique aux délibérations :

1) Les délibérations augmentent l'échange d'informations diverses, et donc la quantité d'informations pertinentes prises en compte au moment de la décision.
2) Elles améliorent la qualité des raisonnements des citoyens, dès lors que leurs erreurs peuvent être contestées par les autres participants aux discussions.
3) Elles réduisent l'influence de facteurs irrationnels comme les émotions dans la prise de décision.
4) Elles tendent à égaliser l'accès à l'information, réduisant la domination idéologique [3].

Ces facteurs contribuent à faire gagner en rationalité les décisions prises au terme de délibérations inclusives. Landemore va cependant plus loin que les défenses traditionnelles de l'approche délibérative, en affirmant que le vote majoritaire lui-même possède également une valeur épistémique, bien que cette dernière soit moins forte que celle des délibérations. En effet, les mêmes recherches sur la diversité cognitive indiquent que les décisions – ou prédictions – d'un groupe n'ayant pas délibéré surpassent généralement celles d'un de ses membres tiré au sort ; le groupe fait statistiquement mieux que son membre médian [4]. Si nous faisons abstraction des compétences individuelles, une majorité, même sans avoir délibéré, possède plus de probabilités de prendre une bonne décision ou de faire une

1. C. Sunstein, « Deliberative Trouble ? Why Groups Go to Extremes », *The Yale Law Journal* 110/71, 2000, p. 71-119 ; B. Manin, « Comment promouvoir la délibération démocratique ? Priorité du débat contradictoire sur la discussion », *Raisons politiques* 42/2, 2011, p. 83-113.

2. B. Manin, « Volonté générale ou délibération ? Esquisse d'une théorie de la délibération politique », *Le Débat* 33, 1985, p. 72-94.

3. J. L. Martí, « The Epistemic Conception of Deliberative Democracy Defended », *op. cit.*, p. 42-43.

4. H. Landemore, *Democratic Reason*, *op. cit.*, p. 165.

prédiction juste qu'une minorité (n'ayant pas non plus délibéré), étant donné la plus grande diversité des modèles cognitifs utilisés [1]. Rien n'indique cependant qu'un groupe plus grand – et donc plus diversifié d'un point de vue cognitif – fera mieux, dans une procédure purement agrégative, qu'un groupe plus petit, mais plus intelligent ou spécialisé [2]. Pour cette raison, Landemore défend la complémentarité des délibérations et de la règle de majorité. Il est extrêmement rare que des délibérations aboutissent à un consensus. Elles nécessitent donc une procédure de décision qui possède elle aussi une vertu épistémique (même si elle est plus limitée). Quant à la règle de majorité, elle possède beaucoup moins d'intérêt (mais pas aucun) sans délibérations.

Sur ces bases, Landemore est mieux armée pour réfuter la tentation épistocratique (conférer le pouvoir aux plus sages plutôt qu'au plus grand nombre) que Martí ou Estlund. Ce dernier semble juger que son exigence d'acceptabilité de la procédure de décision par toute personne raisonnable est la seule défense possible contre l'épistocratie, étant donné que l'existence de personnes plus intelligentes que d'autres est une thèse peu controversée [3]. Pour la même raison, Martí fait appel aux vertus intrinsèques (ou procédurales) de la démocratie pour réfuter l'épistocratie. Mais si les observations de Landemore sont correctes, il apparaît *toujours préférable* (dans le sens où il y a davantage de probabilités de succès, pas dans le sens où la méthode est infaillible) d'utiliser des procédures de délibération inclusives que de faire appel à des experts.

> Ma solution [...] consiste à affirmer que l'épistocratie ne constitue pas une option attirante, non pas parce qu'on ne pourra jamais s'entendre sur qui sont les savants, car parfois nous sommes d'accord [...], mais parce qu'il y a des raisons de penser que le savant le plus fiable est en réalité le groupe dans son ensemble, par opposition à chaque individu particulier ou groupe d'individus en son sein [4].

Aussi séduisante que soit cette justification épistémique de la démocratie par les vertus du nombre, elle doit toutefois également être nuancée. L'importance de la diversité cognitive semble indéniable, mais le théorème selon lequel elle importe davantage que la compétence – et son

1. Cependant, à partir d'une certaine taille, le groupe minoritaire se rapproche du majoritaire du fait que la quantité de modèles cognitifs utilisables n'est pas infinie pour un problème donné.

2. H. Landemore, *Democratic Reason*, *op. cit.*, p. 165-166.

3. D. Estlund, *Democratic Authority*, *op. cit.*, p. 30 ; H. Landemore, *Democratic Reason*, *op. cit.*, p. 51.

4. H. Landemore, *Democratic Reason*, *op. cit.*, p. 52.

applicabilité au fonctionnement démocratique – sont plus controversés. Certains contestent les fondations mathématiques de ce théorème [1] – point sur lequel je n'ai pas la capacité de statuer. D'autres pointent du doigt l'impossibilité de généraliser à partir du théorème, ce dernier n'offrant (à condition d'être valide) que des raisons *a priori* d'élargir le groupe des décideurs – pour peu que toutes choses restent égales par ailleurs, ce qui paraît impossible quand on passe de résolutions de problèmes dans des conditions de laboratoire à une prise de décision politique dans des sociétés peuplées et complexes [2].

Enfin, même si le théorème était correct et généralisable, il resterait difficile d'exclure la possibilité de produire de meilleures décisions sans inclusion universelle. Si ce qui importe est à la fois la compétence et la diversité, on peut imaginer maximiser les deux en excluant certains citoyens dont l'inclusion n'apporterait probablement rien en termes de diversité ou de compétence [3]. Landemore en doute, arguant qu'on ne sait jamais à l'avance quels problèmes collectifs devront être résolus et de quelles perspectives on pourrait se passer [4]. Il me paraît néanmoins plus prudent de considérer que le théorème fournit des raisons convaincantes d'être inclusif (et c'est déjà une conclusion importante), mais pas nécessairement des raisons suffisantes pour inclure tout le monde ou pour conférer un pouvoir politique formel égal à tous.

Par ailleurs, les avantages du nombre doivent être nuancés par le fait que les délibérations et décisions par un nombre restreint de représentants offrent également des avantages épistémiques. D'abord, la qualité des délibérations est souvent accrue lorsque le nombre de participants est restreint, puisque cela permet à tout le monde de s'exprimer et de raisonnablement espérer être entendu. Étant donné cependant que les parlements et gouvernements ne sont pas véritablement des arènes délibératives (tout le monde s'exprime, mais on ne prend pas au sérieux les arguments des membres de partis adverses), ce n'est pas l'argument le plus fort en faveur de la représentation. Ce qui fait la valeur de groupes restreints de décideurs, c'est que puisque leurs choix individuels pèsent beaucoup plus dans la décision finale, ils sont davantage incités à peser

1. A. Houlou-Garcia, « Sagesse collective, diversité et mauvais usage des mathématiques », *Revue française de science politique* 67/5, 2017, p. 899-917.

2. C. Girard, *Délibérer entre égaux. Enquête sur l'idéal démocratique*, Paris, Vrin, 2019, p. 161.

3. J. L. Martí, « Why (Deliberative) Democracy Has Epistemic Value and Why It Is Not Enough to Justify It ? », manuscrit non publié, 2013.

4. H. Landemore, *Democratic Reason*, *op. cit.*, p. 110-113.

leurs décisions, à s'informer – a fortiori s'ils sont susceptibles d'être sanctionnés en cas de mauvaise décision [1]. Du point de vue du grand public, par ailleurs, être gouverné par un groupe restreint de décideurs permet une meilleure lisibilité des décisions publiques, de leur motivation, et des responsables à sanctionner éventuellement si ces décisions déplaisent [2].

Il y a donc un arbitrage à réaliser entre 1) la qualité accrue et la meilleure lisibilité publique des délibérations et décisions que permet le gouvernement effectif par un nombre réduit (représentation) et 2) les apports de la multitude (participation) [3]. Le compromis incarné par la plupart des démocraties contemporaines consiste à offrir deux voies à l'intelligence collective : d'une part, un espace formel de débats contradictoires entre représentants élus et de décision (lieu de formation de la *volonté politique*) ; d'autre part, les délibérations informelles et groupes d'influence divers de la société civile (lieu de formation de l'*opinion publique*) ; les deux étant en interaction plus ou moins structurée [4]. L'objectif est de bénéficier à la fois des apports de la spécialisation, de la délibération en plus petit nombre et de la multitude, afin de gagner en intelligence collective. Dans le troisième chapitre [5], je proposerai des pistes d'amélioration de cet équilibre entre les apports de la multitude et la logique représentative.

Expérimentation, feed-back et révisabilité

Outre les vertus de la diversité, la valeur épistémique de la démocratie vient également de la dynamique communicationnelle qu'elle génère. Comme le suggérait John Dewey, la démocratie représentative permet l'expérimentation sociale coopérative [6]. Non seulement les partis politiques proposent des politiques diverses, parmi lesquelles les citoyens font leur choix, mais ces derniers font également part aux premiers de leurs besoins et des effets des politiques poursuivies. L'information

1. D. Landa, R. Pevnick, « Representative democracy as defensible epistocracy », *American Political Science Review* 114/1, 2020, p. 1-13.
2. S. Rummens, « Staging deliberation : the role of representative institutions in the deliberative democratic process », *Journal of political philosophy* 20/1, 2012, p. 23-44.
3. Voir également D. Estlund, « Democracy Counts : Should Rulers Be Numerous ? », *Raison publique*, 2010 (https://www.raison-publique.fr/article319.html).
4. Voir J. Habermas, *Droit et démocratie* ; N. Urbinati, *Democracy Disfigured*, *op. cit.*, chap. 1.
5. *Cf.* chapitre III, p. 148-172 et p. 182-190.
6. J. Dewey, *The Public and its Problems*, Athens (Ohio), Swallow Press, 1991 ; E. Anderson, « The Epistemology of Democracy », *Episteme* 3/1-2, 2006, p. 8-22.

circule donc en permanence, fût-ce imparfaitement et par le biais de multiples malentendus (de bonne ou mauvaise foi).

Les élections, en tant que mécanisme de *feed-back*, jouent un rôle particulièrement important dans ce processus d'expérimentation collective. Comme l'explique Elizabeth Anderson, le débat public et les votes se renforcent l'un l'autre : le vote permet de s'assurer que les représentants prennent au sérieux les *feed-back* verbaux des citoyens, tandis que le débat public aide à éclairer et articuler le message flou diffusé par les votes [1].

Au cœur de cette dynamique de *feed-back*, il y a, ajoute Bernard Manin [2], le principe de *révisabilité*. En démocratie, on accepte que ce qu'une majorité a fait puisse être défait par une autre. Des révisions régulières sont même fixées indépendamment du bon vouloir des gouvernants, à travers la réitération des élections qui permet l'estimation rétrospective des effets des décisions. De ce fait, sous régime démocratique, il y a davantage d'espoir de changement que sous un régime autoritaire, même éclairé. Cela permet de corriger les éventuelles erreurs politiques et d'ainsi, sur le long terme, apprendre et réduire le nombre d'erreurs.

Ce qui facilite ce processus de révision constante, c'est aussi la confrontation permanente des points de vue et arguments, à la fois permise par les libertés d'expression, d'association et de manifestation, mais aussi organisée à travers la compétition électorale et le principe de l'opposition loyale au parlement [3]. La compétition politique entre partis incite à se distinguer, à faire de nouvelles offres, à envisager de nouvelles politiques en se mettant à l'écoute des aspirations exprimées par la population ou relayées et articulées par les associations.

La démocratie possède donc des atouts épistémiques indéniables du point de vue de la rationalité. Cela ne signifie toutefois pas qu'elle soit immunisée par rapport aux décisions irrationnelles – l'actualité abonde d'exemples l'indiquant.

Démocratie et irrationalité

On peut distinguer, en particulier, trois problèmes fréquents affectant la rationalité collective en démocratie : la mésinformation politique de beaucoup d'entre nous, la mécompréhension de la réalité sociale et

1. E. Anderson, « The Epistemology of Democracy », *op. cit.*, p. 15.

2. B. Manin, « À quoi tient la valeur épistémique de la démocratie ? », Collège de France, communication orale, 2017 (https://www.college-de-france.fr/site/claudine-tiercelin/seminar-2017-03-01-16h30.htm).

3. *Ibid.*

l'esprit de groupe. À ces trois limitations épistémiques affectant plus particulièrement (mais pas exclusivement) les citoyens, s'ajoutent les manques de diversité cognitive et de délibération dans les assemblées législatives. L'ensemble nuance quelque peu les promesses de rationalité mises en évidence dans la section précédente et indique des chantiers possibles pour l'amélioration du potentiel épistémique de nos démocraties.

La mésinformation politique

Il existe aujourd'hui une importante littérature empirique pointant du doigt l'ignorance politique d'un grand nombre de citoyens [1]. Beaucoup ignorent effectivement le nom de leurs représentants, ne savent pas quel parti possède la majorité des sièges au parlement, sont incapables de nommer les réformes majeures de la dernière législature, ou se méprennent complètement sur la répartition du budget national [2]. Si la plupart des études empiriques concernent les États-Unis, qui possèdent un système scolaire extrêmement inégalitaire, il fait peu de doute qu'une mésinformation politique importante devrait être observable dans l'ensemble des démocraties avancées. Pour prendre un exemple plus proche de nous, une moitié d'électeurs allemands interrogés s'est avérée incapable de situer le parti appelé Die Linke (La Gauche) sur l'axe gauche-droite [3].

À en croire la théorie du choix rationnel, cette ignorance serait tout à fait rationnelle. En effet, l'impact d'un vote individuel est si minime que cela ne vaut pas le coup, d'un point de vue strictement instrumental, de consacrer des efforts et du temps à acquérir la connaissance politique nécessaire à un jugement éclairé [4]. Dès lors, à moins que nous ayons un intérêt non instrumental pour la politique, ou que nous agissions selon un idéal normatif de citoyen engagé, on pourrait s'attendre à ce que la plupart d'entre nous se désintéresse de l'information politique.

1. P. Converse, « Popular Representation and the Distribution of Information », *in* J. Ferejohn, J. Kuklinski (dir.), *Information and Democratic Processes*, Urbana, University of Illinois Press, 1990, p. 369-388 ; B. Caplan, *The Myth of the Rational Voter : Why Democracies Choose Bad Policies*, Princeton, Princeton University Press, 2006 ; I. Somin, *Democracy and Political Ignorance : Why Smaller Government is Smarter*, Stanford, Stanford University Press, 2013.

2. Voir J. Brennan, *Against Democracy*, Princeton, Princeton University Press, 2016, p. 25-26.

3. C. Achen, L. Bartels, *Democracy for realists : Why elections do not produce responsive government*, Princeton, Princeton University Press, 2017, p. 35.

4. A. Downs, *An economic theory of democracy*, New York, Harper & Row, 1957 ; I. Somin, *Democracy and Political Ignorance*, *op. cit.*, chap. 3.

Même sans partager les présupposés de la théorie du choix rationnel, cette mésinformation peut s'expliquer du point de vue des citoyens. Nos régimes représentatifs sont basés sur une division si stricte du travail entre professionnels de la politique et citoyens que ces derniers ont peu de motivations à s'intéresser à la politique, puisqu'on ne leur permet pas beaucoup plus que de choisir les élites qu'ils préfèrent.

Sans conteste, une ignorance politique massive serait un problème pour la démocratie, dès lors que les citoyens ont un rôle essentiel à jouer, même en régime représentatif : contrôler l'action politique de leurs représentants ; contester les décisions injustes ; sanctionner ceux qui gouvernent mal et les remplacer par de meilleurs représentants [1].

Néanmoins, cette mésinformation politique dominante n'est pas nécessairement fatale pour la démocratie, en raison des raccourcis dont font usage la plupart des électeurs. Dans des sociétés où la division du travail est très avancée, il est impossible pour chacun d'être spécialiste de tout. De ce fait, les individus sont dépendants les uns des autres et se fient à d'autres pour un grand nombre d'actions. La plupart des gens, par exemple, se fient aux médecins concernant leur santé plutôt que de se mettre à la recherche de l'ensemble des informations nécessaires à un jugement médical de qualité [2]. De même, en politique, la plupart des citoyens se fient aux jugements d'autres citoyens, de représentants (syndicaux, associatifs, politiques) ou de personnalités médiatiques et votent sous l'influence de ceux-ci. Cela peut bien entendu entraîner des erreurs en cascade, mais la conséquence importante est que le manque d'information au niveau individuel n'empêche pas nécessairement de faire un choix pertinent par rapport à ses objectifs. Il suffit, pour élire de bons représentants (c'est-à-dire des représentants promouvant nos objectifs), de se fier aux bonnes personnes (des personnes qui poursuivent les mêmes objectifs que nous et qui sont mieux informées que nous). Le fait qu'une majorité de citoyens soit insuffisamment informée n'implique donc pas nécessairement qu'elle fera de mauvais choix. Les résultats des démocraties avancées du point de vue du développement humain et du respect des droits humains indiquent d'ailleurs plutôt le contraire [3].

Par ailleurs, la division du travail et la liberté d'expression permettent à des associations spécialisées de faire valoir les droits et intérêts de

1. Voir A. Przeworski, S. Stokes, B. Manin (dir.), *Democracy, Accountability, and Representation*, Cambridge, Cambridge University Press, 1999.

2. T. Christiano, « Review of Jason Brennan, *Against Democracy* », *Notre Dame Philosophical Reviews*, 2017.

3. *Ibid.*

ceux qui ne savent pas comment faire entendre leur voix. Les partis font également remonter des informations du terrain vers les gouvernants. Autrement dit, même si l'acte de vote est entaché d'un certain degré de mésinformation, les informations nécessaires circulent et remontent assez aisément, en démocratie, comme nous l'avons vu dans la section précédente.

Ces nuances n'ont toutefois pas pour but de nier le problème de la mésinformation politique. Le potentiel épistémique de la démocratie serait probablement plus important si les citoyens étaient mieux informés. Outre l'importante question de la régulation des médias [1], il y a donc lieu de repenser l'éducation politique initiale et continue. Je ferai quelques propositions pour l'éducation initiale dans la troisième partie de ce livre [2].

Mécompréhension de la réalité sociale

Une autre source d'irrationalité démocratique, liée mais distincte, est la mécompréhension fréquente par un bon nombre de citoyens (et de représentants) de la réalité sociale. Ainsi, la plupart des citoyens, en Europe comme en Amérique du Nord, mésestiment l'ampleur des inégalités économiques dans leur pays, jugeant presque systématiquement la distribution réelle plus égalitaire qu'elle ne l'est en réalité et plus proche qu'elle ne l'est en réalité de ce qu'ils considéreraient spontanément comme une distribution juste [3]. De manière générale, les bas revenus sous-estiment les hauts revenus tandis que les seconds surestiment les premiers. Une fois confrontés à la réalité des chiffres, la plupart des gens jugent les inégalités « trop fortes » et se montrent favorables à davantage d'intervention correctrice de la part de l'État.

Cette appréciation dépend cependant de la manière dont les personnes interprètent les causes de ces inégalités, ainsi que de leur position sociale [4]. La plupart des gens semblent ainsi accepter l'idée générale (mais pas forcément ses implications) selon laquelle personne ne devrait

1. J. Cagé, *Sauver les médias. Capitalisme, financement participatif et démocratie*, Paris, Seuil, 2015 ; C. Girard, *Délibérer entre égaux.*

2. Voir *infra* p. 133-148.

3. M. Forsé, M. Parodi, « Perception des inégalités économiques et sentiment de justice sociale », *Revue de l'OFCE* 102, 2007, p. 483-540 ; M. Norton, D. Ariely, « Building a Better America – One Wealth Quintile at a Time », *Perspectives on Psychological Science* 6/1, 2011, p. 9-12.

4. Elle dépend également de la croyance dans la nécessité des inégalités pour le bon fonctionnement de l'économie. Voir O. Galland, Y. Lemel, A. Frénod, « La perception des inégalités en France. Essai d'explication », *Revue européenne des sciences sociales* 51/1, 2013, p. 179-211.

être pénalisé en raison de facteurs échappant à son contrôle, et chacun ne peut être tenu pour responsable que de ce qui dépend réellement de ses choix. D'où l'idée de mérite dans l'appréciation des revenus d'une personne [1]. Cependant, l'impact de la responsabilité individuelle sur les trajectoires sociales et sur les différences de revenu est très souvent surestimé [2]. Une explication proposée par Thomas Piketty est que n'ayant pas tellement d'informations à leur disposition quand ils réfléchissent à l'impact de l'effort sur le revenu, les gens analysent leur propre parcours [3]. Ceux qui ont vu s'améliorer leur condition socio-économique sont alors tentés de s'en attribuer la responsabilité – c'est l'hypothèse la plus simple et la plus flatteuse. Tandis que ceux qui l'ont vue se dégrader ne se font généralement pas d'illusions sur le rôle du mérite. Or, la plupart des gens se démènent pour améliorer leur niveau de vie, et beaucoup connaissent au cours de leur existence une certaine progression (les salaires évoluant souvent avec l'âge et l'expérience). Ce qui fait que beaucoup vont surévaluer la possibilité de s'en sortir par sa seule volonté.

Cette surévaluation vient aussi de l'angoisse que génèrent l'idée que nous vivons dans un monde profondément injuste et celle que nous n'avons pas notre sort entre nos mains. De ce point de vue, la croyance dans l'équité globale du système capitaliste et dans l'existence d'une réelle égalité des chances est une réaction adaptative prévisible face à un environnement incertain et angoissant [4], tout comme l'internalisation par les plus désavantagés d'une idéologie de la débrouille selon laquelle il vaut mieux se démener pour s'en sortir par soi-même plutôt que de se

1. S'il existe un consensus assez large parmi les populations des sociétés capitalistes sur l'importance du mérite, la définition de ce dernier varie d'une personne à l'autre et est souvent ambiguë puisque la plupart des gens rejettent l'idée que le talent ou les capacités puissent déterminer le mérite, mais basent néanmoins leurs appréciations de mérite sur une combinaison d'efforts *et de résultats*. Or, les résultats ne peuvent pas être entièrement déterminés par les efforts si des différences de capacités existent. Donc, en pratique, on juge souvent (de manière incohérente) le mérite en fonction de la capacité ou du talent. Voir D. Miller, « Distributive Justice : What the People Think », *op. cit.*, p. 562-563.

2. Pour les États-Unis, voir L. Bartels, *Unequal Democracy : The Political Economy of the New Gilded Age*, Princeton, Princeton University Press, 2008, p. 148. Plus généralement, voir B. Barry, *Why Social Justice Matters*, Cambridge, Polity Press, 2005.

3. T. Piketty, « Social Mobility and Redistributive Politics », *The Quarterly Journal of Economics* 110/3, 1995, p. 551-584.

4. L. Bartels, *Unequal Democracy*, *op. cit.*, p. 149 ; J. Jost, A. Kay, « Social Justice : History, Theory, and Research », *in* S. Fiske, D. Gilbert, G. Lindzey (dir.), *Handbook of Social Psychology*, Hoboken, John Wiley & Sons, Inc., 2010, p. 1136. C'est ce qui explique que même ceux qui souffrent le plus du système économique dans lequel nous vivons intègrent parfois les discours qui le justifient et qui stigmatisent l'absence d'efforts de la part des plus démunis.

plaindre auprès de l'État [1]. Les espoirs d'ascension sociale, nourris par des exemples trompeurs, renforcent ce culte de la réussite aux dépens du sentiment de responsabilité collective pour le sort de chacun. De manière générale, les personnes discriminées ou désavantagées n'aiment pas se percevoir comme telles [2]. Elles aiment croire qu'elles vivent dans un monde qui permet l'ascension sociale, à force de volonté. C'est un obstacle majeur à la mobilisation collective en vue de la réduction des inégalités.

Dans ce contexte, le mérite est donc l'explication privilégiée donnée aux inégalités de revenu. Pourtant, qu'est-ce qui détermine les revenus globaux des personnes? Les revenus du capital, d'abord, dont on sait qu'ils sont redevenus beaucoup plus profitables que ceux du travail [3]. Or, le patrimoine dont dispose une personne est rarement dû à ses efforts. Il dépend principalement de ce dont elle a hérité, mais également de la chance qu'elle a connue dans ses investissements. Même si on pourrait voir un certain mérite dans le fait de faire fructifier son capital de départ en faisant preuve de patience et de jugement, cet enrichissement découle le plus souvent de dotations initiales inégales – y compris en capital humain. Et qu'est-ce qui détermine fondamentalement les revenus du travail (outre les conventions collectives obtenues par les syndicats) ? La rareté et la demande pour telle ou telle compétence professionnelle dans un marché de l'emploi donné, critère largement arbitraire d'un point de vue moral, loin de toute notion crédible de mérite [4].

Enfin, la position occupée par une personne sur l'échelle des revenus conditionne également souvent son rapport aux inégalités. Non pas tant, cependant, l'attachement abstrait à la valeur de l'égalité, qui est largement partagé [5], que la volonté de soutenir des politiques égalisatrices. Plus les gens sont satisfaits de leur salaire, plus ils jugent que les efforts sont bien rétribués dans leur pays [6]. Ceci indique combien nos jugements sont biaisés, outre par nos considérations d'intérêt personnel, par nos expériences et notre situation particulière. Ils sont en outre influencés par

1. I. Shapiro, *The State of Democratic Theory*, Princeton, Princeton University Press, 2003, p. 129; J. Jost, A. Kay, « Social Justice », *op. cit.*, p. 1138.

2. V. Yzerbyt, S. Demoulin, « Intergroup Relations », *in* S. Fiske *et al.*, *Handbook of Social Psychology*, *op. cit.*, p. 1060.

3. T. Piketty, *Le capital au XXIe siècle*, Paris, Seuil, 2013.

4. J. Heath, « On the Very Idea of a Just Wage », *Erasmus Journal for Philosophy and Economics* 11/2, p. 1-33, 2018.

5. L. Bartels, *Unequal Democracy*, *op. cit.*, p. 132.

6. M. Forsé, M. Parodi, « Perception des inégalités économiques et sentiment de justice sociale ».

la culture scolaire et familiale dans laquelle nous baignons, et l'image qu'elle renvoie des chômeurs, des syndicats, des entreprises, etc.

Sur ces bases, sur ces biais et préjugés, nous construisons tous une compréhension intuitive du fonctionnement de l'économie et de la société, et nous en déduisons nos considérations sur les politiques justes et injustes. C'est en réalité une base bien fragile, très éloignée des connaissances exigées par l'idéal du citoyen éclairé. Or, les conséquences sont importantes : cette mécompréhension de la réalité sociale peut amener à promouvoir des politiques ayant un effet opposé à l'objectif normatif poursuivi – c'est-à-dire des politiques instrumentalement irrationnelles.

Ici encore, renforcer la qualité de l'*input* démocratique [1] – les critères sur lesquels les citoyens construisent leurs jugements politiques – est donc un enjeu central pour la quête démocratique de la justice.

Esprit de groupe

Une troisième source d'irrationalité collective est la tendance humaine à s'identifier à un groupe et à abandonner son jugement à celui-ci. En politique, en particulier, les citoyens ont tendance à s'identifier à un camp et à ne tenir pour vraies que les informations favorables à ce camp – ce qu'on appelle le biais de confirmation [2]. Qui plus est, l'identification à un groupe donné est souvent corrélée au développement de stéréotypes et préjugés hostiles à l'encontre des groupes rivaux. En politique, c'est le phénomène de la polarisation, qui tend à faire de nous davantage des partisans acharnés de telle ou telle cause que des citoyens ouverts d'esprit et à l'écoute des meilleurs arguments. Et c'est ce qui atténue les bénéfices des délibérations publiques.

La polarité et la conflictualité politiques ont toujours existé. Et à certains égards, on pourrait juger que l'identification à des groupes politiques donnés était plus marquée auparavant qu'elle ne l'est aujourd'hui, à une époque marquée par l'« érosion des fidélités partisanes » [3]. Comme l'explique Bernard Manin, par rapport à l'âge de la démocratie de partis, la presse est aujourd'hui plus indépendante des partis, et les électeurs sont plus volatiles. Cela signifie qu'il y aurait plus de place pour le changement d'opinion si essentiel à la délibération.

1. J'emprunte la formule à R. Goodin, *Reflective Democracy*, Oxford, Oxford University Press, 2003, chap. 8.
2. J. Brennan, *Against Democracy*, *op. cit.*, p. 43-44.
3. B. Manin, *Principes du gouvernement représentatif*, Paris, Flammarion, 2012, p. 310.

Néanmoins, un autre phénomène contemporain pousse dans l'autre sens : la segmentation et la polarisation de l'information en ligne. Alors que l'érosion des fidélités partisanes et la pluralisation des sources d'information ouvrent des perspectives intéressantes pour la formation libre du jugement politique par les citoyens, des dangers nouveaux sont apparus. L'un d'eux est la réduction du rôle de *gatekeepers* des journalistes [1] – supposés faire le tri entre l'information fiable et non fiable, vérifier les sources et confronter les points de vue – avec pour effet une profusion des *fake news*. L'autre est la segmentation de l'information. Si la plupart des citoyens font recours à une diversité de sources d'information, l'ensemble du public ne partage pas les mêmes sources. Au contraire, différents groupes sociaux se réfèrent à différentes sources, qui tendent à créer des bulles de communication relativement homogènes, où les discours vont souvent dans un sens unique, où les préjugés sont renforcés et où l'on ne s'expose pas à des points de vue véritablement contradictoires [2]. L'information par les réseaux sociaux renforce ce trait, puisque les informations qui nous sont présentées sont celles qui viennent des personnes ou sources d'information que nous aimons, perpétuant la segmentation et renforçant les risques de polarisation.

Discipline de parti

La plupart des citoyens tendent donc à appartenir à des communautés épistémiques segmentées, à discuter principalement avec des gens qui pensent comme eux, au risque d'être confirmés dans leurs préjugés. Leurs représentants politiques font-ils mieux ? Bien qu'ils soient en moyenne plus éduqués [3] et mieux informés politiquement, ils n'échappent évidemment pas aux risques de polarisation de groupe ni au biais de confirmation. Qui plus est, ils sont souvent contraints par la discipline de parti à se tenir à une certaine ligne idéologique et à ne pas trop en dévier, ce qui n'encourage pas une attitude délibérative de leur part. Les parlements ne sont d'ailleurs plus, depuis l'avènement de la démocratie de partis, un véritable lieu de délibération. Les échanges communicationnels qui y ont cours ne visent pas à convaincre les représentants des autres partis (qui

1. C. Girard, « De la presse en démocratie. La révolution médiatique et le débat public », *La Vie des idées*, 11 octobre 2011 (http://www.laviedesidees.fr/De-la-presse-en-democratie.html).

2. B. Manin, « Comment promouvoir la délibération démocratique ? ».

3. M. Bovens, A. Wille, *Diploma democracy : The rise of political meritocracy*, Oxford, Oxford University Press, 2017.

sont de toute façon peu susceptibles de changer d'avis), mais à défendre publiquement une ligne politique, à séduire le grand public [1].

L'idéal de démocratie délibérative a-t-il encore un sens, dans ce contexte ? Qui délibère en démocratie ? En réalité, les occurrences de délibérations véritables, dans des conditions favorables (à l'image des « sondages délibératifs » [2]), sont extrêmement rares. Mais cela n'empêche pas la circulation de l'information et l'évolution des opinions. En effet, l'affrontement public d'idéologies et de projets de société concurrents est bénéfique pour la formation du jugement politique des citoyens en ce qu'il permet de « mettre en scène » la délibération, de clarifier les positions et de rendre les sources de conflit plus lisibles [3]. Cela permet aux citoyens, dans la mesure où ils ont accès à ces débats, de choisir leur camp [4] en connaissance de cause. De sorte que le système démocratique dans son ensemble peut avoir une dimension délibérative caractérisée par l'échange d'arguments contradictoires et l'évolution de l'opinion publique même si rien, dans le système, ne ressemble à une délibération idéale [5].

Reste que s'il existe des moyens de rendre nos démocraties plus délibératives, en augmentant l'exposition des citoyens et de leurs représentants à la contradiction, en les incitant à peser le pour et le contre avec un esprit ouvert, cela permettrait très probablement d'accroître le potentiel épistémique de la démocratie, pour les raisons exposées précédemment. J'y reviendrai également dans le dernier chapitre.

1. R. Goodin, *Innovating Democracy : Democratic Theory and Practice After the Deliberative Turn*, Oxford, Oxford University Press, 2008, chap. 9 ; D. Leydet, « Partisan Legislatures and Democratic Deliberation », *Journal of Political Philosophy* 23/3, 2015, p. 235-260.

2. J. Fishkin, *When the People Speak : Deliberative Democracy and Public Consultation*, New York, Oxford University Press, 2009.

3. S. Rummens, « Staging deliberation ».

4. Choisir son camp demeure clairement dans la logique perverse de l'esprit de groupe et de la polarisation, mais l'avantage des citoyens par rapport aux représentants est qu'ils peuvent changer de camp à tout moment (et le font d'ailleurs plus qu'avant), ce qui est essentiel d'un point de vue délibératif.

5. Sur l'approche « systémique » de la délibération, voir J. Mansbridge, J. Bohman, S. Chambers, T. Christiano, A. Fung, J. Parkinson, D. Thompson, M. Warren, « A Systemic Approach to Deliberative Democracy », *in* J. Parkinson, J. Mansbridge (dir.), *Deliberative Systems : Deliberative Democracy at the Large Scale*, Cambridge, Cambridge University Press, 2012, p. 1-26.

Manque de diversité cognitive

Enfin, eu égard aux atouts épistémiques de la démocratie mentionnés dans la section précédente, une dernière limitation caractéristique des démocraties existantes doit être soulignée : le manque de diversité parmi les gouvernants. Force est en effet de constater que la plupart des politiciens se ressemblent sous plusieurs aspects (ce qui ne revient pas à dire qu'ils sont « tous les mêmes »). Cela tient au caractère aristocratique de l'élection, qui favorise la sélection de personnes qui se distinguent de la masse par des traits communs [1] (aisance communicationnelle, charisme, éducation, confiance en soi), traits le plus souvent associés à une certaine élite sociale. Ce qui est fascinant à observer, c'est à quel point les élus poursuivent des trajectoires de carrière similaires, fréquentent les mêmes écoles, étudient plus ou moins les mêmes disciplines. Qui plus est, les professionnels de la politique transmettent souvent leur passion et leur ambition à leurs enfants ou à leurs proches, renforçant la reproduction au pouvoir d'une certaine catégorie sociale. Les candidats sont également souvent cooptés par leurs pairs et placés par la hiérarchie des partis sur des listes électorales fermées. S'il n'existe pas de barrières formelles à l'entrée en politique, tous ces mécanismes contribuent à réduire la diversité des profils sociaux se présentant aux électeurs, avec pour résultat une sous-représentation des femmes, des classes sociales moins favorisées et d'un certain nombre de minorités [2].

Cela pourrait ne pas être un problème en soi [3] si ces personnes aux profils relativement similaires n'étaient pas exposées au risque de penser de la même manière, ou du moins de souffrir de distorsions identiques du jugement. Comme nous l'avons vu, le manque de diversité sociale et cognitive introduit de multiples biais affectant négativement la qualité des décisions prises. Du fait de leur manque de diversité, de leur position particulière et d'habitus propres au métier de politicien, il se peut que

1. B. Manin, *Principes du gouvernement représentatif*, *op. cit.*, chap. 4.

2. Pour une étude approfondie de ce phénomène et de ses conséquences, dans le contexte britannique, voir P. Norris, J. Lovenduski, *Political Recruitment : Gender, Race and Class in the British Parliament*, Cambridge, Cambridge University Press, 1995.

3. À moins de défendre une conception de la démocratie représentative comme *présence*, qui implique la représentation de divers groupes sociaux à travers des représentants auxquels ils s'identifient du fait de certains *traits communs*. Voir D. Leydet, « Représentation et présence : la démocratie représentative en question », *Politique et Sociétés* 21/1, 2002, p. 67-88 ; N. Stojanović, *Dialogue sur les quotas. Penser la représentation dans une démocratie multiculturelle*, Paris, Presses de Sciences Po, 2013, chap. 3. Ce n'est cependant pas la voie empruntée ici.

les élus ne parviennent pas à envisager les questions auxquelles ils font face à partir de perspectives radicalement différentes de la leur. Il se peut qu'ils perdent largement le contact avec la réalité sociale vécue par les plus bas revenus. Ils peuvent ignorer complètement ce que cela signifie d'être au chômage ou de travailler dans certains secteurs. En conséquence, certaines idées ou aspirations sont parfois regrettablement négligées. Bien entendu, ces idées et aspirations circulent dans le débat public, sont relayées par différents acteurs de la société civile. Mais l'urgence de traiter certains problèmes n'est parfois pas perçue par ceux qui ne les vivent pas au quotidien. C'était d'ailleurs déjà une préoccupation exprimée par Alexander Hamilton aux premiers jours des démocraties modernes [1]. Et la fonction du parlement, dans cette perspective, a souvent été interprétée comme une fonction de *reflet* en miniature de la diversité de la population [2].

Cela implique, nous le verrons, de réfléchir sérieusement à l'usage de quotas ou du tirage au sort dans le processus de désignation des représentants politiques [3]. Certes, il est impossible que chacun soit représenté par des personnes qui lui ressemblent, voire par une personne qui lui ressemble de près. En outre, la similarité des apparences ou des vécus ne garantit en rien la similarité des idées. Mais un gain de diversité pourrait remédier à certains biais affectant le monde politique.

Démocratie et justice comme impartialité

À ce stade, nous pouvons déjà considérer que la démocratie possède une valeur épistémique non négligeable qui explique sans doute en partie son succès par rapport aux autres régimes passés et présents et termes de développement humain. Néanmoins, la démocratie peut également, nous l'avons vu, être source d'irrationalité collective du fait d'un certain nombre de pathologies. Ces dernières peuvent en partie être corrigées par des réformes de nos institutions telles que celles qui seront avancées dans

1. A. Hamilton, J. Madison, J. Jay, *The Federalist Papers*, New York, Palgrave Macmillan, 2009, p. 35.

2. J. Adams, *Thoughts on Government, Applicable to the Present State of the American Colonies*, 1776 (https://en.wikisource.org/ wiki/Thoughts_on_Government).

3. Les effets de la diversité sociale sur les choix politiques sont assez controversés. Comme le montrent Norris et Lovenduski (*Political Recruitment*, *op. cit.*, chap. 11), la classe et l'ethnie d'origine des représentants ont peu d'impact sur leurs choix politiques (au contraire de leur sexe). L'hypothèse du manque de diversité cognitive est toutefois différente : ce qui manque, ce n'est pas tant la diversité des *origines* (et sexes) parmi les représentants élus que la diversité de la société civile en elle-même. C'est-à-dire que le processus même d'accès au pouvoir par l'élection sélectionne un certain type de profil (malgré la diversité d'origines et de sexes). De ce fait, l'argument de la diversité sociale et cognitive penche davantage dans le sens du tirage au sort que des quotas.

le dernier chapitre, mais elles ne pourront vraisemblablement pas être entièrement dissipées. Un certain degré de mésinformation politique de la part des citoyens est sans doute le prix de la division du travail. Quant à l'esprit de groupe et la polarisation, ils peuvent certes être atténués, mais ils sont liés à la nature généralement conflictuelle et clivante de la politique [1], qui n'est pas près de disparaître.

Certains pourraient donc penser que des délibérations de qualité au sein d'un groupe aussi diversifié que possible d'experts non partisans et n'ayant pas à séduire le grand public produirait de meilleures décisions politiques que la démocratie. Ce serait réduire la politique à la résolution de problèmes techniques et perdre de vue un des deux aspects qui fondent la valeur épistémique de décisions politiques : leur validité normative.

Des décisions correctes ou valides d'un point de vue normatif sont avant tout des décisions conformes à un idéal de justice sociale. La difficulté, nous l'avons vu, c'est qu'il existe une pluralité de conceptions concurrentes de la justice sociale et que ce sont ces désaccords, précisément, qui sont au cœur du politique et qui nécessitent une procédure de décision collective acceptable par toutes et tous. Il serait donc problématique d'évaluer le potentiel épistémique de la démocratie sur base d'une théorie controversée de la justice. Il me semble toutefois possible de générer un accord suffisamment large sur un critère de justice largement partagé ou partageable par-delà ces désaccords.

Le critère d'*impartialité morale* me semble être de cet ordre. Propriété d'un arrangement politique, d'une décision politique ou de politiques publiques, l'impartialité morale peut être définie simplement comme l'exigence de ne pas favoriser certains groupes ou individus par rapport à d'autres pour des raisons moralement arbitraires [2]. L'inverse d'une politique impartiale est donc une politique discriminatoire ou biaisée – qui (dé-) favorise, volontairement ou non, certains individus ou groupes sans que cela soit moralement justifiable, par exemple par la volonté de remédier à un désavantage préexistant.

Certes, la plupart des politiques publiques ont un impact différencié sur différents groupes sociaux. Ce n'est toutefois pas ce qui importe ici. L'idée, c'est que les intérêts fondamentaux de personne ne devraient revêtir plus d'importance – que chacun devrait pouvoir jouir des mêmes droits et opportunités, par exemple. Ainsi entendu, l'idéal d'impartialité

1. C. Mouffe, *The Democratic Paradox*.

2. B. Barry, *Justice as Impartiality. A Treatise on Social Justice*, vol. II, Oxford, Oxford University Press, 1995, p. 7-8 ; J. Elster, « The Optimal Design of a Constituent Assembly », *in* J. Elster, H. Landemore, *Collective Intelligence*, *op. cit.*, p. 150.

ne s'oppose pas à des politiques ciblées sur certains groupes, mais à toute forme de discrimination ou de favoritisme arbitraires, c'est-à-dire basés sur des critères non pertinents. Rothstein et Teorell illustrent cette distinction par l'exemple de politiques de soutien aux familles en situation de précarité. De telles politiques n'enfreignent pas le principe d'impartialité par le fait d'être ciblées. Elles l'enfreindraient si cette aide était refusée aux familles d'un certain groupe ethnique ou aux parents d'une certaine orientation sexuelle [1].

Bien que les moyens d'atteindre un tel idéal d'impartialité soient extrêmement controversés, cette exigence morale fondamentale réside au cœur de la plupart des théories éthiques modernes [2], qu'elles soient d'inspiration égalitariste, utilitariste ou encore libertarienne. Quand les libertariens de droite défendent les droits de propriété, par exemple, ils estiment généralement que tous les citoyens devraient jouir sans distinctions arbitraires de ces droits de propriété, qu'il serait injuste que certains aient droit à la propriété et pas d'autres (même s'ils n'estiment pas nécessairement injuste que tous ne disposent pas des mêmes ressources ou capacités). C'est pourquoi il me semble que ce critère de validité normative est susceptible d'un accord très large – à condition de lever un certain nombre de malentendus à son égard, ce à quoi je m'emploierai plus en détail dans le second chapitre.

Avant de poursuivre, deux brèves précisions me paraissent encore nécessaires. Premièrement, l'impartialité *substantive* que je viens de définir est à distinguer de l'impartialité *procédurale* consistant à ne favoriser aucune personne ou voix dans le processus de prise de décision. La démocratie peut être considérée comme impartiale d'un point de vue procédural du fait qu'elle confère une voix égale à chacun. Cela n'empêche toutefois pas que, d'une procédure impartiale, puissent résulter des décisions substantivement partiales, voire plus partiales que celles résultant d'un mode de décision non démocratique. En d'autres termes, on pourrait *imaginer* qu'un dictateur éclairé prenne des décisions plus impartiales qu'une majorité démocratique. C'est précisément ce qui rend intéressante la réflexion sur le potentiel d'impartialité de la démocratie. Je ne présuppose pas que la démocratie est le régime le plus susceptible d'impartialité morale ou substantielle.

1. B. Rothstein, J. Teorell, « What is quality of government? A theory of impartial government institutions », *Governance* 21/2, 2008, p. 170.

2. J. Rawls, *Théorie de la justice*, *op. cit.*, p. 31 ; A. Sen, *Inequality Reexamined*, Cambridge (Mass.), Harvard University Press, 1995, p. 3-4 ; 16-19 ; R. Dworkin, *Sovereign Virtue : The Theory and Practice of Equality*, Cambridge (Mass.), Harvard University Press, 2000, p. 1-2.

Deuxièmement, l'idéal d'impartialité ici mobilisé diffère également de l'impartialité par rapport aux *préférences*. Une décision juste n'est pas une décision impartiale par rapport aux préférences des citoyens, qui accorderait un poids égal à toutes ces préférences – ce qui biaiserait également l'argumentation en faveur de la démocratie. Je présuppose ici que ce qui est juste et substantiellement impartial est potentiellement distinct de ce que préfèrent ou souhaitent la majorité des gens. Les préférences des citoyens sont en effet diverses, et il se peut que les considérations de justice n'y jouent qu'un rôle mineur. Comme le précise Martí, le critère de validité d'une décision doit être au moins partiellement indépendant de la procédure de décision pour permettre d'évaluer les résultats de celle-ci [1] – et donc indépendant des préférences exprimées par cette procédure.

J'en viens donc à l'évaluation épistémique de la démocratie du point de vue de ce critère d'impartialité. Offre-t-elle davantage de perspectives d'impartialité que ses alternatives ?

Les risques d'abus de pouvoir

Dans leur meilleure version possible, l'idéal du despotisme éclairé comme celui de la technocratie au service du bien commun reposent sur une motivation altruiste : la crainte paternaliste que le peuple ne soit pas apte à se gouverner correctement par lui-même. Le rejet de la démocratie repose alors sur une double hypothèse :

1) Le peuple risque fortement d'agir de manière contraire à ses propres intérêts.

2) Ses intérêts seraient mieux servis par une élite éclairée (ou un parti d'avant-garde) plaçant le peuple sous sa tutelle.

La première hypothèse est en soi contestable [2], mais ce qui m'importe ici est de montrer que même en l'admettant, il n'en découle pas que la seconde hypothèse soit valable [3].

Je pense au contraire qu'il faut réfuter la seconde hypothèse pour deux ensembles distincts de raisons. Le premier regroupe les raisons qui justifient la crainte d'un usage malintentionné du pouvoir. Le second – développé dans la section suivante – concerne les limitations indépendantes de la volonté des agents qui rendent peu plausible un

1. J. L. Martí, « The Epistemic Conception of Deliberative Democracy Defended ».

2. Pour ce qui concerne les États-Unis, voir néanmoins T. Frank, *Pourquoi les pauvres votent à droite*, Marseille, Agone, 2013 ; L. Bartels, *Unequal Democracy* ; C. Achen, L. Bartels, *Democracy for realists*.

3. R. Dahl, *Democracy and its Critics*, New Haven, Yale University Press, 1989, p. 65 *sq*.

despotisme ou une technocratie justes, tout éclairés et bienveillants qu'ils puissent sembler.

La difficulté principale de l'organisation politique réside en ceci qu'il n'existe aucun juge ou spectateur impartial possible, que chaque individu possède certains intérêts particuliers en jeu et que les intérêts des citoyens divergent sur bien des points. S'il existait une parfaite harmonie des intérêts individuels, la nécessité d'un pouvoir de régulation disparaîtrait, comme dans la fiction de l'ordre spontané [1] ou dans l'idéal anarchiste [2]. Cependant, dès lors qu'on reconnaît la divergence des intérêts (économiques en particulier), apparaissent à la fois la nécessité d'un arbitrage et le danger de confier cette fonction à une ou plusieurs personnes dont les intérêts sont impliqués dans la décision. On ne peut, selon l'adage juridique, être à la fois juge et partie.

Dans le domaine politique, cependant, ce conflit d'intérêts est inévitable. Les idéologues qui prétendent défendre ce qui est dans l'intérêt de tous et les partis qui prétendent incarner la volonté générale ou le bien commun opèrent par mystification, volontaire ou naïve. Le plus souvent, ils dissimulent la réalité de la discorde pour légitimer leur prise de pouvoir [3]. Dans un monde post-totalitaire, plutôt que de se fier à des promesses d'incarnation du bien commun ou de la volonté générale, on cherchera plutôt à réduire au maximum l'influence potentielle des intérêts privés sur les décisions politiques – comme le suggéraient d'ailleurs pratiquement tous les grands penseurs des démocraties modernes [4], qui avaient fréquenté suffisamment de tyrans pour connaître les dangers du pouvoir.

Aristote, déjà, mettait en avant le fait qu'un groupe plus nombreux est moins corruptible qu'un despote ou qu'une oligarchie [5]. La difficulté à laquelle font cependant face les démocraties modernes est qu'elles peuvent difficilement éviter de concentrer le pouvoir décisionnel dans les mains d'un nombre réduit de personnes [6]. Or, on ne peut pas davantage présupposer la vertu *intrinsèque* de représentants politiques élus ou tirés

1. M. Myers, *The Soul of Modern Economic Man. Ideas of Self-Interest. Thomas Hobbes to Adam Smith*, Chicago, The University of Chicago Press, 1983 ; P. Rosanvallon, *Le libéralisme économique. Histoire de l'idée de marché*, Paris, Seuil, 1989.

2. N. Baillargeon, *L'ordre moins le pouvoir : Histoire et actualité de l'anarchisme*, Marseille, Agone, 2008.

3. Voir P. Ricœur, *L'idéologie et l'utopie*, Paris, Seuil, 2005.

4. J. Elster, *Securities against Misrule : Juries, Assemblies, Elections*, Cambridge, Cambridge University Press, 2013.

5. Aristote, *Les Politiques*, *op. cit.*, Livre 3, chap. 11.

6. Voir *infra* p. 148.

au sort qu'on ne peut se fier à celle d'éventuels experts ou despotes éclairés.

Néanmoins, la combinaison du débat public et de l'élection, en régime démocratique, joue un rôle d'incitation morale : le politicien qui se révèle corrompu ou semble trop avancer ses intérêts personnels (ou ceux de ses proches) au détriment de considérations plus collectives risque d'être dénoncé par les médias et de prendre la porte aux prochaines élections. Les représentants sont donc forcés d'anticiper le jugement rétrospectif des électeurs, de se soucier de leur popularité. Certes, les exemples abondent de gouvernants corrompus parvenant à se faire réélire par le mensonge ou la manipulation. Certes, nous l'avons vu, les citoyens sont souvent insuffisamment informés sur les agissements de leurs représentants. Néanmoins, le caractère réitératif d'élections compétitives a le mérite d'institutionnaliser un mécanisme de contrôle des gouvernants ayant pour valeur instrumentale de réduire les risques d'abus de pouvoir. Que ce mécanisme soit déficient n'est pas ici contesté [1]. Cela ne signifie toutefois pas qu'il soit inutile, puisqu'à tout le moins la probabilité d'abus de pouvoir est réduite.

Outre le contrôle des agissements des élus par les citoyens et les médias, la place que le gouvernement démocratique laisse aux partis d'opposition incite ces derniers à scruter eux aussi les actes du gouvernement et à dénoncer les abus de pouvoir. Par ailleurs, l'ensemble du *design* institutionnel, en démocratie, consiste en un difficile équilibre du *pouvoir* et de la *limitation*, visant à réduire les conflits d'intérêts tout en permettant de gouverner – qu'il s'agisse de la séparation des pouvoirs, du bicamérisme, des cours constitutionnelles, des limites au cumul des mandats ou autres mécanismes plus spécifiques à certains pays.

La protection des droits fondamentaux joue également, de ce point de vue, un rôle essentiel de garde-fou, en protégeant (certes imparfaitement, car aucune protection n'est infaillible) l'ensemble de la population contre un tournant autoritaire du gouvernement, et les minorités contre des abus de pouvoir de la part de la majorité. S'il existe de bonnes raisons de se fier, de manière générale, à l'avis de la majorité, comme nous l'avons vu, cette dernière est néanmoins susceptible de décisions très injustes. La protection d'un certain nombre de droits fondamentaux, qui va généralement de pair avec les institutions démocratiques, accroît donc le potentiel épistémique de la démocratie en ayant pour fonction de compenser les limites de la

1. Voir A. Przeworski, S. Stokes, B. Manin, *Democracy, Accountability, and Representation* ; C. Achen, L. Bartels, *Democracy for realists*.

règle de majorité. Les cours de justice peuvent d'ailleurs être vues comme un mécanisme supplémentaire incitant à la reddition de comptes, en plus de la réitération des élections, mais une reddition de comptes qui ne s'adresserait pas seulement à la majorité [1].

En matière de prévention des abus, les institutions démocratiques offrent donc de bien meilleures perspectives que leurs alternatives. Et cet argument revêt une importance particulière d'un point de vue intergénérationnel, dès lors que la démocratie permet d'éviter le risque d'une transition d'un pouvoir autoritaire éclairé (ou technocratique juste) à un pouvoir autoritaire mal intentionné (ou technocratique injuste). Comme le suggèrent Dasgupta et Maskin, cela n'a aucun sens de dire qu'un régime autoritaire bienveillant offre de meilleures perspectives [2]. En effet, la bienveillance de ce régime ne peut en aucun cas être considérée comme un facteur intrinsèque ou permanent. On sait que les régimes autoritaires apparemment bienveillants deviennent généralement brutaux quand les circonstances économiques se dégradent ou quand la population se met à exiger des changements dans sa situation sociale ou politique [3]. Dès lors, mettre en avant des exemples de développement économique et social intéressant sous régimes autoritaires ne répond en rien à la question du type de régime qui offre les meilleures *perspectives*. Les meilleures perspectives, face à la corruption et à l'arbitraire du pouvoir, sont offertes par la *redevabilité* délibérative et électorale – le fait que les dirigeants doivent rendre des comptes – qui est essentielle en démocratie.

Bon nombre d'arguments historiques en faveur de la démocratie contre un gouvernement par un plus petit nombre mettent d'ailleurs en avant cette capacité à réduire les abus de pouvoir. Mill, par exemple, malgré son élitisme, valorisait la participation démocratique (outre pour ses vertus éducatives) comme meilleure garantie que les intérêts de tous soient protégés [4]. Dewey, de même, jugeait dangereux de donner tout le pouvoir de décision à la minorité de ceux qui savent mieux, parce qu'« aucun gouvernement d'experts dans lequel les masses n'ont pas l'opportunité d'informer les experts de leurs nécessités ne peut être autre chose qu'une

1. M. Langford, « The Justiciability of Social Rights : From Practice to Theory », in *Social Rights Jurisprudence : Emerging Trends in International and Comparative Law*, Cambridge, Cambridge University Press, 2008, p. 44.

2. P. Dasgupta, E. Maskin, « Democracy and Other Goods », *op. cit.*, p. 80-81. Ils parlent de perspectives *économiques*, mais il me semble que l'argument peut être généralisé.

3. *Ibid.*, p. 80.

4. J.-S. Mill, « Considerations on Representative Government », in *Three Essays*, Oxford, Oxford University Press, 1975, p. 186.

oligarchie dirigée en faveur des intérêts de quelques-uns » [1]. En l'absence de véritable opposition démocratique, d'un « pouvoir de surveillance » [2] exercé par le peuple à la fois pendant et entre les élections, « les meilleurs ne restent pas et ne peuvent pas rester les meilleurs, les sages cessent d'être sages » [3]. Le philosophe Alain alla même jusqu'à définir la démocratie comme « un effort perpétuel des gouvernés contre les abus de pouvoir » [4].

Les risques de biais

Au-delà des dangers que le pouvoir fait courir à la vertu, la concentration du pouvoir décisionnel dans les mains de quelques-uns possède un autre défaut majeur : les risques de biais. Nous l'avons vu, la diversité des points de vue rassemblés est susceptible d'augmenter la qualité des décisions prises collectivement. Les capacités cognitives sont certes inégalement distribuées, mais également *limitées* en chacun. Comme le dit Sen, nos jugements sont « arrimés à nos expériences » [5]. Nous ne percevons de la réalité que ce dont nous avons fait l'expérience directe et ce que nous avons appris de nos interactions avec d'autres auxquels nous faisons confiance. De sorte que la meilleure volonté du monde n'empêchera jamais une personne de voir son jugement biaisé par la position qu'elle occupe et les connaissances qu'elle possède. Le « point de vue de nulle part » [6] n'existe pas. De ce fait, mettre de côté ses intérêts personnels ne suffit pas à garantir l'objectivité du jugement moral [7]. En conséquence, même une élite qui resterait éclairée et bienveillante, qui ne chercherait nullement à s'octroyer des privilèges, a de bonnes chances d'être injuste en raison de tels biais.

Cette crainte est également nourrie par la littérature sur la connaissance « située » [8] : une élite éclairée risque de ne pas savoir ce que cela signifie concrètement (et implique normativement) de vivre certaines expériences spécifiques comme la précarité, le chômage ou l'immigration. Ceci

1. J. Dewey, *The Public and its Problems*, *op. cit.*, p. 208.

2. P. Rosanvallon, *La contre-démocratie. La politique à l'âge de la défiance*, Paris, Seuil, 2008, chap. 2.

3. J. Dewey, *The Public and its Problems*, *op. cit.*, p. 206.

4. Alain, *Propos sur les pouvoirs*, cité dans P. Rosanvallon, *La contre-démocratie*, *op. cit.*, p. 65.

5. A. Sen, *L'idée de justice*, Paris, Flammarion, 2010, p. 216.

6. T. Nagel, *Le point de vue de nulle part*, Paris, Éditions de l'Éclat, 1993.

7. S. Chavel, *Se mettre à la place d'autrui. L'imagination morale*, Rennes, Presses Universitaires de Rennes, 2011, p. 66-68.

8. I. M. Young, *Inclusion and Democracy*; S. Harding (dir.), *The feminist standpoint theory reader : Intellectual and political controversies*, New York, Routledge, 2004.

n'implique pas le point de vue radical selon lequel personne ne peut parler à la place d'autrui, mais cela fournit un argument épistémologique important en faveur de l'inclusion comme minimisation des risques de biais ou de représentation erronée des effets de certaines politiques publiques sur certaines personnes.

Outre les biais *positionnels*, qui s'assimilent à un manque d'informations pertinentes pour gouverner de manière juste, existe également le risque de biais *implicites*. Ces derniers renvoient à des catégorisations et stéréotypes qui affectent inconsciemment nos jugements et qui sont inévitables du fait qu'ils proviennent du besoin humain de faire face à la complexité du monde et de notre irrémédiable manque d'expérience [1]. Il semble que nous soyons tout simplement incapables de nous empêcher de généraliser sur base de nos expériences et d'ainsi réduire la complexité. Certes, des personnes conscientes de ce problème peuvent s'avérer plus attentives et moins vulnérables aux biais. Cependant, le point de vue dominant en psychologie sociale semble être la reconnaissance du caractère inévitable de ce problème. Ainsi, même si une personne rejette les stéréotypes raciaux par exemple, son jugement risque malgré tout d'être affecté par ces stéréotypes par le seul fait de les avoir encodés [2].

Nous avons déjà examiné l'importance de la démocratie pour la circulation de l'information. Ici, l'argument est quelque peu différent. Les dirigeants n'ont pas seulement besoin d'informations factuelles pour gouverner de manière adéquate ; il leur faut également prendre des décisions adéquates d'un point de vue *normatif*. Or, un jugement normatif purement objectif, qui ne serait affecté d'aucun biais ni parasité par les intérêts personnels, est illusoire en politique. Et même si c'était possible, nous ne disposons d'aucun moyen (autre que la discussion collective inclusive) de vérifier si un jugement normatif est effectivement « pur ».

Ce constat offre un nouveau motif de rejet du despotisme éclairé comme de la technocratie. Le meilleur moyen de lutter contre les biais est en effet l'inclusion démocratique [3]. Cette inclusion prend deux formes. D'abord, l'agrégation de l'ensemble des préférences par le suffrage universel égalitaire. En effet, l'inclusion égalitaire est la meilleure manière de minimiser le risque que les intérêts ou aspirations de certaines personnes soient négligés dans la décision, que ce soit par biais

1. T. Gendler, « On the epistemic costs of implicit bias », *Philosophical Studies* 156/1, 2011, p. 39.

2. *Ibid.*, p. 43.

3. Voir A. Sen, *L'idée de justice* ; H. Landemore, *Democratic Reason*, *op. cit.*, chap. 4.

involontaire ou par désintérêt volontaire pour ceux-ci. C'est la meilleure incitation à l'impartialité, car le suffrage universel égalitaire maximise pour l'ensemble des citoyens la possibilité de faire valoir leurs intérêts légitimes, leurs aspirations, minimisant (mais ne dissipant pas) les risques de partialité et de biais. L'opportunité de se défendre, de faire valoir son point de vue, est maximisée dans le sens où personne ne pourrait recevoir une opportunité plus importante sans diminuer celle d'un autre. De sorte que si l'inclusion égalitaire n'est pas une garantie de justice, aucune alternative n'offre de meilleures garanties.

Ensuite, l'inclusion démocratique passe par le débat public, qui rassemble informations, points de vue, préférences et aspirations *d'une manière révisable et dynamique*. Nous avons vu comment des délibérations inclusives pouvaient accroître la rationalité d'un processus de prise de décision. Les vertus de la délibération ne s'arrêtent pas là. Ce qui, d'un point de vue normatif, nous fait préférer cette méthode à la pure agrégation des préférences ou à la négociation, c'est le fait qu'au contraire de ces méthodes de décision, les délibérations ne visent pas à sanctionner un rapport de force. La démarche délibérative, en effet, n'admet en principe aucune autre autorité que la « force non coercitive de l'argument meilleur » [1]. De ce fait, le modèle délibératif apparaît également plus favorable à l'*impartialité* des décisions : en principe, il ne favorise aucun participant, et se distingue en cela du vote sans délibérations (qui favorise les majorités préétablies) et de la négociation (qui favorise ceux qui ont le plus grand pouvoir de négociation). Les minorités et les plus faibles peuvent espérer faire entendre leur voix et être pris en compte, ce qui paraît intuitivement plus juste.

Outre ses vertus cognitives, la procédure délibérative incite les participants à justifier leurs idées de façon telle qu'elles soient acceptables par les autres [2]. Dès lors, pour obtenir l'accord d'autrui, ne pourront être utilisés ni des arguments basés uniquement sur des intérêts particuliers, non généralisables, ni des menaces. Les participants sont au contraire incités à se décentrer de leur perspective particulière pour considérer les choses du point de vue des autres. Ces raisons font que les délibérations peuvent jouer, selon les termes de Martí, le rôle d'un « filtre d'impartialité

1. J. Habermas, *Droit et démocratie*.

2. Voir J. Habermas, *De l'éthique de la discussion*, Paris, Le Cerf, 1992 ; J. Elster, « Le marché et le forum. Trois variétés de théorie politique », dans C. Girard, A. Le Goff (éd.), *La démocratie délibérative. Anthologie de textes fondamentaux*, Paris, Hermann, 2010, p. 119-165 ; R. Goodin, *Motivating Political Morality*, Cambridge (Mass.), Blackwell, 1992, chap. 7.

et de justice substantive » [1]. L'inclusion délibérative que permettent la liberté d'expression et le travail des associations et médias en démocratie contribue donc fortement à accroître les perspectives d'impartialité même si la réalité des débats publics est bien éloignée de l'idéal délibératif en raison de distorsions communicationnelles multiples.

Or, même si l'on peut imaginer une dimension de débat public dans un régime non démocratique, rien n'y pousserait ceux qui possèdent le pouvoir à écouter les revendications du peuple ni à justifier en termes publics l'usage qu'ils font du pouvoir. La logique délibérative risquerait donc de s'arrêter aux portes du pouvoir. Le mécanisme électoral, en démocratie, incite les gouvernants à prendre plus au sérieux les échanges communicationnels avec les citoyens. Pour être élu – mais surtout pour être réélu – il convient d'entrer avec les électeurs dans un rapport dialogique, un échange de justifications ; c'est la dimension délibérative de la redevabilité.

Démocratie et partialité

Les considérations qui précèdent ne font évidemment pas de la démocratie une garantie de justice sociale. L'intérêt d'une réflexion sur la relation entre démocratie et justice sociale vient précisément du fait que l'une ne garantit pas l'autre, qu'il peut exister de multiples tensions entre les deux, qui amènent à repenser la justification des institutions démocratiques et leurs réformes possibles.

L'examen de différents facteurs faisant entrave à l'impartialité, en démocratie, permet notamment d'appréhender une des questions les plus fascinantes de la science politique, à savoir la compatibilité du suffrage universel avec des inégalités socio-économiques de grande ampleur et une concentration des richesses dans les mains d'une minorité si faible qu'elle n'aurait aucune chance de prévaloir si la démocratie se limitait à compter les têtes.

Pourquoi la majorité défavorisée d'un point de vue économique n'utilise-t-elle pas son pouvoir politique pour exiger davantage de redistributions (des 1% vers les 99%) ? Parce qu'elle n'a pas conscience de son pouvoir ? On peut en douter. Parce qu'elle sous-estime les inégalités ? C'est en partie vrai, nous l'avons vu, mais cela ne suffit pas à expliquer ce phénomène. Parce qu'elle n'est pas opposée aux inégalités ? Il est vrai que la croyance dans des effets de « ruissellement vers le bas » (*trickle down*)

1. J. L. Martí, « The Epistemic Conception of Deliberative Democracy Defended », *op. cit.*, p. 43, renvoyant à C. Nino, *The Constitution of Deliberative Democracy*, New Haven, Yale University Press, 1996.

tels que défendus autrefois par Ronald Reagan, à savoir l'idée que les inégalités améliorent la performance économique du pays et contribuent de ce fait à l'enrichissement de chacun, exerce un important pouvoir de légitimation idéologique [1]. Il semble malgré tout que la majorité de l'opinion publique, dans la plupart des démocraties, soit favorable à une certaine égalisation des conditions de vie [2], et il apparaît pourtant qu'aucun pays démocratique n'a connu de phases d'égalisation rapide des revenus du marché en dehors de certaines circonstances exceptionnelles telles que révolutions, guerres, expropriations par des occupants, ou émigration massive des plus pauvres [3]. Le problème requiert donc une analyse plus fine.

Le mystère de la non-redistribution des richesses servira ici d'illustration. Ce n'est cependant pas le seul enjeu de justice à l'aune duquel il faut évaluer les démocraties existantes. Nous examinerons également, parmi d'autres exemples possibles, les tensions entre la démocratie et les exclus du *demos* – étrangers et générations futures.

Le pouvoir de l'argent

Nous l'avons vu, l'égalité politique minimise les risques de partialité. Or, c'est un lieu commun de la théorie de la démocratie depuis Aristote d'affirmer que les inégalités économiques menacent l'égalité politique [4]. Mais quel est exactement le pouvoir de l'argent en politique? Si les riches comme les pauvres disposent désormais d'une seule et même voix, comment les écarts de richesse se transforment-ils en inégalités politiques?

Un premier facteur limitant l'égalité politique réelle est le fait qu'il existe des barrières d'ordre socio-économique à l'entrée en politique. S'il y a égalité devant le suffrage *passif*, il y a certainement inégalité devant le suffrage *actif*, à savoir la participation effective au pouvoir. D'abord, parce que l'élection est basée sur le principe de la distinction [5], comme nous l'avons vu : les élus sont ceux qui possèdent des traits qui les distinguent de la masse et auxquels on associe des qualités de gouvernance. Il y a donc une barrière sociale naturelle liée à l'élection : si l'on ne possède pas ces traits, on a peu de chances d'être élu. À cette barrière sociale

1. I. Shapiro, *The State of Democratic Theory*, *op. cit.*, p. 121.

2. Przeworski, *Democracy and the Limits of Self-Government*, *op. cit.*, p. 85; L. Bartels, *Unequal Democracy*; J. M. Maravall, *Demands on Democracy*, Oxford, Oxford University Press, 2016.

3. A. Przeworski, *Democracy and the Limits of Self-Government*, *op. cit.*, p. 87.

4. R. Dahl, *Democracy and its Critics*, *op. cit.*, p. 167.

5. B. Manin, *Principes du gouvernement représentatif*, *op. cit.*, chap. 3.

s'ajoute une barrière économique : s'engager en politique requiert des ressources financières dont, à l'évidence, tout le monde ne dispose pas [1]. En conséquence, les plus démunis sont absents des sphères de décision politique. La difficulté supplémentaire, c'est que ces personnes n'ont généralement pas non plus les ressources – langagières, psychologiques et financières – leur permettant de se faire entendre dans la sphère publique. Il faut donc que d'autres citoyens se soucient spontanément de leur sort pour que leurs aspirations puissent recevoir une articulation politique plus déterminée. Leur seul espoir est que leurs intérêts soient représentés par des gens qui ne partagent pas leur condition, mais la comprennent néanmoins.

Outre l'exclusion des plus démunis (ainsi qu'une inégalité en défaveur des femmes [2]), le coût d'une campagne politique a un effet désastreux sur la redevabilité démocratique. Dans des contextes où il est impossible d'être élu sans soutiens financiers privés, toute personne accédant au pouvoir est d'abord redevable envers ceux qui ont financé sa campagne avant d'être redevable envers son électorat. Non seulement parce qu'il s'agit le plus souvent d'une relation interpersonnelle directe qui unit le candidat et ses sponsors – alors que l'électorat demeure largement anonyme –, mais aussi parce que le besoin de ressources ne se limite pas à l'accès au pouvoir ; les ressources sont bienvenues tout au long d'une carrière politique. Or, les partis politiques ne sont pas égaux devant les coûts de communication, qui sont en augmentation depuis plusieurs décennies [3] du fait de la médiatisation accrue de la politique. Dans la plupart des démocraties, un parti se montre plus favorable que les autres aux intérêts des grandes entreprises privées. Il lui est donc plus aisé de collecter les fonds nécessaires à la conquête de l'opinion publique.

Par ailleurs, les grandes entreprises sont devenues des acteurs centraux des démocraties contemporaines [4]. Non seulement du fait des nombreuses opérations de lobbyisme qu'elles mènent à des fins essentiellement privées, mais également en raison de leur prise de pouvoir croissante dans la prise en charge de missions et services autrefois opérés par l'État. Dénonçant l'inefficacité de la bureaucratie étatique, elles exercent une

1. Bien entendu, le coût d'une carrière politique varie beaucoup d'un pays à l'autre, selon le type de régime (une campagne présidentielle étant vraisemblablement la voie la plus coûteuse), l'importance des partis politiques, leur financement, etc.

2. N. Burns, K. Schlozman, S. Verba, *The Private Roots of Public Action : Gender, Equality, and Political Participation*, Cambridge (Mass.), Harvard University Press, 2001.

3. L. Bartels, *Unequal Democracy*, *op. cit.*, p. 2.

4. C. Crouch, *Post-démocratie*, Paris, Diaphane, 2013, chap. 2.

pression constante à la privatisation des services. Elles exercent également une pression à la baisse sur les régulations du marché de l'emploi et sur la fiscalité, imposant à l'agenda politique la flexibilité et la compétitivité. D'où leur vient ce pouvoir ? La situation a été analysée par Przeworski et Wallerstein en termes de « dépendance structurelle de l'État par rapport au capital » [1]. L'idée est que tout gouvernement, en régime capitaliste, a besoin d'apports de capitaux pour l'investissement et l'innovation, essentiels au maintien de la production (et donc du taux d'emploi), ce qui confère aux détenteurs de capitaux un pouvoir de négociation démesuré, eux qui peuvent à tout moment menacer de quitter le pays. Or, pour financer leurs politiques sociales et préserver l'emploi – ce qui est crucial pour satisfaire les intérêts immédiats de leur base électorale et préserver l'allégeance de celle-ci – même les gouvernements de gauche, idéologiquement moins sensibles aux intérêts des grandes entreprises, ont besoin des investissements des détenteurs de capitaux, ce qui limite leur capacité redistributive.

Au niveau des citoyens, les inégalités de revenu se traduisent de manière nette en une inégalité d'*opportunités* d'influence. Les plus riches ne font pas nécessairement usage de cet avantage – et pas nécessairement à des fins privées –, mais il fait peu de doute que certains le font, et avec succès, comme en témoignent les études comparant décisions politiques et aspirations de groupes d'intérêts, qui établissent une influence disproportionnée des segments les plus riches de la population (comme des grandes entreprises) [2]. Même s'il est très malaisé d'observer l'influence politique, il ne faut pas beaucoup d'imagination pour percevoir le problème que constituent des différences considérables de pouvoir économique. La forme la plus évidente d'influence indue est la corruption, l'échange de faveurs. Cependant, il n'est pas nécessaire d'être dans l'illégalité pour acheter du pouvoir d'influence. Les dons aux partis, qui sont très inégaux [3], sont une manière évidente d'obtenir de l'influence. L'argent peut également venir à l'appui d'arguments dans le lobbyisme en

1. A. Przeworski, M. Wallerstein, « Structural Dependence of the State on Capital », *The American Political Science Review* 82/1, 1988, p. 11-29.

2. L. Bartels, *Unequal Democracy*; « Political inequality in affluent democracies : The social welfare deficit », *Center for the Study of Democratic Institutions*, working paper 5-2017 ; M. Gilens, B. Page, « Testing Theories of American Politics : Elites, Interest Groups, and Average Citizens », *Perspective on Politics* 12/3, 2014, p. 564-581. Voir cependant J. Branham, S. Soroka, C. Wlezien, « When do the rich win ? », *Political Science Quarterly* 132/1, 2017, p. 43-62.

3. Inégalité renforcée en France par leur déduction fiscale. Voir J. Cagé, *Le prix de la démocratie*, Paris, Fayard, 2018.

faveur de certaines causes. Il aide, par exemple, à financer la rédaction et la distribution de brochures, livres ou études distribués à des personnes disposant de pouvoir. Il peut acheter des heures et de l'espace de présence médiatique. Il peut également donner accès à des espaces de discussion privilégiés (des « clubs de discussion », par exemple) où il est possible de rencontrer des personnes disposant de pouvoir. Enfin, la promesse d'une embauche future peut également rendre certains politiciens sensibles aux intérêts d'entreprises privées. Songeons par exemple à José Manuel Barroso, ancien président de la Commission européenne qui fut ensuite recruté par Goldman Sachs.

Une autre forme d'influence très efficace est la propriété de médias, qui permet la manipulation plus ou moins discrète de l'opinion publique. Silvio Berlusconi l'avait bien compris, lui qui possédait ou contrôlait pas moins de six chaînes de télévision nationales [1]. Le lien entre contrôle des médias et pouvoir politique peut également être plus indirect et plus implicite, comme dans le cas de Rupert Murdoch, homme d'affaires australo-états-unien à la tête d'un véritable empire médiatique. Certes, il sera toujours difficile d'établir avec certitude un lien causal entre la propriété de médias de grande audience et la manipulation de l'opinion en faveur d'intérêts privés, mais ce qui ne fait aucun doute, c'est que l'égalité des *opportunités* d'influence est sévèrement endommagée par une telle concentration du pouvoir médiatico-économique [2].

À noter encore qu'il n'est nul besoin d'être *propriétaire* d'un média pour disposer de pouvoir d'influence ; il suffit d'apporter une petite aide financière. À une époque où il est très difficile pour les médias traditionnels de survivre financièrement sans les revenus de la publicité et l'aide d'investisseurs privés, l'indépendance des médias, essentielle à la formation du jugement politique des citoyens [3], est extrêmement menacée. Au contraire des autorités publiques (pour lesquelles le problème existe néanmoins), les entreprises privées n'ont en effet pratiquement aucun intérêt à laisser les médias qu'elles financent les critiquer en toute liberté. Tout au plus doivent-elles craindre une atteinte à leur image si leur pouvoir de censure est révélé, mais des pressions plus discrètes sur les rédactions permettent généralement d'éviter une telle mauvaise publicité. Songeons à l'exemple récent de Vincent Bolloré, dans le contexte français, qui

1. N. Urbinati, *Democracy Disfigured*, *op. cit.*, p. 208.
2. *Ibid.*, p. 28. Voir aussi J. Cagé, *Sauver les médias*.
3. Girard, « De la presse en démocratie ».

n'avait pas pris grande peine à dissimuler son contrôle sur les contenus diffusés par sa chaîne, Canal + [1].

Enfin, si l'influence de l'argent constitue une atteinte à l'équité procédurale de la démocratie, elle constitue également une entrave à sa qualité délibérative. Étant donné l'ampleur des budgets de campagne, les candidats et leurs consultants ont plus intérêt à abreuver le public de messages publicitaires en leur faveur et discréditant leurs adversaires que de développer une argumentation sérieuse à l'appui de leur programme politique [2]. De sorte que le processus électoral « est devenu une campagne de marketing fondée ouvertement sur les techniques de manipulation employées pour vendre les produits » [3]. Et de ce point de vue, les nouvelles technologies ouvrent de nouvelles opportunités à ceux qui disposent de moyens financiers. L'homme qui a le plus contribué financièrement à la campagne électorale de Donald Trump en 2016, Robert Mercer, était non seulement le principal bailleur de fonds du site internet d'extrême droite Breitbart News et du *think tank* climatosceptique Heartland Institute; il était également actionnaire de Cambridge Analytica, entreprise d'analyse de données spécialisée dans le profilage et la manipulation de l'opinion publique [4]. Jusqu'à ce qu'elle soit forcée de cesser ses activités pour avoir récolté les données privées de millions d'utilisateurs de Facebook, cette entreprise recueillait sur Internet, à des fins de marketing commercial et électoral, des quantités énormes de données afin d'établir les profils psychologiques des consommateurs-électeurs. Outre la campagne de Trump, Cambridge Analytica a participé à la campagne en faveur du Brexit. Cet exemple montre que nous sommes entrés dans une nouvelle ère de la communication politique, dans laquelle l'argent semble ouvrir toutes les portes, y compris celles de la conscience des électeurs. Dans un tel contexte, les risques de partialité – en particulier de politiques publiques favorisant les intérêts des plus riches – sont énormes.

1. R. Badouard, « Pluralisme, indépendance, diversité : peut-on encore "sauver les médias" ? », *Participations* 2016/2, p. 259-271.

2. R. Dworkin, *Is Democracy Possible Here? Principles for a New Political Debate*, Princeton, Princeton University Press, 2006, p. 129.

3. C. Crouch, *Post-démocratie*, *op. cit.*, p. 106.

4. C. Cadwalladr, « Robert Mercer : the big data billionaire waging war on mainstream media », *The Observer* 26 février 2017 (https://www.theguardian.com/politics/2017/feb/26/robert-mercer-breitbart-war-on-media-steve-bannon-donald-trump-nigel-farage).

Le manque de décentrement des citoyens

L'influence de l'argent en politique explique que même si la majorité de la population était habitée d'un véritable désir de justice et votait de manière conforme à ce désir, les décisions prises pourraient aller dans un sens contraire, plus favorable à la minorité des nantis. Si en plus de cela, les citoyens votent de manière autocentrée, les perspectives d'impartialité s'amenuisent encore.

L'idéal de justice comme impartialité implique en effet, de la part des citoyens, une capacité de décentrement [1], c'est-à-dire de prise en compte des intérêts et aspirations d'autrui dans leurs jugements et actions – politiques en particulier. Sans cela, la démocratie se réduit au pouvoir de la majorité, avec une probabilité élevée de politiques biaisées à l'encontre des minorités. Comme le disait John Stuart Mill, si « la disposition d'un peuple est telle que chaque individu qui le compose n'a d'yeux que pour ses intérêts égoïstes [...], la situation est telle qu'un bon gouvernement est impossible » [2].

Qu'en est-il dans la réalité ? Il ne semble pas que la plupart des citoyens se conforment au modèle de l'homme économique. Beaucoup d'études font plutôt émerger l'image d'électeurs manifestant une attitude dite « sociotropique », c'est-à-dire orientée vers le bien de la société dans son ensemble plutôt que centrée sur des intérêts particuliers [3]. Cela ne signifie toutefois pas qu'ils votent de manière impartiale – simplement qu'ils aiment se percevoir de la sorte. S'ils ne poursuivent pas ouvertement leurs intérêts privés, demeure bien entendu le risque que leur perception du bien commun soit biaisée par leurs préjugés et leur position sociale. Or, l'attitude de décentrement critique requise par la justice comme impartialité exigerait de questionner ses propres biais et préjugés, d'essayer de les neutraliser au maximum.

En quoi peut-on diagnostiquer un manque de décentrement dans la plupart des démocraties existantes ? Il y a d'abord cette difficulté à se départir de la logique de l'intérêt, manifeste dans la volonté fréquente

1. Ce concept est étudié plus en profondeur dans P.-É. Vandamme, « Qu'est-ce que le décentrement ? Moralité individuelle et justice sociale », *Ethica* 21/1, 2017, p. 167-202.

2. J.-S. Mill, *Considérations sur le gouvernement représentatif*, Paris, Gallimard, 2009, p. 37.

3. D. Kinder, R. Kiewiet, « Sociotropic Politics : The American Case », *British Journal of Political Science* 11, 1981, p. 129-161 ; M. Forsé, M. Parodi, *La priorité du juste* ; M. Elchardus, « Classical Republicanism and the Contemporary Voter : An Empirical Cultural Sociology of the Relationship between the Private Realm and the Public Sphere », *Poetics* 39, 2011, p. 407-425.

des électeurs de promouvoir des politiques bénéficiant à l'*ensemble* de la société. Certes, c'est déjà mieux que des politiques ne bénéficiant qu'aux plus riches ou qu'à soi, mais la quête d'impartialité exige d'aller plus loin et d'accorder son assentiment à des politiques ne bénéficiant éventuellement *qu'*aux plus défavorisés. En outre, malgré l'apparence universaliste souvent donnée à leurs convictions, bon nombre de citoyens soutiennent des politiques défavorables aux minorités ethniques, aux immigrés, aux minorités invisibles ou encore aux personnes sans emploi, faute de considération pour leurs intérêts et aspirations. Dans tous ces cas, un gain de décentrement adoucirait la cruelle loi du nombre.

Le manque de décentrement se manifeste également dans le biais systématique des décisions démocratiques nationales en défaveur des étrangers. Si la démocratie a toujours été inscrite dans un territoire donné et le demos limité à une population déterminée, ce qui pose particulièrement problème dans un contexte d'ouverture économique, c'est que les décisions nationales affectent bien souvent – et de manière parfois considérable – les opportunités de personnes exclues du demos. L'adage issu du droit romain selon lequel *ce qui touche tout le monde doit être considéré et approuvé par tous* [1] est donc malmené. Certes, l'imaginaire démocratique est lié à un principe d'autonomie, à un droit pour une communauté politique de choisir ses propres lois sans interférence d'une puissance étrangère. Cet idéal a d'ailleurs nourri les revendications d'autodétermination dans le contexte de la décolonisation. Mais le problème qui se pose ici est davantage de l'ordre de la légitimité morale que de la légitimité politique. Nos décisions ou indécisions sur les questions environnementales, l'aide au développement ou les politiques migratoires ont un impact considérable à l'étranger. Nous n'imaginons certes pas consulter systématiquement le monde entier sur tous ces sujets, mais à tout le moins peut-on attendre de tout citoyen et des représentants une forme de délibération intérieure prenant en considération tous les intérêts affectés [2].

Une telle délibération intérieure devrait également se soucier des générations futures, particulièrement menacées par notre gestion irresponsable des ressources naturelles et de l'environnement. La démocratie électorale possède en effet un caractère court-termiste, lié à la réitération fréquente des élections, qui est source de partialité intergénérationnelle. Même s'ils se soucient de leur image plutôt que de leur réélection, les élus

1. B. Manin, *Principes du gouvernement représentatif*, p. 117-119.
2. R. Goodin, *Reflective Democracy*, *op. cit.*, chap. 9-10.

ont une incitation à viser des accomplissements dont ils pourront tirer tout le crédit, ce qui est difficile quand on investit dans le long terme [1]. De sorte qu'en l'absence de fortes incitations contraires venant de la société civile, il existe donc une distorsion démocratique sérieuse – et un risque de biais évident – en défaveur des générations futures.

La protection institutionnelle du statu quo

Un autre aspect devant être pris en compte dans l'analyse des entraves à l'impartialité en démocratie est le nombre de *veto players* existant dans tel ou tel contexte politique, à savoir les règles institutionnelles réduisant le nombre de politiques susceptibles de modifier le statu quo et affectant ainsi la gouvernabilité d'un pays, ou la capacité à le réformer [2]. L'exigence d'une majorité qualifiée pour certaines décisions, le fédéralisme, le bicamérisme, l'obstruction parlementaire, le pouvoir de l'administration, le veto présidentiel, le contrôle de constitutionnalité ou encore les banques centrales indépendantes sont autant de *veto players* susceptibles d'entraver tout projet de réforme (et notamment ceux qui auraient des implications redistributives fortes). Dans seize États des États-Unis, par exemple, une majorité qualifiée est nécessaire pour l'augmentation de taxes [3]. D'après le politologue George Tsebelis, c'est d'ailleurs la constellation de ces *veto players* qui distingue avant tout un système politique d'un autre (davantage que les règles électorales, par exemple) [4].

Chacune des institutions mentionnées ci-dessus possède un certain pouvoir de veto. Ce pouvoir peut être suspensif, c'est-à-dire ralentir la prise de décision, ou absolu, c'est-à-dire empêcher une décision [5]. Même si ces institutions ont des fonctions différentes et peuvent être justifiées indépendamment les unes des autres, il est important de voir l'effet de leur combinaison : la protection du statu quo du fait du nombre d'acteurs ou d'institutions devant marquer leur accord avant qu'une réforme puisse être entérinée. On ne dira donc pas que le fédéralisme en lui-même, ou le contrôle de constitutionnalité en lui-même constituent des entraves à l'impartialité, mais éventuellement la multiplication de tels *veto players*

1. D. Bourg, K. Whiteside, *Vers une démocratie écologique*, Paris, Seuil, 2010, p. 70.

2. G. Tsebelis, *Veto Players : How Political Institutions Work*, Princeton, Princeton University Press, 2002 ; I. Shapiro, *The State of Democratic Theory*.

3. M. Schwartzberg, *Counting the Many : The Origins and Limits of Supermajority Rule*, New York, Cambridge University Press, 2014, p. 1-2.

4. G. Tsebelis, *Veto Players*.

5. J'emprunte la distinction à M. Schwartzberg, *Counting the Many*, *op. cit.*, p. 178-179.

lorsque le statu quo est partial, c'est-à-dire qu'il privilégie injustement certaines catégories de la population.

Que faire face à un tel constat? D'abord interroger une par une ces institutions et leur légitimité, en tâchant de ne pas tomber dans le piège intellectuel consistant à justifier a posteriori les institutions dont nous avons hérité, simplement parce que nous nous y sommes habitués. Par exemple, ce n'est pas parce que la théorie des *checks and balances*, c'est-à-dire d'équilibre des pouvoirs, est séduisante sur papier et nous a été enseignée comme intrinsèquement démocratique qu'elle résistera à une analyse critique de ses effets. Ce n'est en effet pas pour rien que la démocratie états-unienne, qui combine la plupart des *veto players* imaginables, est si inégalitaire et si difficile à réformer : elle a largement été conçue pour protéger les privilèges de l'élite contre tout enthousiasme réformiste et redistributif [1].

Ensuite, il convient de se méfier des propositions d'introduction de *veto players* supplémentaires, caractéristiques notamment d'une certaine approche républicaine de la démocratie dont Philip Pettit est un des principaux représentants [2]. Même quand les intentions sont louables – protéger les minorités, renforcer le pouvoir contestataire du peuple – les résultats peuvent être néfastes pour tout projet de justice sociale. En effet, la perte de pouvoir de transformation du réel par les gouvernements tend à démobiliser les électorats. Plus les processus de décision sont complexes, plus ils sont dépolitisés en faveur d'institutions indépendantes, plus l'arène politique formelle perd de son pouvoir d'attraction. De ce point de vue, la désaffection croissante de la part des citoyens envers la politique serait moins l'effet d'une apathie de leur part, ou d'un individualisme croissant, que d'un manque de pouvoir de transformation de la société selon des projets politiques attrayants [3].

Bien entendu, la suppression de *veto players* n'offre aucune garantie de justice. Un pays plus aisément gouvernable, plus ouvert aux réformes, s'expose évidemment autant aux bonnes qu'aux mauvaises réformes. C'est pourquoi l'argumentation, sur ce point, ne peut pas entièrement reposer sur l'appréciation qu'on se fait de la valeur du statu quo et des réformes susceptibles d'être engagées dans l'avenir proche. Il faut plutôt se

1. A. Przeworski, *Democracy and the Limits of Self-Government*; I. Shapiro, *Politics against Domination*, *op. cit.*, chap. 4.

2. P. Pettit, « Republican Freedom and Contestatory Democratization », *in* I. Shapiro, C. Hacker-Cordón, *Democracy's Value*, *op. cit.*, p. 163-190; *On the People's Terms*. Voir la critique adressée à ce type de républicanisme par I. Shapiro, *Politics against Domination*, *op. cit.*, chap. 4.

3. C. Hay, *Why We Hate Politics*, Cambridge, Polity Press, 2007.

rapporter aux justifications théoriques de la règle de majorité. Un argument central en faveur de celle-ci, qu'on oublie parfois, c'est sa *neutralité* par rapport aux options en présence [1]. Avec la règle de majorité simple, si l'on fait abstraction des tendances politiques du moment, le statu quo a autant de chances d'être préservé que d'être modifié. Ni conservatrice comme le sont les règles de majorité qualifiée et d'unanimité, ni excessivement réformiste comme le serait une improbable règle de minorité, la règle de majorité est donc celle qui satisfait le mieux l'idéal d'auto-législation : c'est à la génération présente de se donner ses propres lois, sans devoir indéfiniment porter le poids des décisions (et injustices) passées.

Reconnaître cet avantage de la règle de majorité simple n'exclut pas de voir un intérêt ou une valeur à protéger certains acquis des générations passées, comme les droits fondamentaux. Cela n'exclut pas non plus de juger certains *veto players* bénéfiques toutes choses considérées. Mais cela doit certainement nous prémunir contre la tentation de multiplier les institutions et règles susceptibles de protéger le statu quo – a fortiori si l'on tient compte du fait qu'il est largement partial, qu'il favorise nettement les intérêts de certains citoyens au détriment des autres.

Démocratie et mondialisation

Outre toutes ces entraves à l'impartialité que l'on pourrait qualifier de « domestiques », se pose enfin le problème de la relation entre démocratie et mondialisation économique.

D'abord, l'importante mobilité du capital et la relative mobilité des entreprises (qui peuvent plus ou moins aisément délocaliser leurs activités selon les secteurs) réduisent le pouvoir de taxation de la part des États, renforçant encore le pouvoir de négociation des détenteurs de capitaux (qui n'en manquaient déjà pas). On a de fait pu observer une réduction significative des taxes sur les entreprises dans le monde depuis le début des années 80 [2]. C'est en grande partie le résultat de la compétition fiscale internationale qu'engendre la volonté de la part de chaque État de se montrer attrayant pour les investisseurs. Et il ne s'agit malheureusement pas seulement d'une rhétorique néo-libérale visant à légitimer la dérégulation fiscale : quand un pays de l'OCDE diminue de 1% son taux de fiscalité

1. K. May, « A set of independent necessary and sufficient conditions for simple majority decision », *Econometrica : Journal of the Econometric Society* 20/4, 1952, p. 680-684.
2. D. Rodrik, *The Globalization Paradox : Why Global Markets, States and Democracy Can't Coexist*, New York, Oxford University Press, 2011, p. 193.

sur les entreprises, on observe que les autres suivent le mouvement et diminuent le leur de 0,7% [1].

Ensuite, l'ouverture économique met généralement en danger les standards de protection des droits des travailleurs. Alors que toutes les régulations du travail – âge minimal, salaire minimum, horaire maximum, conditions de licenciement, droit à une représentation syndicale, etc. – ont pour visée de protéger les travailleurs contre l'exploitation, le simple fait de permettre aux entreprises de sous-traiter à l'étranger, dans des pays où ces régulations sont plus faibles, met en péril cette lutte contre l'exploitation. Non seulement les travailleurs de ces pays étrangers ne sont pas protégés, mais en plus, leur situation exerce une pression à la dérégulation dans les pays protégeant davantage les travailleurs [2], où le « coût du travail » apparaît, comparativement, démesuré – même s'il est justifié.

Enfin, dans une logique assez proche, le commerce international restreint l'autonomie des États dans la définition de critères sanitaires ou environnementaux. S'ils préservent un droit à une certaine autodétermination en la matière, celle-ci entre souvent en tension avec les principes du libre-échange que protège l'OMC, et cette tension est souvent arbitrée en faveur du libre-échange et donc en défaveur de la régulation [3]. Le même problème se pose face aux tribunaux d'arbitrage privés qui accompagnent souvent les accords commerciaux bilatéraux. Ceux-ci permettent d'ailleurs parfois à des acteurs comme les États-Unis ou l'Europe d'imposer à des pays partenaires pauvres des conditions plus strictes encore que ne le permet l'OMC, notamment sur les politiques industrielles autorisées [4].

Bien entendu, les accords de libre-échange internationaux *peuvent* inclure des clauses de protection des standards sociaux, sanitaires et environnementaux. C'est cependant rarement le cas, ou pas de façon significative. Qui plus est, quand des partenaires commerciaux n'ont pas le même degré d'exigence en la matière, il y a un risque important de nivellement vers le bas de ces standards – a fortiori quand le partenaire le moins favorable à la régulation est aussi le plus puissant d'un point de vue économique.

Le résultat de tout cela est remarquablement saisi par une formule de Wolfgang Streeck : c'est la « diminution du pouvoir d'achat du bulletin

1. *Ibid.*, p. 194.
2. *Ibid.*, p. 190-192.
3. *Ibid.*, p. 194-197.
4. *Ibid.*, p. 198-200.

de vote »[1]. Bien entendu, diminution ne signifie pas nullification. Et c'est sur ce point qu'il faut impérativement distinguer la rhétorique de la mondialisation de sa réalité. En effet, la réalité n'est pas celle des modèles économiques « idéalisés » qui prédisent une convergence totale des taux de taxation et des politiques nationales. D'abord, la mobilité du capital n'est pas totale. S'il est évidemment dans l'intérêt des détenteurs de capitaux de faire croire que c'est le cas, pour augmenter leur pouvoir de négociation, il y a néanmoins un certain coût à déplacer du capital investi dans de l'infrastructure, des machines et du personnel[2]. Ensuite, il est faux de croire que les détenteurs de capitaux cherchent uniquement à investir là où les politiques sociales sont les plus faibles. En effet, la qualité de la main d'œuvre, qui dépend d'investissements sociaux, est une autre source de profits. C'est ce qui explique que les États sociaux les plus généreux sont aussi ceux qui attirent le plus d'investisseurs et que les dépenses étatiques ne montrent pas forcément de signes de nivellement par le bas dans les économies les plus ouvertes[3].

Si la libéralisation du commerce international n'empêche donc pas toute poursuite de la justice au niveau national et mondial, elle exerce néanmoins une pression néfaste sur la poursuite démocratique de l'impartialité. D'une part, elle réduit malgré tout drastiquement les moyens d'action pour transformer la société. En effet, ce ne sont que les politiques d'investissement social qui maintiennent la compétitivité (éducation, formation, santé) qui sont compatibles avec une ouverture économique accrue. Il y a en revanche une pression à la baisse sur les transferts redistributifs qui auraient plutôt une fonction de *compensation* pour les inégalités que génère l'ouverture économique[4]. D'autre part, une ouverture économique qui ne compense pas adéquatement ceux qui y perdent tend à accroître le ressentiment des populations à l'égard de leurs représentants politiques et du commerce international, voire à l'égard des étrangers. Si cela se traduit par la montée du national-populisme, comme c'est le cas dans de nombreux pays à l'heure actuelle, nous faisons face à une très sérieuse entrave à l'impartialité morale.

1. Cité dans J. Habermas, « Euroskepticism, Market Europe, or a Europe of (World) Citizens? », in *Time of Transitions*, Cambridge, Polity Press, 2006.

2. C. Hay, *Why We Hate Politics*, *op. cit.*, p. 130.

3. *Ibid.*, p. 131 et 144. Voir aussi P. Bardhan, S. Bowles, M. Wallerstein (dir.), *Globalization and Egalitarian Redistribution*, Oxford, Oxford University Press, 2006.

4. S. Bowles, « Egalitarian Redistribution in Globally Integrated Economies », *in* P. Bardhan, S. Bowles, M. Wallerstein (dir.), *Globalization and Egalitarian Redistribution*, *op. cit.*, p. 120-147.

Cela fait dire à l'économiste Dani Rodrik qu'on ne peut pas avoir, sur le long terme, à la fois l'État-nation, la démocratie et la mondialisation. Il faut choisir deux éléments et sacrifier le troisième [1]. En effet, si l'intégration économique mondiale se poursuit et que le pouvoir politique demeure au niveau des États, ceux-ci verront leur pouvoir de manœuvre toujours plus contraint, à la fois par la compétition fiscale internationale et par les décisions d'instances de régulation non étatiques protégeant la liberté de marché. La démocratie perdrait alors progressivement l'essentiel de sa substance. Si, par contre, le pouvoir politique se déplaçait à une échelle supérieure pour réguler efficacement le commerce international, les États-nations perdraient leur prédominance. Ils pourraient même devenir un échelon de pouvoir caduc, entre les sous-régions (comme la Bretagne, la Corse, la Flandre ou la Wallonie), les macro-régions (comme l'Europe) et les instances politiques mondiales. La dernière option consiste évidemment à préserver les États-nations et la démocratie, mais cela ne pourra se faire sans une réduction de l'intégration économique supranationale, sans un abandon du projet de mondialisation. En somme, le trilemme de Rodrik est mieux formulé de la manière suivante : on ne peut pas avoir, sur le long terme, à la fois des États-nations *prédominants*, une démocratie *forte* et une intégration économique *accrue*. En ce sens, donc, l'intégration économique mondiale menace également le potentiel de justice des démocraties existantes.

L'ALTERNATIVE ÉPISTOCRATIQUE

En comparaison avec les régimes du passé et les alternatives à la démocratie que nous connaissons à l'heure actuelle, la démocratie revêt des avantages épistémiques décisifs, tant du point de vue de la rationalité attendue des décisions que du point de vue de leur impartialité. En dépit de leurs limitations mises en évidence ci-dessus, les institutions démocratiques existantes prennent le dessus du point de vue de la circulation de l'information, de la correction des erreurs, de la réduction des biais et de la protection contre les abus de pouvoir, offrant de ce fait de bien meilleures perspectives de rationalité et d'impartialité. Cela explique sans doute leur succès comparatif dans la promotion du développement humain et dans la protection des droits humains.

Il demeure cependant possible d'imaginer des alternatives à la démocratie qui n'auraient pas encore été essayées et qui pourraient offrir des perspectives plus intéressantes encore. C'est le mérite de l'ouvrage

1. D. Rodrik, *The Globalization Paradox*, *op. cit.*, p. 200-205.

provocateur de Jason Brennan, *Against Democracy* [1], de nous forcer à réfléchir à ces alternatives possibles pour tester la solidité de notre attachement à la démocratie. Dans ce qui suit, je vais donc examiner de plus près certaines de ces alternatives, en continuant de mobiliser les critères de rationalité et d'impartialité. Je conclurai ensuite ce chapitre en discutant du poids relatif à donner aux arguments procéduraux et épistémiques en faveur de la démocratie.

Pourquoi pas un conseil épistocratique ?

Parmi les diverses alternatives à la démocratie imaginées jusqu'à présent, la plus stimulante est l'idée d'un conseil « épistocratique » dont les membres seraient sélectionnés sur base d'un examen de compétence [2]. Afin de réduire les risques d'un examen biaisé, il reviendrait à l'ensemble de la population de se prononcer sur les compétences requises pour siéger dans ce conseil. Les pouvoirs de ce dernier pourraient être divers : exécutif, législatif, pouvoir de contrôle et de veto, ou encore pouvoir consultatif. De ce fait, en fonction du pouvoir qui lui est dévolu, il pourrait s'agir soit d'une institution épistocratique inscrite dans un système démocratique, soit d'une épistocratie pure.

Les raisons pour lesquelles cette idée est particulièrement intéressante, dans le sens où elle déstabilise nos convictions démocratiques, sont les suivantes. D'abord, il ne s'agit pas de priver certaines catégories de la population d'un droit dont jouiraient d'autres catégories (à l'instar du suffrage restreint), ou de créer une hiérarchie en considérant a priori des citoyens comme épistémiquement inférieurs à d'autres (à l'instar du suffrage capacitaire ou du vote plural). La proposition résiste de ce fait mieux aux objections procédurales et possède également davantage de plausibilité politique dans des contextes démocratiques acquis au suffrage universel égalitaire. En effet, elle ne se distingue de la logique du gouvernement représentatif que par le mécanisme de sélection (d'une partie) des gouvernants : un examen plutôt que des élections. L'ensemble des citoyens garde un certain pouvoir de participation égalitaire, soit dans la détermination des critères de sélection, soit également à travers l'élection d'autres représentants (si le conseil épistocratique n'est qu'une institution parmi d'autres qui resteraient élues). Pour le reste, les élections

1. J. Brennan, *Against Democracy*, *op. cit.*

2. L'idée est évoquée dans *ibid.*, p. 215-220. Les paragraphes qui suivent reprennent l'argumentation développée dans P.-É. Vandamme, « What's Wrong with an Epistocratic Council? », *Politics* 40/1, 2020, p. 90-105.

ont également été conçues comme un mécanisme de sélection des meilleurs [1]. Or, un examen de compétence pourrait s'avérer un meilleur mécanisme de sélection des meilleurs que les élections [2], puisque le choix risquerait moins d'être influencé par des critères non pertinents comme l'habileté communicationnelle ou le charisme médiatique. En outre, cela permettrait probablement de réduire l'influence de l'argent sur le processus de sélection. Chaque citoyen disposerait, à talent égal, de chances égales d'accéder au pouvoir politique. Les candidats jouissant des prédispositions favorables auraient évidemment plus de chances *réelles* d'y accéder, mais c'est également le cas avec les élections.

Par ailleurs, l'idée d'un conseil épistocratique est également intéressante dans la mesure où elle ressemble (quand on envisage un pouvoir de contrôle et de veto) à une institution existante : les cours constitutionnelles. De sorte que si l'on rejette cette idée, on doit soit rejeter également le contrôle de constitutionnalité, soit expliquer en quoi les cours sont plus légitimes que ne le serait un conseil épistocratique [3].

Un gain de rationalité ?

Examinons donc cette idée à travers le prisme épistémique développé précédemment. L'argument principal en faveur d'un conseil épistocratique, c'est qu'il permettrait des gains de rationalité en réduisant le rôle des élections, qui sont gangrenées par l'argent, polarisent la population et permettent la manipulation par des élites habiles des citoyens mal informés. L'examen de compétence devrait permettre de sélectionner les personnes les mieux équipées pour prendre des décisions de qualité.

Des décisions produites par un tel conseil épistocratique pourraient s'avérer plus rationnelles que des décisions démocratiques à trois conditions :

1) Les citoyens doivent choisir les compétences pertinentes à mesurer à travers l'examen.
2) L'examen doit être capable de mesurer ces compétences adéquatement, sans introduire d'autres biais démographiques.
3) La perte de diversité cognitive doit être compensée par d'autres

1. B. Manin, *Principes du gouvernement représentatif*, *op. cit.*, p. 101 et 153 notamment.

2. Et certainement meilleur aussi que la sélection méritocratique par les dirigeants d'un parti unique, défendue par Daniel A. Bell (*The China Model*) et inspirée du modèle chinois, tant les garanties sont faibles, sans pluralisme politique, que la sélection soit faite sur base des compétences uniquement plutôt que sur la soumission à l'idéologie du parti.

3. J. Brennan, *Against Democracy*, *op. cit.*, p. 218-220.

bénéfices épistémiques générés par ce filtre que constitue l'examen.

Ces hypothèses sont-elles plausibles ? La première n'est pas évidente, puisqu'il peut s'avérer très difficile de déterminer à l'avance les compétences qui seront nécessaires pour résoudre des problèmes complexes, voire inattendus [1]. Néanmoins, il faut concéder à Brennan qu'il est sans doute plus aisé, pour les électeurs, de déterminer les compétences nécessaires au bon gouvernement que d'identifier les candidats dotés de ces compétences (sans se laisser influencer par des traits de personnalité ou un marketing électoral ciblé, par exemple) [2].

La seconde est plus douteuse. Tout examen de ce type est susceptible de favoriser certaines catégories de la population déjà avantagées [3], introduisant un biais. Par ailleurs, éliminer toute forme de biais ou de subjectivité de la part des évaluateurs et concepteurs de l'examen semble peu plausible. La fiabilité du test ne manquera donc pas d'être contestée. Néanmoins, pour opérer une comparaison équitable entre les institutions démocratiques traditionnelles et l'idée d'un conseil épistocratique, supposons que la procédure de sélection soit fiable, de même qu'on suppose des élections libres et compétitives pour la démocratie.

Examinons alors la troisième condition. Si la population juge que la diversité cognitive est importante, on pourrait imaginer que l'examen s'accompagne de quotas pour garantir une certaine diversité. Néanmoins, il demeure difficile de savoir à l'avance de quelle diversité on aura besoin (de genre, de revenu, d'éducation, d'origine, d'expériences ?) Il y aura donc nécessairement une perte de diversité engendrée par la réduction du nombre de décideurs et par le filtre de compétence, potentiellement compensée par des gains importants d'expertise des politiques publiques. Un conseil épistocratique serait-il toutefois beaucoup moins diversifié qu'un parlement élu ? Peut-être pas, même si le filtrage serait plus intense.

Dans ces conditions, il n'est pas impossible d'imaginer qu'un conseil épistocratique fonctionnant raisonnablement bien produise des décisions plus rationnelles qu'une démocratie fonctionnant raisonnablement bien. C'est contestable, pour une série de raisons que je viens de mentionner, mais c'est tout à fait concevable. Toutefois, comme nous l'avons vu, cela ne suffit pas pour asseoir la supériorité épistémique d'une telle institution. Encore faut-il qu'elle offre des perspectives d'impartialité

1. H. Landemore, *Democratic Reason*, *op. cit.*, p. 110-113.
2. J. Brennan, *Against Democracy*, *op. cit.*, p. 224-226.
3. D. Estlund, *Democratic Authority*, *op. cit.*, p. 215-219.

supérieures ou égales aux institutions démocratiques habituelles. En effet, des perspectives supérieures de rationalité ne peuvent pas compenser des perspectives inférieures d'impartialité, puisque la rationalité n'a pas de valeur en soi ; elle dérive sa valeur des fins qu'elle permet de poursuivre plus efficacement. Si des politiques publiques d'excellente qualité sont mises en œuvre à des fins injustes, cela ne les rend pas normativement satisfaisantes.

Des épistocrates impartiaux ?

Il me paraît beaucoup plus difficile de croire en l'impartialité d'un conseil épistocratique, pour deux raisons distinctes qui tiennent à la mise de côté du mécanisme électoral.

La première raison, c'est l'absence de redevabilité électorale des épistocrates. N'ayant pas été élus, mais sélectionnés, ils n'ont pas de comptes à rendre à un électorat par rapport à un programme qu'ils auraient défendu ou des promesses qu'ils auraient faites. Cela leur offre une grande liberté, à double tranchant. D'une part, cela leur permet de prendre des décisions impopulaires mais justes. D'autre part, cela signifie qu'on se débarrasse du principal mécanisme de contrôle des gouvernants, avec tous les risques d'abus que cela implique. Or, une méfiance fondée dans les expériences historiques d'abus de pouvoir incite plutôt à se préoccuper de ce risque. Parfois, en politique, il vaut mieux éviter le pire que chercher à tout prix le meilleur [1].

On pourrait imaginer des règles institutionnelles exigeant que les épistocrates rendent régulièrement compte de leurs actions au grand public, au gouvernement ou au parlement. Cependant, même cette option laisse à désirer. Soit, il ne s'agit que de justifier leurs actions, sans mécanisme de sanction, ce qui protège bien peu contre les abus. Soit, on prévoit des mécanismes de sanction, mais ils perdraient alors leur indépendance vis-à-vis de l'opinion publique et des partis politiques, alors même que c'est cette indépendance qui génère les bénéfices épistémiques espérés. Si des personnes sont sélectionnées pour leurs compétences, et que ces compétences sont considérées comme essentielles, il n'y a pas de raison que ces personnes soient tenues de plaire au public ou aux partis au pouvoir.

1. D. Runciman, « Why replacing politicians with experts is a reckless idea », *The Guardian*, 1er Mai 2018 (https://www.theguardian.com/news/2018/may/01/why-replacing-politicians-with-experts-is-a-reckless-idea).

La seconde raison de se méfier d'un conseil épistocratique, c'est le renoncement à la dynamique communicationnelle générée par les élections, ce qui accroît les risques de décisions involontairement biaisées. Le fait de ne pas avoir besoin de soutien électoral n'inciterait pas les épistocrates à se mettre à l'écoute des demandes et besoins exprimés par la société civile. Le fait d'être sélectionnés pour leur sagesse supérieure les inciterait plutôt à se fier à leur propre jugement, au risque de s'enfermer dans leurs propres biais.

Afin de remédier à ces risques de décisions partiales et biaisées, on pourrait imaginer que l'impartialité soit considérée comme une compétence essentielle visée par l'examen. Cependant, l'impartialité morale ne peut pas être testée. Il ne s'agit en effet pas d'une disposition stable, d'une vertu donnée une fois pour toutes à certains. D'abord, l'impartialité pourrait aisément être feinte dans un examen. Ensuite, rien ne garantit qu'une personne réputée impartiale demeure impartiale une fois au pouvoir – a fortiori si ce pouvoir n'est pas contrôlé et compte tenu du caractère corrupteur du pouvoir. De nombreuses expériences de psychologie morale ont montré que notre disposition à agir moralement dépendait largement des circonstances et des incitants [1]. Dès lors, conférer un pouvoir politique important à des épistocrates semble extrêmement risqué, plus risqué en tout cas que de confier ce pouvoir à des élus.

Variations institutionnelles

Les considérations qui précèdent disqualifient largement l'idée d'un conseil épistocratique disposant d'un pouvoir exécutif ou législatif. Qu'en est-il d'un pouvoir plus modeste, comme la possibilité d'évaluer et de bloquer les projets de loi émanant des élus, comme le suggère Brennan ? Il s'agit encore à mes yeux d'un pouvoir politique excessif, puisque cela permettrait à ce conseil de bloquer des réformes justes et populaires qui seraient contraires aux intérêts de ses membres, ou en raison de l'influence de puissants lobbies.

La seule formule qui me paraît acceptable, et même intéressante, ce serait un conseil consultatif, qui produirait des recommandations à destination des élus. Il ne s'agirait alors plus à strictement parler d'un conseil épistocratique, puisque les plus sages ou les plus éduqués n'auraient pas le pouvoir, mais plutôt d'un conseil « épistémique ». De même que nos institutions politiques bénéficieraient des *inputs* d'une

1. J. Doris, *Lack of character : Personality and moral behavior*, Cambridge, Cambridge University Press, 2002.

assemblée diversifiée de citoyens tirés au sort, comme nous le verrons plus loin [1], ils bénéficieraient sans doute également de ceux d'une assemblée d'experts. Les experts ont un rôle à jouer en démocratie, mais en informant les délibérations publiques, pas en prenant des décisions pour la collectivité. En effet, leur expertise dans différents champs des politiques publiques est de nature à accroître la rationalité des décisions collectives. Mais leur expertise technique ne leur confère aucun accès privilégié à la question du juste. C'est donc à l'ensemble de la population de décider des fins collectives, et aux experts de nous éclairer sur les meilleurs moyens d'y parvenir [2].

Les cours constitutionnelles sont-elles épistocratiques ?

Ce raisonnement s'applique-t-il de la même manière aux cours constitutionnelles ? Pas exactement, car au contraire de ce que suggère Brennan [3], il existe quand même une différence importante entre ces deux types d'institutions. Il est vrai que dans les pays où les cours constitutionnelles disposent d'un réel pouvoir de veto, les juges possèdent un degré important de pouvoir politique discrétionnaire. Cependant, ils sont supposés émettre un jugement et le justifier en référence à un corpus de droits collectivement reconnus et façonné par un processus intergénérationnel de discussions et révisions. Ceci ne les empêche bien sûr pas d'agir sur base de motifs partisans – car une constitution offre rarement une orientation claire sur les questions controversées –, mais c'est tout de même une contrainte réelle. En comparaison, les membres d'un conseil épistocratique pourraient défendre n'importe quel point de vue sur base de leur supposée supériorité épistémique. Les juges, eux, ne sont pas considérés comme de meilleurs gouvernants que les citoyens ; ils sont simplement supposés mieux équipés pour détecter des atteintes à des droits auxquels la plupart d'entre nous sommes attachés. De ce fait, c'est autant la limitation du rayon d'action (au domaine du droit constitutionnel) que la source de légitimité (expertise constitutionnelle vs sagesse supérieure) qui distinguent le contrôle de constitutionnalité d'un contrôle épistocratique.

1. Voir *infra* p. 148-172.

2. Ne pourrait-on pas alors imaginer un conseil législatif composé d'experts, qui aurait pour mission d'élaborer des lois rationnelles en fonction d'objectifs déterminés par l'ensemble de la population ? Probablement pas, car dans la pratique, les fins ne sont pas toujours faciles à distinguer des moyens, et il y aurait un risque important de voir des experts promouvoir certains moyens au nom de fins largement acceptées, tout en sachant que les effets des politiques publiques qu'ils défendent ne seront pas ceux qui sont annoncés.

3. J. Brennan, *Against Democracy*, *op. cit.*, p. 218-220.

Néanmoins, malgré ces différences non négligeables, on pourrait tout à fait considérer que les risques d'abus de pouvoir par les cours constitutionnelles demeurent trop importants, et rejeter cette institution pour des raisons similaires à celles qui nous font rejeter l'idée d'un conseil épistocratique. Certains démocrates, comme Robert Dahl, voient d'ailleurs dans les cours constitutionnelles une forme de quasi-despotisme (*quasi-guardianship*), une mise sous tutelle de la démocratie qui est non seulement illégitime, mais en outre superflue [1]. D'autres, comme Jon Elster, jugent souhaitable de limiter le rôle de ces juges à la protection des règles du jeu [2]. D'autres encore suggèrent que l'augmentation croissante du pouvoir des cours de justice ces dernières décennies, à travers le monde, serait une manœuvre orchestrée par les élites pour préserver leurs intérêts de classe à travers la stabilité politique et économique. En introduisant un *veto player* supplémentaire, l'objectif serait de rassurer les investisseurs quant à la stabilité du compromis de classes [3].

J'estime pour ma part que le contrôle de constitutionnalité n'est pas un composant *nécessaire* à une démocratie juste, mais que les cours peuvent néanmoins jouer un rôle positif à condition de posséder une indépendance suffisante, de protéger un ordre constitutionnel moins biaisé [4] et de ne pas disposer d'un pouvoir discrétionnaire trop important. Il est possible de jouer sur plusieurs facteurs afin de réduire les abus de pouvoir de la part des cours. D'abord, on peut leur confier un rôle plus délibératif qu'abrogatif. Pourquoi ne pas concevoir le contrôle de constitutionnalité non plus comme un droit de veto des juges-gardiens, mais plutôt comme un instrument permettant aux cours de ralentir une prise de décision majoritaire et de relancer un processus délibératif lorsqu'un projet de loi lui paraît contraire à la constitution [5] ? Ensuite, on peut revoir les mécanismes de sélection des juges pour accroître leur indépendance

1. R. Dahl, *Democracy and its Critics*, *op. cit.*, p. 187-191. Il n'existe d'ailleurs pas de preuve empirique que les droits fondamentaux soient moins bien protégés, en démocratie, sans constitution écrite (A. Przeworski, *Democracy and the Limits of Self-Government*, *op. cit.*, p. 160).

2. J. Elster, *Securities against Misrule*, *op. cit.*, p. 281-282.

3. R. Hirschl, « The Political Origins of Judicial Empowerment Through Constitutionalization : Lessons from Four Constitutional Revolutions », *Law and Social Inquiry* 25/1, 2000, p. 91-149.

4. *Cf.* p. 196-199.

5. C. Nino, *The Constitution of Deliberative Democracy*, *op. cit.*, p. 215 ; R. Gargarella, « Should Deliberative Democrats Defend the Judicial Enforcement of Social Rights ? », *in* S. Besson, J. L. Martí, *Deliberative Democracy and its Discontents*, *op. cit.*, p. 233-252 ; « "We the People" Outside of the Constitution : The Dialogic Model of Constitutionalism and the System of Checks and Balances », *Current Legal Problems* 67/1, 2014, p. 1-47.

politique. Pourquoi ne pas imaginer un tirage au sort parmi les juges ayant passé un examen de compétence ou parmi les personnes disposant des qualifications et de l'expérience suffisantes [1] ? Cela permettrait d'éviter les collusions résultant d'une nomination par les acteurs politiques (ce qui est la pratique dominante) tout en préservant le critère de compétence juridique.

En somme, conseils d'experts et cours constitutionnelles ne sont pas des alternatives plausibles à la démocratie ; ce sont tout au plus des institutions caractérisées par une légitimité d'expertise et d'indépendance qui peuvent jouer un rôle consultatif ou délibératif intéressant dans un système qui doit demeurer fondamentalement démocratique.

Plus de poids pour les plus compétents ?

La discussion qui précède montre qu'il est possible de défendre la démocratie sur des bases strictement épistémiques, sans faire référence à son équité intrinsèque ou autres considérations procédurales. Il est toutefois possible d'imaginer des configurations épistocratiques beaucoup moins plausibles, politiquement, qu'un conseil épistocratique, mais aussi plus difficiles à écarter sur des bases strictement épistémiques.

Il existe par exemple deux manières d'améliorer le vote plural, défendu au XIXe siècle par John Stuart Mill, et qui consiste à donner davantage de voix aux plus éduqués, tout en offrant au moins une voix à l'ensemble des citoyens. Si cette pratique nous choque, aujourd'hui, c'est parce qu'elle crée une hiérarchie parmi les citoyens. On établit un seuil d'éducation au-delà duquel certains citoyens sont considérés comme supérieurs, ou plus sages, du fait de leur éducation, quelles que soient les raisons pour lesquelles les autres ont bénéficié d'une éducation moindre. C'est donc une pratique qui, aux yeux de personnes habituées au suffrage universel égalitaire, paraît intrinsèquement injuste, symboliquement inacceptable, et possède de ce fait peu de chances d'être acceptée par tous.

D'un point de vue strictement épistémique, le vote plural traditionnel pose problème du fait que l'éducation n'est pas une garantie de choix justes. Les personnes les plus éduquées jouissent le plus souvent d'autres avantages et sont susceptibles de chercher à préserver ces avantages par leur pouvoir de vote, au détriment des plus démunis. S'il devait y avoir un gain de rationalité, il serait très probablement annulé par la perte d'impartialité.

1. Cette idée est développée dans P.-É. Vandamme, D. Bello Hutt, « Selecting Constitutional Judges Randomly », *Swiss Political Science Review* 27/1, 2021, p. 107-127.

Pour ces raisons, des manières plus opaques de procéder (et donc symboliquement moins choquantes) ont été imaginées par Jason Brennan et Thomas Mulligan. Brennan met en avant un système (« l'oracle simulé ») dans lequel tout le monde voterait, mais où les votes seraient pondérés en fonction de la compétence, les citoyens ayant passé un examen de compétence avant le vote [1]. Cet examen mesurerait le degré d'information politique des citoyens, en contrôlant éventuellement l'influence d'autres facteurs comme le genre, l'ethnie, l'âge ou le niveau de revenu, pour éviter de simplement renforcer le pouvoir politique des vieux mâles blancs fortunés. De sorte que le résultat pondéré d'un vote ou d'une élection refléterait le résultat qu'on aurait obtenu si tout le monde avait été aussi bien informé.

Ne s'agit-il pas d'un gain épistémique évident? Uniquement si l'on s'en tient à une conception étroite de la valeur épistémique d'une décision, réduite à la rationalité instrumentale, comme si la politique pouvait être ramenée à des questions techniques. Effectivement, des personnes mieux éduquées ou informées ont plus de chances de connaître et d'identifier les politiques les plus susceptibles de promouvoir un objectif donné, grâce à une meilleure compréhension de la réalité sociale et du fonctionnement d'un marché par exemple. Cela ne signifie toutefois pas qu'on puisse se fier à elles d'un point de vue moral. La même objection épistémique persiste.

Si l'éducation et l'information politiques importent pour la qualité des décisions, il faudrait plutôt investir dans l'éducation des classes les moins bien informées pour leur permettre de mieux défendre leurs intérêts légitimes. Il existe en effet des raisons empiriques de croire que « les citoyens les plus informés sont aussi les mieux capables de discerner leurs intérêts » [2] et de voter en cohérence avec leurs valeurs [3]. Or, les moins informés sont souvent ceux dont les intérêts sont les plus injustement négligés – ceux dont la plupart des intérêts s'alignent avec la justice [4].

1. J. Brennan, *Against Democracy*, *op. cit.*, p. 220-222.

2. L. Blondiaux, « Faut-il se débarrasser de la notion de compétence politique ? Retour critique sur un concept classique de la science politique », *Revue française de science politique* 57/6, 2007, p. 772.

3. L. Lauener, « Why Do Citizens Vote Against Their Basic Political Values ? », *Swiss Political Science Review* 26/2, 2020, p. 153-180.

4. La plupart, seulement, car la justice peut être dans leur intérêt au niveau national sans l'être au niveau mondial.

Mulligan propose pour sa part un algorithme complexe qui calculerait la compétence de chaque citoyen non pas sur base d'un examen de compétence douteux et symboliquement sensible, mais sur base de ses votes précédents, en faisant l'hypothèse que plus un résultat de vote se rapproche de l'unanimité, plus l'option gagnante est susceptible d'être meilleure que l'option perdante [1] (ce qui est une justification épistémique traditionnelle de la règle de majorité, comme nous l'avons vu plus haut). Sur cette base, un poids plus important serait accordé aux votes des citoyens qui ont tendance à se retrouver du bon côté d'un vote quand il est gagné par une majorité large.

L'avantage, par rapport à l'idée de Brennan, c'est qu'on ne préjuge pas que c'est le degré d'éducation ou d'information qui fait la compétence, et qu'on n'a pas besoin de recourir à un test de compétence très susceptible d'être contesté.

L'objection épistémique basée sur l'impartialité s'applique-t-elle dans ce cas-ci également ? Peut-être pas. Il n'est pas absurde de penser que plus une décision se rapproche de l'unanimité, plus elle est susceptible d'impartialité (même si la possibilité de l'erreur collective, sous l'effet de l'idéologie par exemple, persiste évidemment). Dès lors, dans la mesure où un citoyen aurait plus d'une chance sur deux d'être du bon côté quand une décision l'emporte largement, celui-ci aurait aussi plus d'une chance sur deux de promouvoir des politiques plus impartiales. Dans ce sens particulier, ce citoyen pourrait être considéré comme supérieur d'un point de vue épistémique, et la pondération en fonction de la compétence pourrait augmenter le potentiel épistémique des décisions de la collectivité. Le risque, toutefois, c'est l'amplification des erreurs par l'étouffement progressif des voix dissidentes. En effet, ceux qui votent le plus souvent à contre-courant verraient leur pouvoir d'influence de plus en plus réduit alors même qu'ils pourraient très bien avoir raison contre le reste ! Or, nous avons vu à quel point la logique du contradictoire et la correction des erreurs sont essentielles au potentiel épistémique de la démocratie [2].

Qui plus est, même si une telle alternative offrait des perspectives de gains épistémiques, elle demeurerait très peu plausible du fait de son manque de lisibilité et de fiabilité. D'abord, il est très peu probable qu'elle suscite l'adhésion des citoyens en raison de la complexité de l'algorithme et du caractère très spéculatif de l'hypothèse sur laquelle elle repose. Ensuite, elle ne manquerait pas de susciter des doutes quant à la fiabilité de

1. T. Mulligan, « Plural Voting for the Twenty-First Century », *The Philosophical Quarterly* 68/271, 2017, p. 286-306.

2. B. Manin, « À quoi tient la valeur épistémique de la démocratie ? ».

l'algorithme et l'immunité de la procédure de décision aux manipulations. C'est ici que le potentiel pacificateur des élections montre toute sa valeur : le résultat des urnes, quand le suffrage est universel et égalitaire, indique un rapport de force assez net, qui dissuade les perdants de se révolter [1]. C'est aussi pour cela que l'inclusion égalitaire symbolique de tous est importante. Sans elle, il est encore plus difficile d'espérer l'allégeance des perdants [2]. De ce point de vue, il est très peu probable que les citoyens acceptent les résultats d'une procédure telle que celles imaginées par Brennan et Mulligan, et on peut difficilement leur donner tort.

Tirer au sort les électeurs ?

Un risque relativement similaire affecte une autre proposition ingénieuse visant à accroître la qualité délibérative des processus électoraux. L'idée vient de Claudio López-Guerra et consiste à tirer au sort un collège délibératif d'électeurs statistiquement représentatif de la diversité de la population [3]. Il y aurait donc une restriction massive du suffrage, mais bien moins choquante que dans le cas du suffrage censitaire ou capacitaire, puisque les électeurs seraient désignés par le sort et différents à chaque élection, de sorte que chaque citoyen disposerait d'une chance strictement égale de disposer du droit de vote. Les citoyens sélectionnés seraient alors engagés (moyennant compensation pécuniaire) dans un processus d'information et de délibération en petits groupes sur les candidats à l'élection et leur programme politique. Ils poseraient ensuite leur choix en bonne connaissance de cause, en ayant réellement scruté les différents programmes, entendu des arguments contradictoires et discuté avec leurs pairs. D'un point de vue délibératif, on peut difficilement imaginer mieux, d'autant que les effets pervers de la communication politique de masse seraient également neutralisés. De ce fait, et en raison de l'importance épistémique des délibérations mentionnée auparavant, il y a de bonnes chances qu'un tel processus offre davantage de perspectives de rationalité et d'impartialité que les élections traditionnelles.

Une telle procédure pourrait-elle être considérée comme démocratique ? Éventuellement, à condition de ne pas inclure le suffrage universel dans la définition de la démocratie, et d'accepter le principe de la représentation. Après tout, les partisans d'une sélection des représentants

1. A. Przeworski, « Minimalist Conception of Democracy » ; *Why Bother with Elections ?*.

2. Qui plus est, le système de Mulligan réduit encore davantage la probabilité pour des minorités permanentes de remporter un prochain vote.

3. C. López-Guerra, « The Enfranchisement Lottery », *Politics, Philosophy and Economics* 10/2, 2011, p. 211-233.

politiques par tirage au sort uniquement, plutôt que par l'élection, considèrent cette alternative comme démocratique [1]. Dans l'histoire, d'ailleurs, d'Aristote à Montesquieu, le tirage au sort (mais dans l'accès direct aux charges) a longtemps été considéré comme plus démocratique que l'élection [2]. En l'occurrence, on combinerait les deux procédés d'une manière nouvelle, qui préserverait deux formes d'égalité politique : l'égale probabilité d'être sélectionné comme électeur, et l'égale possibilité de se présenter aux élections. Il y a donc indéniablement au moins un aspect démocratique dans cette procédure, que Brennan qualifie néanmoins d'épistocratique dans le sens où le pouvoir de choisir les représentants est limité à des citoyens qui possèdent (au terme du processus) de meilleures informations que les autres.

Les principaux arguments opposables à une telle procédure ne sont pas d'ordre épistémique. Il y a d'abord les risques de manipulation lors de la sélection des électeurs – risques reconnus et jugés décisifs par López-Guerra. Qu'il y ait effectivement manipulation ou pas, on peut d'ailleurs s'attendre à ce que certains doutent de la pureté ou de l'impartialité du tirage au sort, cette méthode de sélection étant moins transparente que l'élection [3] et susceptible de générer des surprises statistiques que certains ne manqueront pas d'interpréter comme de la fraude [4], augmentant les risques de conflictualité et d'instabilité politique.

Ensuite, on pourrait regretter la réduction drastique de la participation citoyenne. À Athènes, la diversité des charges attribuées par le sort, le principe de rotation et la restriction du statut de citoyen à un petit groupe assuraient que tous les citoyens soient tour à tour gouvernants et gouvernés [5]. Ici, ce ne serait vraisemblablement pas le cas. Or, la participation de l'ensemble des citoyens peut être valorisée à différents titres. On peut notamment lui associer une valeur instrumentale liée au fait qu'elle pacifie les relations sociales en donnant à chacun le sentiment de pouvoir exprimer ses idées ou son désaccord, sur un pied d'égalité avec les autres. Ou encore les effets éducatifs qu'elle pourrait avoir, chaque citoyen étant « appelé à apprécier des intérêts autres que les siens ; à être guidé, en cas de revendications conflictuelles, par une règle autre

1. Voir par exemple T. Bouricius, « Democracy through Multi-Body Sortition ».

2. B. Manin, *Principes du gouvernement représentatif*, *op. cit.*, p. 93-108.

3. C. López-Guerra, « The Enfranchisement Lottery », *op. cit.*, p. 224-225.

4. Par exemple, la présence de quelqu'un d'influent dans l'assemblée tirée au sort, ou une certaine disproportion entre certaines catégories sociales par rapport à leur présence dans la population – le risque étant renforcé par la possibilité de refuser la charge.

5. B. Manin, *Principes du gouvernement représentatif*, *op. cit.*, p. 44.

que celle dictée par ses partialités particulières ; à toujours appliquer des principes et maximes qui ont le bien commun pour raison d'être » [1].

Pour ces raisons, je proposerai dans le troisième chapitre une alternative qui me paraît préférable. Elle consiste d'une part à rendre les élections de masse plus délibératives par leur articulation à des mini-publics délibératifs et par la justification des votes [2] ; d'autre part à créer une seconde chambre composée de représentants tirés au sort [3]. Cette (double) alternative au pedigree démocratique incontestable pourrait même se targuer d'un potentiel épistémique supérieur à celle proposée par López-Guerra du fait qu'elle ferait davantage de place à la diversité cognitive. En effet, en raison du caractère aristocratique des élections, même des élus choisis par une assemblée d'électeurs tirés au sort risquent de se ressembler à plusieurs égards et de manquer de diversité. À cet égard, la proposition de López-Guerra ne fait que reculer le moment de sélection des élites, sans remettre en cause le mécanisme de sélection des représentants.

Conclusion intermédiaire

En dépit d'un certain nombre de limitations indiquant la voie à suivre pour les réformer, les institutions démocratiques existantes sont plus susceptibles de générer des décisions de qualité que les régimes autoritaires et les formes plausibles de technocratie ou d'épistocratie. Cela tient essentiellement au fait que ces institutions permettent une meilleure circulation de l'information et correction des erreurs, une minimisation des biais et une meilleure protection contre les abus de pouvoir, offrant ainsi de bien meilleures perspectives de rationalité et d'impartialité.

Les arguments épistémiques suffisent-ils toutefois à défendre la démocratie, c'est-à-dire l'inclusion de tous, sur un pied d'égalité, dans le processus de prise de décision politique ? Si l'on pousse la réflexion philosophique au-delà de la plausibilité politique, il se peut que nous ayons besoin d'autres arguments, basés essentiellement sur l'acceptabilité sociale et la stabilité pour rejeter plus fermement des propositions comme celle de Claudio López-Guerra (tirer au sort un corps d'électeurs) et, dans une moindre mesure, celle de Thomas Mulligan (vote pondéré via algorithme).

1. J.-S. Mill, « Considerations on Representative Government », *op. cit.*, p. 69.
2. *Cf.* p. 172-195.
3. *Cf.* p. 148-172.

Pour percevoir ce point plus clairement encore, considérons brièvement une dernière alternative : cibler quelques citoyens qui n'apporteraient aucun gain de diversité ni d'expertise, et les priver du droit de vote, afin de maximiser à la fois la diversité et la compétence. C'est un scénario envisagé par Martí pour montrer les limites de la justification épistémique de la démocratie [1]. Effectivement, il est difficile de prétendre que le potentiel épistémique de la procédure de décision s'en trouverait réduit. Les risques de biais viennent de l'exclusion politique ou de la marginalisation de certains *groupes*. Même si l'on croit en une certaine dispersion de la connaissance et dans l'importance épistémique de l'inclusion d'un maximum de points de vue, il est peu plausible que, dans un électorat large, *chaque* perspective individuelle constitue une plus-value épistémique – une contribution que d'autres n'offrent pas déjà. Et c'est particulièrement le cas quand le vote est le seul moyen d'expression politique pour la plupart des citoyens, et quand les gouvernants sont sélectionnés par un vote majoritaire laissant de toute façon de côté des perspectives minoritaires. Dès lors, on peut difficilement nier qu'on puisse inclure tout le monde dans les délibérations publiques mais exclure l'un ou autre du suffrage sans affecter le potentiel épistémique de la procédure.

Il y a deux manières de répondre à cette objection à une justification strictement épistémique de la démocratie. D'abord, on peut mettre en avant le fait que l'exclusion du suffrage d'un nombre très réduit d'individus est un scénario hautement improbable. Dans le monde réel, ce sont toujours des *groupes* qui se sont vu exclure du suffrage, générant inévitablement des décisions biaisées à leur encontre. En outre, ouvrir la porte à la restriction du suffrage conduirait plus vraisemblablement, dans le monde réel, à des exclusions politiques arbitraires de groupes marginalisés qu'à des gains épistémiques nets. Comme le souligne Estlund, ceux qui ont le plus de déficiences épistémiques sont aussi souvent ceux qui souffrent déjà d'autres désavantages socio-économiques [2]. Or, si ces groupes souffrent déjà de désavantages avec le droit de vote, il est difficile d'imaginer qu'ils soient mieux lotis sans ce droit. Un tel scénario ne serait possible que s'ils étaient les seuls responsables, politiquement, de leurs désavantages, ce qui apparaît fort douteux. Certes, les plus désavantagés – quand ils votent – ne font pas toujours les meilleurs choix électoraux du point de vue de ce qu'on pourrait considérer comme leurs intérêts objectifs, mais ils souffrent surtout du manque de considération, voire de l'hostilité franche de la part des autres électeurs. Dès lors, même si les personnes

1. J. L. Martí, « Why Democracy Has Epistemic Value », *op. cit.*, 2013.
2. D. Estlund, *Democratic Authority*, *op. cit.*, p. 215-219.

désavantagées sont de pauvres gardiennes de leurs intérêts, il serait peu plausible, dans le monde réel, de se fier aux autres pour mieux protéger ces intérêts.

Il existe donc de bonnes raisons *politiques* de préférer l'inclusion universelle et égalitaire. Ces raisons peuvent être considérées comme *secondaires*. Notre préoccupation ultime est épistémique (la qualité des décisions politiques) et nous fournit des raisons *primaires* d'inclure une grande diversité de perspectives. Certains votes individuels pourraient bien ne rien ajouter, d'un point de vue épistémique, mais des considérations politiques, de prudence, nous offrent alors des raisons *secondaires* d'accorder le droit de vote à tous les citoyens adultes.

Cependant, puisqu'on peut *imaginer* des scénarios peu plausibles dans lesquels la restriction du suffrage ou sa pondération n'auraient pas d'impact épistémique négatif, la justification *complète* de la démocratie peut nécessiter d'avoir recours également à des arguments d'ordre procédural. Je concède en effet qu'il y a un « saut » trop rapide de la reconnaissance des bénéfices de la diversité à la décision d'inclure *tout le monde de manière égale*. Même s'il est malaisé d'imaginer quels critères nous permettraient de réduire ou pondérer le suffrage sans accroître les risques réels de décisions biaisées, cela ne signifie pas que cela soit impossible.

On peut donc considérer que les arguments procéduraux, comme la valeur de l'autonomie collective ou l'affirmation publique de l'égalité des citoyens, complètent et renforcent l'argumentation philosophique en faveur de la démocratie [1]. Ils ne sont toutefois pas suffisants pour défendre la démocratie. Il serait en effet malvenu de la défendre si elle s'avérait catastrophique d'un point de vue épistémique [2] – en malmenant les droits fondamentaux, par exemple, ou en freinant le développement humain. En outre, dans les discussions sur la justification de la démocratie, il me semble intéressant de mettre l'emphase sur sa valeur épistémique – et en particulier sa capacité à minimiser les risques d'injustices. Sinon, on peut donner le sentiment qu'on défendrait la démocratie dans n'importe quelles conditions, aussi mauvaise soit-elle, même si des alternatives offraient clairement de meilleures perspectives de justice sociale. Or, nous ne pouvons nous contenter de construire des « remparts » protégeant la liberté politique, à l'instar de ce que proposent Saffon et Urbinati [3].

1. T. Christiano, « Review of Jason Brennan, *Against Democracy* ».
2. B. Manin, « À quoi tient la valeur épistémique de la démocratie ? ».
3. M. P. Saffon, N. Urbinati, « Procedural Democracy ».

Nous devons être capables de justifier la démocratie devant celles et ceux qui souffrent le plus des mauvaises décisions démocratiques : les plus précaires, les étrangers, les générations futures. Et la valeur intrinsèque de l'égalité politique risque de ne pas suffire à les convaincre.

CHAPITRE II

LA VISÉE D'IMPARTIALITÉ

L'argumentaire en faveur de la démocratie développé dans le premier chapitre repose très largement sur un idéal de justice comme impartialité. Or, cette notion d'impartialité est sujette à de multiples controverses. Je souhaiterais dès lors, dans ce chapitre, lever un certain nombre de malentendus par rapport à cette visée normative, afin de montrer en quoi elle peut constituer un critère de validité largement partagé. Je commence par un examen du lien entre morale et impartialité, puis entre justice et impartialité, en réfutant la conception de la justice comme avantage mutuel, et en clarifiant la relation conceptuelle entre impartialité et communauté, puis impartialité et égalité. Abordant ensuite la relation entre démocratie et impartialité, je commence par distinguer l'impartialité morale de l'impartialité politique, qui ne me paraît pas souhaitable. Je réfute l'idée anti-démocratique selon laquelle seules des institutions politiquement indépendantes seraient susceptibles d'impartialité. Puis je conclus en préconisant une poursuite réaliste de l'impartialité, par une diversité de moyens politiques, en prenant quelque peu distance par rapport à un certain idéalisme délibératif. Les lecteurs et lectrices moins intéressés par ces controverses plus académiques peuvent directement passer au troisième chapitre, consacré aux pistes de réforme de nos institutions.

JUSTICE ET IMPARTIALITÉ

Imaginez une personne chargée de recruter une employée pour une administration publique et qui fait face à deux candidates aux compétences strictement identiques. Afin de prendre une décision équitable, elle décide de tirer au sort la personne qui obtiendra l'emploi.

Imaginez ensuite deux équipes de football qui se disputent pour savoir si le ballon a franchi la ligne de but avant d'être dégagé par un défenseur. Pour réguler leur conflit, elles s'en remettent à la décision de l'arbitre.

Imaginez enfin trois frères et sœurs entretenant de bonnes relations et devant répartir entre eux un héritage familial en l'absence de testament. Pour éviter tout conflit, ils cherchent, par la discussion, une répartition mutuellement acceptable en tenant compte des besoins et préférences de chacun.

Qu'est-ce qui rend les solutions à ces conflits ou arbitrages justes ou équitables ? Leur impartialité ; le fait qu'elles ne favorisent personne. L'impartialité du tirage au sort est adéquate en l'absence de critères de décision pertinents et pour l'attribution d'un bien indivisible [1]. L'impartialité de l'arbitre, quant à elle, est bienvenue quand une personne est placée dans une meilleure position pour juger [2] ou quand l'impartialité résultant de la discussion libre entre les parties (comme dans l'exemple de l'héritage) est peu susceptible de succès. Dans le cas contraire, cette dernière formule est la plus souhaitable, puisqu'elle réduit le risque qu'une des parties prenantes se sente défavorisée.

Le caractère juste de l'impartialité est relativement intuitif, car notre vie quotidienne est remplie de situations où nous faisons appel à l'impartialité pour éviter ou résoudre des conflits. Certains philosophes vont plus loin en affirmant l'existence d'un lien *nécessaire* entre morale et impartialité.

Morale et impartialité

Richard Hare, par exemple, affirme que « tous les jugements de valeur possèdent un caractère universel latent » [3]. Ce qui est jugé juste ou moralement adéquat doit logiquement être jugé de la même manière pour tous les cas similaires. De même, un devoir moral incombant à une personne doit incomber de la même manière à toute personne se trouvant dans une situation identique. Il y aurait une contradiction logique dans une affirmation contraire. Une action est en effet souhaitable en raison de ses propriétés et des circonstances. De ce fait, elle sera toujours souhaitable si les propriétés et circonstances restent identiques, mais que l'agent change.

1. P. Stone, *The Luck of the Draw : The Role of Lotteries in Decision Making*, Oxford, Oxford University Press, 2011.

2. L'arbitre, comme le juge, est mieux placé pour juger que les parties en conflit du fait 1) qu'il dispose en principe d'une meilleure connaissance des règles et 2) que ses intérêts, susceptibles de biaiser son jugement, ne sont pas en jeu.

3. R. Hare, *The Language of Morals*, Oxford, Clarendon Press, 1961, p. 129.

Ce qui est ici suggéré, c'est que nos jugements moraux sont nécessairement liés à une prétention à la validité universelle, observation qui réside également au cœur de l'éthique de la discussion d'Apel et Habermas [1]. Nous ne pouvons pas, de manière cohérente, dire à la fois « c'est juste » et « ce jugement ne vaut que pour moi, ou ma communauté » [2]. À moins que nous précisions quelle prétention à la validité accompagne notre jugement moral (en disant par exemple « ceci est injuste d'après le code moral de notre groupe »), notre langage présuppose une prétention à la validité universelle.

Quel est le lien entre universalité et impartialité ? Pour qu'une norme puisse prétendre à une validité universelle, elle doit exclure toute forme de privilège ou de traitement préférentiel arbitraire. La norme de justice est de cet ordre : elle consiste à régler les litiges sans considération de personne, et en rejetant *l'arbitraire* [3]. Comme le précise Elster, l'exigence d'impartialité affirme que « les gens ne devraient pas être traités différemment simplement parce qu'ils vivent à une époque ou dans un endroit particuliers ou parce qu'ils appartiennent à un sexe, une race ou une profession donnés » [4].

Doit-on alors considérer l'impartialité comme un *idéal* moral ou comme une *nécessité* morale ? Sans doute les deux à la fois. L'aspect nécessaire de l'impartialité est lié à l'ambition de réguler les conflits sociaux sans usage de la force. Comme le reconnaît Alasdair MacIntyre, adversaire de l'idéal d'impartialité, là où des intérêts opposés s'affrontent et où les liens de communauté ne permettent pas l'entente, il n'y a que deux solutions : l'imposition d'une solution arbitraire par la force ou l'impartialité [5]. Il existe donc une forme de nécessité pragmatique de l'impartialité pour quiconque entend régler un conflit sans usage de la force. La raison est que dans de tels cas de litige, on ne peut attendre d'aucune des parties, à moins qu'elle n'y soit contrainte [6], qu'elle accepte

1. K. O. Apel, *Éthique de la discussion*, Paris, Le Cerf, 1994 ; J. Habermas, *De l'éthique de la discussion*.

2. Sur ce point, je m'écarte de la perspective rawlsienne qui limite la validité de sa théorie de la justice à un contexte géographique et historique donné. Je m'inscris dans la lignée universaliste d'Habermas (*De l'éthique de la discussion*) et Barry (*Justice as Impartiality*).

3. O. Höffe, *La justice politique. Fondement d'une philosophie critique du droit et de l'État*, Paris, P.U.F., 1991, p. 31.

4. J. Elster, « Argumenter et négocier dans deux Assemblées constituantes », *Revue française de science politique* 44/2, 1994, p. 212.

5. A. MacIntyre, « Is Patriotism a Virtue ? », The University of Kansas, Lindley Lecture, 1984, p. 17.

6. Cette contrainte peut prendre une forme directe (l'usage de la force physique, par exemple, pour régler un conflit) ou indirecte (l'usage de la menace dans une négociation).

une solution qui privilégierait sans motif mutuellement acceptable les intérêts de l'autre partie [1]. Or, comme le soulignait déjà Locke, chaque individu est toujours tenté d'être partial envers lui-même [2], de favoriser ses intérêts. Et c'est cela qui explique l'universalité du modèle du juge, dans le contexte judiciaire, comme solution aux litiges.

L'impartialité est donc condition d'*acceptabilité non contrainte* d'une décision ou d'une solution à un conflit. Or, dès lors que les règles morales ont une fonction régulatrice, elles visent nécessairement une forme d'acceptation. Les gens peuvent être en désaccord avec une règle morale, bien entendu, parce qu'ils sont habités de motivations autres que morales, ou parce qu'elle entre en conflit avec un autre système de règles auquel ils croient, mais si on ne peut même pas espérer d'eux qu'ils reconnaissent le caractère juste d'une règle morale, elle n'a aucune force régulatrice. Une règle arbitraire ne se fera respecter que par l'usage de la force – ou de l'idéologie, qui est une forme d'usage discursif de la force, qui permet précisément de masquer l'arbitraire de la règle.

Selon Amartya Sen, c'est ce qui fait de l'impartialité – qu'il caractérise comme un principe d'égale valeur morale des personnes – une condition non pas forcément de *possibilité*, mais certainement de *plausibilité* de toute théorie morale [3]. On pourrait en effet imaginer une théorie de la justice défendant un principe d'allocation arbitraire. Sen n'objecterait pas à une telle théorie au nom d'un principe de cohérence logique, mais l'attaquerait sur les raisons de cet arbitraire [4], et elle ne résisterait vraisemblablement pas à l'examen rationnel ni aux demandes de justifications.

L'utilité pragmatique de l'impartialité est si forte qu'à en croire Peter Singer, « partout où il y a des êtres sociaux et rationnels, que ce soit sur Terre ou sur une lointaine galaxie, nous pourrions nous attendre à ce que leurs principes de conduite tendent vers l'impartialité comme ce fut le cas pour les nôtres » [5]. En somme, l'impartialité n'est pas un idéal posé a priori par le philosophe moral et que ses concitoyens n'ont qu'à accepter. Il s'agirait plutôt d'une nécessité pragmatique dans les interactions sociales, nécessité dont chacun peut faire l'expérience concrète dans son agir communicationnel propre, dans son contexte (familial, culturel, sociétal)

1. Pour une hypothèse intéressante sur l'émergence des règles morales à travers l'évolution, voir P. Singer, *The Expanding Circle*.

2. J. Locke, *Second Treatise of Government*, Harlan Davidson, 1982, p. 8, 54, 76.

3. A. Sen, *Inequality Reexamined*, *op. cit.*, p. 3-4 et 16-19; *The Idea of Justice*, *op. cit.*, chap. 1.

4. A. Sen, « On the Status of Equality », *Political Theory* 24/3, 1996, p. 399.

5. P. Singer, *The Expanding Circle*, *op. cit.*, p. 106.

particulier [1]. Comme le souligne Habermas, « l'idée d'impartialité est *enracinée dans* les structures de l'argumentation *même* » [2]. En effet, quand elle met en présence des intérêts et visions du monde divergents, la logique de la discussion pousse à prendre des appuis plus généraux, plus objectifs, ou plus partagés. Si l'autre ne partage pas mon point de départ particulier et que je souhaite néanmoins m'accorder avec lui, il me faut nécessairement trouver un point de départ commun, qui s'avérera d'autant plus impartial que les participants à la discussion seront divers.

Impartialité et justice sociale

L'impartialité, comme idéal de justice sociale, est la propriété d'un ordre social, d'une décision politique ou d'une politique publique. Je laisse donc ici de côté les controverses sur la place de l'impartialité dans la moralité individuelle – question qui fait l'objet de nombreux débats, concernant notamment le droit de privilégier ses proches ou ses projets personnels plutôt que de se comporter de manière impartiale [3].

Comme idéal de justice sociale, l'impartialité est nettement moins controversée. À vrai dire, l'histoire de la philosophie politique normative occidentale (moderne du moins) peut être lue comme une herméneutique collective de l'impartialité [4]. Il n'est sans doute pas exagéré de dire que chaque époque, chaque théorie de la justice cherche à mettre en lumière les implications de cette exigence morale fondamentale. Ronald Dworkin estime ainsi que l'ensemble des théories de la justice s'accordent sur une base morale – qu'il appelle le « plateau égalitaire » – reconnaissant la nécessité pour l'État de traiter ses citoyens comme des égaux, c'est-à-dire de faire preuve, à leur égard, d'un égal respect et d'une égale préoccupation [5]. Ce sur quoi divergent les philosophes politiques, c'est sur ce qu'implique concrètement cette exigence d'impartialité. Prenant au sérieux cette suggestion, Will Kymlicka s'est attelé à montrer

1. S. O'Neill, *Impartiality in Context : Grounding Justice in a Pluralist World*, New York, State University of New York Press, 1997, p. 115.

2. J. Habermas, *Morale et communication. Conscience morale et activité communicationnelle*, Paris, Le Cerf, 1986, p. 97.

3. Voir B. Williams, « Persons, Character and Morality », dans *Moral Luck : Philosophical Papers 1973-1980*, Cambridge, Cambridge University Press, 1981 ; T. Nagel, *Égalité et partialité*, Paris, P.U.F., 1994 ; B. Barry, *Justice as Impartiality*. Cette question est discutée dans P.-É. Vandamme, « Qu'est-ce que le décentrement ? ».

4. C. Arnsperger, « Entre impartialité, horizons de sens et précarité existentielle : les fondements de l'éthique économique et sociale », dans C. Arnsperger, J. Ladrière, C. Larrère, *Trois essais sur l'éthique économique et sociale*, Paris, INRA, 2001, p. 21.

5. R. Dworkin, *Sovereign Virtue*, *op. cit.*, p. 1-2.

comment les théories de la justice contemporaines s'échinent chacune à tirer les conséquences distributives de cet égalitarisme fondamental [1]. Mais l'herméneutique de l'impartialité ne se limite pas à cette égalité fondamentale. Elle est également à l'œuvre dans l'élucidation de ce que signifie être injustement désavantagé. Est-ce jouir de droits différents? Être moins heureux? Moins riche? Disposer d'opportunités ou de capacités réduites? Être vulnérable à la domination? Telle est la réflexion qui anime encore les principaux débats sur la justice sociale. Mon objectif n'est pas ici de développer une interprétation particulière et controversée de l'impartialité, en mettant en avant les principes de justice qui me paraissent les plus justes. Il suffit à mon propos de souligner un accord très large sur l'idée qu'une société est injuste si certaines catégories de la population sont désavantagées, défavorisées, discriminées, tandis que d'autres sont privilégiées.

Cela ne signifie pas pour autant qu'il y ait unanimité dans la communauté philosophique par rapport à cet idéal d'impartialité. Il existe en effet au moins deux traditions de pensée concurrentes. La première est l'approche communautarienne. La seconde est l'approche hobbesienne.

Impartialité et communauté

D'un point de vue fonctionnaliste, la morale sert à supprimer ou réguler l'égoïsme pour favoriser l'entente au sein d'un groupe, d'une communauté, d'une société. Ceci peut se faire soit par la mise en avant de normes d'impartialité, soit par la force des liens communautaires (éventuellement renforcés par une religion) [2]. Une perspective communautarienne privilégiera dès lors à l'idéal d'impartialité, qui souligne une division, celui de communauté, qui met en avant l'union. Par la promotion de valeurs partagées, on essayera alors autant que possible d'éviter le recours à l'arbitrage impartial.

Malgré l'attrait de l'idéal communautaire en lui-même, la difficulté de l'approche communautarienne réside dans ses aspects conservateur et hostile aux minorités culturelles. Outre le fait qu'elle a tendance à laisser dans l'ombre les groupes sociaux ne se reconnaissant pas dans les « valeurs partagées », la mise en avant de telles valeurs est conservatrice du fait qu'elle prend ces valeurs telles qu'elles sont, en interrogeant parfois

1. W. Kymlicka, *Contemporary Political Philosophy : An Introduction*, Oxford, Oxford University Press, 2002, p. 4-5.

2. J. Haidt, S. Kesebir, « Morality », *in* S. Fiske *et al.*, *Handbook of Social Psychology*, *op. cit.*, p. 800 et 821.

insuffisamment leur validité morale. Le fait qu'une valeur soit partagée semble parfois plus important pour les communautariens que le fait qu'elle soit moralement satisfaisante. Cela entraîne une confusion entre les registres de discours normatif et factuel, apparente dans la définition par Walzer d'une société juste comme une société dont la « vie substantielle est vécue d'une [...] manière qui soit fidèle aux compréhensions partagées par ses membres » [1]. Pour éviter que les « compréhensions partagées » soient simplement celles des dominants et que les idées minoritaires soient tout simplement écrasées, Walzer met en avant le rôle du critique social, qui puise dans les ressources de sa communauté pour critiquer les normes sociales oppressives et en mettre d'autres, plus émancipatrices, en avant. La difficulté qui demeure concerne les critères qui permettent de trancher entre diverses interprétations concurrentes d'une culture donnée [2]. Il semble qu'on ne puisse échapper à l'appel à des normes plus générales, transcendant le contexte particulier de la communauté en question.

Il ne s'agit bien entendu pas ici de rejouer le débat entre libéraux et communautariens [3], mais simplement de souligner le fait que dans la plupart des sociétés existantes, des conflits opposent les citoyens tant du point de vue de leurs intérêts que de leurs valeurs, et que l'appel nostalgique à des valeurs partagées ne permettra pas de résoudre. Quiconque accepte que le pluralisme ne puisse être réduit par la force ne peut que reconnaître la valeur de l'impartialité pour arbitrer ces conflits. Comme le suggère MacIntyre, l'impartialité – en tant qu'elle permet la régulation des conflits – est d'autant plus nécessaire que les liens communautaires se délitent ou sont faibles [4]. Mais elle est donc, de ce point de vue, un *remède* au manque de communauté plutôt que la *cause* de ce manque.

La critique communautarienne du libéralisme politique a toutefois le mérite d'avoir mis en avant l'importance de liens sociaux solides pour la poursuite de la justice. Michael Sandel, par exemple, refuse de réduire le rôle de l'État à un arbitrage impartial entre individus ne poursuivant que des fins privées [5]. Toutefois, comme cela a déjà été évoqué et comme nous le verrons plus clairement encore dans la section suivante, ce n'est pas la

1. M. Walzer, *Sphères de la justice. Une défense du pluralisme et de l'égalité*, Paris, Seuil, 1997, p. 434.

2. Voir R. Dworkin, *A Matter of Principle*, Cambridge (Mass.), Harvard University Press, 1985, chap. 10 et J. Lacroix, *Michaël Walzer. Le pluralisme et l'universel*, Paris, Michalon, 2001, p. 99-100.

3. Voir A. Berten, P. da Silveira, H. Pourtois (éd.), *Libéraux et communautariens*, Paris, P.U.F., 1997.

4. A. MacIntyre, « Is Patriotism a Virtue ? ».

5. M. Sandel, *Le libéralisme et les limites de la justice*, Paris, Seuil, 1999.

manière dont la justice comme impartialité doit être conçue. Elle requiert en effet des citoyens soucieux les uns des autres, capables de décentrement [1] – ce que Sandel et certains auteurs républicains appellent des citoyens orientés vers le bien commun [2]. Il n'y a donc pas d'incompatibilité entre la quête d'impartialité morale et la promotion d'attitudes orientées vers le bien de la communauté.

En revanche, il y a bien incompatibilité entre deux conceptions concurrentes du statut des communautés politiques existantes. Si l'idée qu'un gouvernement doit faire montre d'impartialité envers ses citoyens est peu controversée philosophiquement, certains prétendent que les gouvernements sont moralement autorisés à privilégier leurs citoyens par rapport aux ressortissants d'autres pays. Comme le suggère Elster, la norme sociale d'impartialité s'applique souvent à un sous-groupe plutôt qu'à l'humanité entière [3]. On peut de ce fait être impartialiste sans être universaliste [4]. Cette dernière position ne me paraissant pas cohérente, c'est bien l'interprétation universaliste de l'impartialité que je mobilise dans cet ouvrage, mais je n'ai pas ici l'espace pour développer une argumentation dans ce sens.

La justice comme avantage mutuel

La seconde tradition de pensée concurrente rejette l'approche kantienne de la justice centrée sur l'universalisabilité au profit d'une approche hobbesienne centrée sur les notions de coopération et d'avantage mutuel [5]. L'idée consiste à penser une forme de contrat régissant les relations sociales de telle sorte que celles-ci soient à l'avantage de tous par comparaison avec une situation hypothétique de non-coopération sociale. Si le contrat social hobbesien reposait sur la menace d'une guerre de tous

1. La critique adressée par Sandel à Rawls repose largement sur un malentendu : la description par Rawls de citoyens « mutuellement désintéressés » cherchant à maximiser leurs avantages personnels sous voile d'ignorance (*Théorie de la justice*, *op. cit.*, p. 174-176) n'avait qu'une fonction heuristique et pas pour vocation de décrire un idéal de comportement des citoyens dans la vie réelle.

2. M. Sandel, *Justice*, Paris, Albin Michel, 2016, chap. 10 ; Q. Skinner, « Sur la justice, le bien commun et la priorité de la liberté », dans Berten, A., da Silveira, P., Pourtois, H., *Libéraux et communautariens*, *op. cit.*, p. 209-226.

3. J. Elster, H. Landemore, *Collective Wisdom*, *op. cit.*, p. 395.

4. D. Miller, *On Nationality*, Oxford, Oxford University Press, 1995, p. 54.

5. Voir D. Gauthier, *Morale et contrat. Recherches sur les fondements de la morale*, Sprimont, Mardaga, 2000 ; L. Becker, « Reciprocity, Justice, and Disability », *Ethics* 116/1, 2005, p. 9-39 ; J. Heath, « On the Scope of Egalitarian Justice », *Les Ateliers de l'éthique* 1/1, 2006, p. 21-41.

contre tous dans l'état de nature, le hobbesianisme contemporain repose plutôt sur l'observation que les individus ne peuvent pas produire ou créer grand-chose par eux-mêmes et sont donc mutuellement dépendants pour parvenir à la plupart de leurs fins. Néanmoins, cette approche présuppose que les individus sont également mutuellement désintéressés, qu'ils ne se soucient du sort des autres que dans la mesure où il affecte leurs projets de vie. Dans certaines versions, proches de la théorie du choix rationnel, il s'agit d'une hypothèse à prétention descriptive [1]. Dans d'autres, il s'agit plutôt d'une hypothèse minimalement présomptueuse : même si les gens n'agissaient qu'en fonction de leur intérêt personnel et étaient en désaccord sur la plupart des sujets, ils pourraient s'entendre au moins sur des principes de justice (ou de régulation sociale) mutuellement avantageux.

Un reproche souvent adressé à cette approche de la justice est son caractère *exclusif*. Seuls les individus qui coopèrent ont droit aux fruits de la coopération, et cela en proportion de leur contribution. Or, les sociétés humaines ne sont pas des « entreprises coopératives en vue d'avantages mutuels » [2]. Elles sont toujours basées sur une forme ou l'autre de coopération sociale, mais ne s'y limitent pas. Il arrive en effet fréquemment que des personnes ne trouvent pas leur place dans cette coopération, en particulier lorsque celle-ci s'organise autour d'un marché de l'emploi dont certains sont exclus. En outre, du fait de handicaps divers, d'autres sont dans l'incapacité physique de participer à la coopération, d'apporter la contribution qui leur donnerait droit à des bénéfices plus ou moins proportionnels. Cependant, une compréhension suffisamment large de ce qu'est la coopération sociale permet d'échapper à ce problème d'exclusion. Si, contrairement à ce que fait David Gauthier, on considère le système de droits de propriété comme faisant partie intégrale de la coopération (et non, selon l'inspiration lockéenne, comme un système naturel), alors le simple fait de ne pas exproprier autrui pourrait être interprété comme une forme de coopération [3]. Ceci implique que ceux qui

1. Sur l'origine de cette hypothèse, voir C. Laval, *L'homme économique. Essai sur les racines du néolibéralisme*, Paris, Gallimard, 2007. Sur ses limitations, voir A. Sen, « Rational Fools : A critique of the Behavioral Foundations of Economic Theory », *Philosophy and Public Affairs* 6/4, 1977, p. 317-344 ; J. Elster, *Le désintéressement. Traité critique de l'homme économique I*, Paris, Seuil, 2009.

2. J. Rawls, *Théorie de la justice*. La première formulation de la *Théorie de la justice* rawlsienne balance inconfortablement entre avantage mutuel et impartialité, au risque de l'incohérence. Voir R. Nozick, *Anarchy, State and Utopia*, Oxford, Basil Blackwell, 1974, p. 242-245 ; B. Barry, *Justice as Impartiality*, *op. cit.*, p. 57.

3. J. Heath, « On the Scope of Egalitarian Justice », *op. cit.*, p. 29-30.

n'apportent pas leur contribution à la coopération sociale par le travail y contribuent cependant dans un sens plus large du fait qu'ils s'abstiennent de toute contribution négative (révolte, vols, expropriation) [1]. Il est donc dans l'intérêt stratégique, même des plus égocentrés, d'étendre largement la franchise et d'inviter le plus grand nombre à la table des négociations [2].

Quel est dès lors le problème de cette approche séduisante à bien des égards, car peu exigeante du point de vue de la faisabilité politique? Il réside essentiellement dans le fait qu'elle repose sur une structure de *négociation* plutôt que d'*argumentation*. Les principes de justice ne pouvant se référer qu'à l'intérêt bien compris des individus, ils sont similaires à ce qui résulterait d'une grande négociation entre tous les coopérateurs potentiels. Afin d'être pris en compte dans la distribution des avantages de la coopération, chacun utilise la menace de non-coopération. Or, le poids de cette menace varie avec l'utilité que chaque individu revêt aux yeux des autres. Les personnes les plus talentueuses, ou les plus productives se retrouvent ainsi dotées d'un pouvoir de négociation plus important que les moins douées ou les handicapées qui, si elles sont incluses dans la coopération, se verront forcées d'accepter un accord certes plus avantageux que l'absence de compromis, mais en leur défaveur par rapport à ce qui aurait résulté d'une négociation à égalité de pouvoir [3].

Pour illustrer cette logique, Brian Barry évoque l'exemple d'Amérindiens ayant accepté de signer des traités iniques avec les colons parce que cela les exposait à des conséquences moins graves que s'ils ne signaient pas : ces traités étaient manifestement injustes, mais mutuellement avantageux. Il ne faut cependant pas aller chercher si loin pour trouver des exemples de ce genre d'accord inique. Les relations contractuelles dans le monde du travail en sont pleines. Le demandeur d'emploi obligé d'accepter du travail (pour subvenir à ses besoins, ou parce que ses allocations de chômage sont conditionnées à la disponibilité pour l'emploi) a intérêt à trouver un accord avec l'employeur, qui a lui-

1. Si l'on voulait être pointilleux, on mentionnerait que ceci exclut néanmoins de la coopération ceux qui sont dans l'incapacité physique totale de se révolter ou de contribuer négativement, tels les paraplégiques (A. Gosseries, « Libertarisme de gauche et hobbesianisme de gauche », *Raisons politiques* 23, 2006, p. 47-67). C'est un point qui me semble effectivement affecter négativement l'approche coopérative, mais il en faut davantage pour la discréditer complètement.

2. L. Becker, « Reciprocity, Justice, and Disability », *op. cit.*, p. 15-16. Sur la question particulière de l'inclusion des personnes handicapées, Becker ajoute qu'il est d'autant plus dans l'intérêt de tous de s'en soucier que chacun peut devenir handicapé suite à une maladie ou un accident, ou voir un de ses proches l'être ou le devenir (p. 18).

3. B. Barry, *Justice as Impartiality*, *op. cit.*, p. 39-46.

même intérêt à ce que quelqu'un accepte les conditions qu'il propose. Les termes (et l'équité) du contrat dépendront donc du pouvoir de négociation de chacun, ce dernier dépendant des options alternatives qui s'offrent à chaque agent [1]. Si le demandeur d'emploi possède des compétences rares et précieuses pour l'employeur, il négociera aisément une bonne rémunération. Si ce n'est pas le cas et qu'il n'a pas d'autre possibilité satisfaisante, il se trouvera forcé, par la situation, d'accepter à peu près n'importe quelles conditions. Un contrat de travail relevant de l'exploitation peut donc être mutuellement avantageux ; cela ne suffit pas à le rendre juste. Assimiler ce qui est mutuellement avantageux à ce qui est juste – principe normatif implicite dans beaucoup de travaux économiques et de propositions politiques néo-libérales – s'avère, à l'examen, largement contre-intuitif [2] puisque cela fait reposer le juste sur un rapport naturel d'avantages (de puissance, de dotations, de force), absolument arbitraire d'un point de vue moral. Or, comme l'écrivait déjà Rawls en 1958, « à chacun selon son pouvoir de menace [*threat advantage*] peut difficilement être considéré comme le principe de l'équité » [3].

Je vois deux raisons différentes pour lesquelles quelqu'un pourrait malgré tout vouloir demeurer dans ce cadre hobbesien. La première, illégitime, est qu'il peut être dans l'intérêt de cette personne que les autres acceptent l'avantage mutuel comme principe de justice. Dans la plupart de ses variantes, le hobbesianisme est en effet moins redistributif que l'égalitarisme d'inspiration kantienne [4]. Ceux qui se trouvent avantagés par le statu quo ont donc un intérêt objectif à préférer Hobbes à Kant. Bien entendu, personne ne se reconnaîtra dans cette position, mais il n'est

1. Ce point est développé dans P.-É. Vandamme, « Exploitation et obligation de travailler », *Les Ateliers de l'éthique* 9/2, 2014.

2. Ce l'est peut-être encore davantage lorsqu'on songe au jeu de l'ultimatum. Deux joueurs (J1 et J2) peuvent se partager un certain montant d'argent. J1 peut proposer n'importe quelle distribution, mais si J2 rejette l'offre, les deux joueurs finissent les mains vides. En réalité, toutes les distributions (autres que 1-0) sont à l'avantage mutuel (y compris si un joueur n'a que 0,001), puisqu'en conformité avec l'hypothèse de rationalité économique, chacun préfère repartir avec quelque chose plutôt que rien. Considérer dès lors que toutes les distributions autres que 1-0 sont justes contredit toutes nos intuitions par rapport à la justice distributive. Les hobbesiens vont insister sur le fait que la crainte mutuelle de non-coopération va pousser chaque joueur vers une distribution relativement équitable, mais en réalité, cette distribution dépendra du montant à partager et du pouvoir de négociation (c'est-à-dire, en l'occurrence, de la situation financière) de chaque joueur.

3. J. Rawls, « Justice as Fairness », dans *Collected Papers*, Cambridge (Mass.), Harvard University Press, 1999, p. 58. Voir aussi B. Barry, *Theories of Justice. A Treatise on Social Justice*, vol. I, Londres, Harvester Wheatsheaf, 1989, p. 68-76.

4. A. Gosseries, « Libertarisme de gauche et hobbesianisme de gauche ».

pas pour autant exclu que cela joue un rôle inconscient dans l'adoption du cadre hobbesien par des professeurs d'université généreusement rémunérés.

La seconde motivation, légitime, est stratégico-politique. On peut être mû par un sens profond de la justice et par ailleurs constater que ce n'est pas le cas de tous ses concitoyens. Une théorie de la justice *efficace*, capable de mobiliser les foules – en ce compris la « Tough Crowd » [1] qui demeure insensible aux élucubrations kantiennes – doit reposer sur une présomption motivationnelle minimale. Cette présomption minimale est que chacun peut *au moins* être motivé par ce qui est dans son intérêt. Dès lors, si l'on parvient à convaincre les gens que les règles de justice auxquelles on tient sont dans leur intérêt, notre conception de la justice aura une plus grande probabilité de succès.

Le fait que l'avantage mutuel dépende du pouvoir de négociation n'inquiète pas nécessairement ces hobbesiens « altruistes ». Ils sont en effet confiants dans la distribution relativement égale du pouvoir de négociation des principes généraux de justice. En effet, arguent-ils, pratiquement tout le monde possède le pouvoir de se révolter, de prendre les armes, et cela devrait suffisamment menacer les autres membres de la société pour qu'ils prennent chaque personne en égale considération dans la distribution des avantages de la coopération. Seule une société très égalitaire et qui justifierait ses politiques de manière impartiale serait prémunie contre la menace de conflits sociaux et d'instabilité permanente. Un certain degré d'égalité et d'impartialité serait donc dans l'intérêt de tous [2].

Le problème, c'est qu'en souscrivant à une telle approche, on accepte que la distribution des bénéfices de la coopération sociale dépende de la crainte des plus avantagés d'être expropriés ou violentés. Or, c'est un fondement trop contingent. Peut-être est-il effectivement dans l'intérêt bien compris, à long terme, des plus avantagés de consentir à des redistributions plus importantes pour assurer la stabilité politique et économique qui leur permet de prospérer. Mais même sous cette hypothèse contestable, les plus avantagés pourraient simplement décider d'opter pour le risque plutôt que la stabilité. Après tout, c'est ce que font les pays riches avec les pays pauvres depuis des années. Il est clair que l'exploitation des pays pauvres par les pays riches nourrit la haine de l'Occident, qui elle-même menace la paix internationale et la prospérité des pays riches. Et pourtant, les plus avantagés ne s'en soucient pas

1. L. Becker, « Reciprocity, Justice, and Disability », *op. cit.*, p. 13-14.
2. J'emprunte cet argument à Thomas Ferretti.

trop. Ils misent sur le fait qu'en l'espace d'une vie humaine ils auront le temps de tirer plein profit de leur position de domination et qu'ils ne connaîtront jamais le retour de flamme. Les hobbesiens de gauche auront beau leur dire qu'il est dans leur intérêt d'être égalitaristes, ils pourront répondre : « ne vous inquiétez pas pour mes intérêts, ils sont bien servis en l'état ».

En outre, ce n'est qu'un certain degré de redistributions qui peut être justifié par la menace de la révolte. Pour le dire crûment, il suffit d'acheter la paix sociale pour se débarrasser de tout autre devoir redistributif, comme l'ont fait les gouvernements conservateurs qui ont consenti à l'édification de l'État social pour contrer la menace communiste [1]. Cela a apaisé les conflits sociaux et permis aux plus avantagés de poursuivre tranquillement leur enrichissement sur le dos des plus démunis – moyennant quelques concessions, comme une fiscalité plus importante. Certes, des conflits sociaux demeurent, mais le gouvernement démocratique permet de vivre en paix malgré ces conflits. À partir d'un certain niveau de revenu moyen, tout le monde gagne à régler les conflits par les urnes, car l'option d'un soulèvement armé n'est plus dans l'intérêt de l'opposition [2]. Dans ce cadre, tout ce que les plus avantagés ont à craindre, c'est de perdre le soutien apporté par la classe moyenne aux politiques qui les avantagent. Certes, ils pourraient perdre ce soutien si la classe moyenne découvrait qu'il n'est pas dans son intérêt de voter contre des politiques redistributives. Mais ils pourraient néanmoins le regagner moyennant quelques concessions supplémentaires de leur part du gâteau. Le hobbesianisme peut donc tout au plus justifier une forme de suffisantisme [3] : le strict nécessaire à la paix sociale.

En outre, si la raison ultime pour laquelle des individus doivent accepter des règles de justice n'est pas leur caractère juste en lui-même, mais le fait qu'elles sont dans leur intérêt, il sera toujours dans leur plus grand intérêt de « free rider », de s'octroyer un avantage plus grand tandis que les autres jouent selon les règles. Ce qui fait toute l'instabilité de la justice comme avantage mutuel, c'est qu'elle a la structure d'un dilemme du prisonnier : la poursuite par chacun de ce qui est dans son intérêt met en péril l'intérêt commun [4].

1. A. Przeworski, *Capitalism and Social Democracy*, *op. cit.*, chap. 1.
2. A. Przeworski, « Minimalist Conception of Democracy : A Defense ».
3. Sur les limites des conceptions suffisantistes de la justice, voir P. Casal, « Why Sufficiency Is Not Enough », *Ethics* 117/2, 2007, p. 296-326.
4. B. Barry, *Justice as Impartiality*, *op. cit.*, p. 51.

Néanmoins, pourraient insister les hobbesiens, même si la reconnaissance de la justice des règles au-delà de l'intérêt personnel assure une plus grande stabilité à long terme, l'approche par l'avantage mutuel possède une force de motivation *initiale* beaucoup plus forte. Pour que la justice comme impartialité fonctionne, il faut que les citoyens (une majorité au moins) adhèrent déjà à l'idéal d'impartialité. C'est une présupposition irréaliste, peu susceptible de succès politique. Il faut donc préférer le réalisme de l'approche hobbesienne. Toutefois, cette approche de la justice n'est pas publiquement défendable. En effet, on ne peut pas publiquement désavouer la norme sociale qui condamne l'égocentrisme [1] et insister au contraire sur la légitimité de la poursuite exclusive de son intérêt personnel. Que l'on songe en particulier à l'éducation morale dans une telle société. Va-t-on apprendre aux enfants que ce qui est juste est ce qui est dans l'intérêt de tous et qu'il est tout à fait normal et souhaitable de ne regarder qu'à ses intérêts propres ? Ce n'est certainement pas ce que les hobbesiens ont à l'esprit. Ils visent plutôt la *Tough Crowd* évoquée plus haut. Mais l'État ne peut pas non plus véhiculer deux discours contradictoires – dire par exemple que la justice, pour les enfants, c'est l'impartialité, mais pour les adultes, c'est l'avantage mutuel. Au vu de cette contradiction, l'approche hobbesienne constitue tout au plus une stratégie politique intéressante, susceptible de rallier un maximum de personnes à une cause jugée par ailleurs juste. Mais il ne s'agit certainement pas d'une conception plausible de la justice [2].

Impartialité et égalité

Une dernière clarification importante concerne la relation conceptuelle entre impartialité et égalité. Chaïm Perelman estime en effet que « [l]a notion de justice suggère à tous inévitablement l'idée d'une certaine égalité » [3]. Le lien entre ces deux concepts est l'attachement de l'idée de justice à une forme d'égalité fondamentale, d'égale valeur morale ou d'égale dignité [4]

1. Sur cette norme, voir J. Elster, « Le marché et le forum » ; « Argumenter et négocier dans deux Assemblées constituantes ».

2. D'autant qu'il est extrêmement conservateur d'assimiler ce qui est juste à ce que la majorité des gens sont prêts à accepter à l'heure actuelle. Voir G. A. Cohen, *On the Currency of Egalitarian Justice, and Other Essays in Political Philosophy*, Princeton, Princeton University Press, 2011, chap. 9.

3. C. Perelman, *Justice et raison*, Bruxelles, Éditions de l'Université de Bruxelles, 1972, p. 21.

4. S. Mendus, *Impartiality in Moral and Political Philosophy*, Oxford, Oxford University Press, 2002, p. 7-8.

des personnes. C'est en effet de la reconnaissance d'une certaine identité, d'une similarité de condition que surgit l'exigence de justice [1].

Cependant, pour traiter des individus ou groupes de manière impartiale, il faudra parfois les traiter de manière différente, inégale. Songeons à la discrimination positive, qui a pour fonction de compenser (temporairement) un désavantage existant. Elle est contraire à un traitement égal, mais justifiée par l'égale valeur morale des personnes. C'est parce que le sort de tous nous préoccupe également que nous accordons une attention prioritaire aux personnes qui souffrent d'un désavantage important. La distinction proposée par Dworkin entre traiter des personnes de manière égale et les traiter comme des égaux [2] peut ainsi être lue comme une distinction entre égalité stricte et impartialité.

Traiter des individus comme des égaux, c'est ne faire aucune distinction de personne dans notre jugement, c'est-à-dire que notre jugement serait identique si une personne prenait la place de l'autre. Cependant, l'impartialité n'est pas incompatible avec les distinctions de droit, de besoin ou de mérite. Au contraire, ce qu'elle exige – du juge, par exemple – c'est de ne juger *que* sur des critères qui sont considérés comme pertinents [3]. Elle ne demande donc pas de traiter de la même manière une personne coupable et un innocent – traitement égal –, mais de traiter les coupables de la même faute de la même manière, qui qu'ils soient. De même, appliquée à l'action publique, l'impartialité demande d'aider ceux qui sont dans le besoin davantage que les autres, mais sans considération de personne.

Dans une société qui se veut impartiale, il se peut que certaines choses doivent être distribuées de manière égale – les droits fondamentaux, le respect et les opportunités politiques, par exemple – tandis que d'autres peuvent l'être de manière inégale – les soins de santé et les récompenses économiques, par exemple [4]. De manière générale, on peut dire que

1. C. Perelman, *Justice et raison*, *op. cit.*, p. 24. Cela n'exclut pas un élargissement des exigences de justice vers des individus non humains mais néanmoins considérés comme semblables à plusieurs égards.

2. R. Dworkin, *Taking Rights Seriously*, Cambridge (Mass.), Harvard University Press, 1978, p. 370.

3. P. Stone, *The Luck of the Draw*, *op. cit.*, p. 78-79. Voir J. S. Mill (*L'utilitarisme*, Paris, Garnier-Flammarion, 1968, p. 124) pour une formulation antérieure : « En un mot, on peut dire que l'impartialité, comme devoir de justice, signifie : ne se laisser influencer que par les considérations dont on admet qu'elles doivent intervenir dans le cas particulier qui est en cause [...] ».

4. S. Goscpath, « Equality », *in* E. Zalta (dir.), *The Stanford Encyclopedia of Philosophy*, 2007 (http://plato.stanford.edu/entries/equality/).

par rapport à l'idée d'égalité, celle d'impartialité est plus *attentive aux différences*. Dans l'objectif de ne favoriser injustement personne, on doit notamment faire attention aux différences de prétentions (*claims*) [1]. Différentes personnes peuvent émettre des prétentions inégalement légitimes à un bien ou à un type de traitement. Une distribution strictement égale de ressources, par exemple, peut de ce point de vue s'avérer injuste [2]. D'ailleurs, quasiment aucun auteur (Babeuf serait l'exception) ne défend l'égalité simple et stricte des conditions matérielles d'existence [3]. On parlera plutôt de droits égaux, d'égales opportunités, d'égale satisfaction des besoins ou d'égalité de statut – à quoi l'on voit que le langage de l'égalité est prégnant –, mais tous ces idéaux de justice sont compatibles avec certaines inégalités de revenu. Ce que rejette l'impartialité, ce n'est pas nécessairement toute forme d'inégalité, mais toute forme de privilège injustifiable [4].

Si le langage de l'égalité est si prégnant aujourd'hui – et largement préféré dans le débat public à celui de l'impartialité – c'est sans doute parce que nos sociétés sont à ce point inégalitaires que les mouvements sociaux se sont historiquement rassemblés autour de demandes de *davantage* d'égalité [5] (plutôt qu'une égalité stricte des conditions matérielles d'existence). Aujourd'hui encore, il est plus que probable qu'il existe davantage d'inégalités injustes que d'égalités injustes. Les gens continuent donc de demander plus d'égalité, bien que l'égalité ne soit pas nécessairement toujours juste. C'est indéniablement un idéal politiquement porteur, soutenu par une histoire de revendications aussi diverses que l'égalité hommes-femmes, l'égalité de suffrage, ou encore l'égale participation dans l'entreprise. Pour autant, cela n'en fait pas la norme de justice la plus philosophiquement adéquate.

DÉMOCRATIE ET IMPARTIALITÉ

L'impartialité est donc un idéal de justice certes contesté, mais largement partageable. S'agit-il toutefois d'un idéal démocratique ? Aux yeux de Robert Goodin, cela ne fait pas de doute : « D'un point de vue analytique, il existe un lien clair entre les concepts de "démocratie" et de "justice". Ce lien passe par l'impartialité, que tous deux promeuvent

1. P. Stone, *The Luck of the Draw*, *op. cit.*, p. 79.
2. Voir A. Sen, *Inequality Reexamined*; R. Dworkin, *Sovereign Virtue*.
3. S. Gosepath, « Equality », *op. cit.*, p. 10-13.
4. B. Barry, *Justice as Impartiality*, *op. cit.*, p. 7-8.
5. G. A. Cohen, *On the Currency of Egalitarian Justice*, *op. cit.*, p. 121.

et manifestent » [1]. Ce point de vue est toutefois lui aussi contesté. Nadia Urbinati, par exemple, considère que l'impartialité est un idéal impolitique, impropre à fonder notre attachement à la démocratie [2]. Ce désaccord tient à mes yeux à la diversité des significations possibles de l'impartialité, et à une confusion entre deux types d'impartialité que je vais tâcher de mettre en évidence, en commençant par distinguer différentes manières dont l'idéal d'impartialité a pu être mobilisé dans l'histoire de la démocratie.

Trois conceptions de l'impartialité démocratique

Même si l'on en trouvera aisément des traces dans l'Antiquité et au Moyen Âge tardif, en particulier dans l'usage politique du tirage au sort [3], le lien entre démocratie et impartialité s'est affirmé de manière plus explicite à l'époque des Lumières et de la naissance des démocraties modernes, où apparaît en effet de manière claire le rejet du favoritisme, des privilèges, antonymes de l'impartialité. Cette ambition est notamment exprimée dans le préambule de la Constitution française de 1791 : « Il n'y a plus, pour aucune partie de la Nation, ni pour aucun individu, *aucun privilège*, ni exception au droit commun de tous les Français. » De l'autre côté de l'Atlantique, de même, on s'accordait au moins sur un point : « l'interdiction absolue des titres de noblesse » [4], marqueurs d'une hiérarchie sociale rigide.

L'ordre aristocratique contre lequel se dressèrent les révolutionnaires français (et que prétendaient rejeter les pères fondateurs états-uniens) était devenu ainsi structuré qu'il empêchait toute mobilité sociale. Il fut dès lors de plus en plus perçu comme injuste, précisément parce qu'il privilégiait à la naissance une classe déterminée de citoyens, privant les bourgeois de toute possibilité d'accès aux plus grands avantages sociaux et économiques [5]. Plutôt que l'égalité stricte des conditions matérielles d'existence, qui n'était pas à l'ordre du jour, c'est l'abolition des

1. R. Goodin, « Democracy, Justice and Impartiality », *in* K. Dowding, R. Goodin, C. Pateman, *Justice and Democracy*, *op. cit.*, 2004, p. 97.

2. N. Urbinati, *Democracy Disfigured*, *op. cit.*, chap. 2.

3. H. Keller, « Formes électorales et conception de la communauté dans les communes italiennes (XIIe-XIVe siècle) », *Revue française de science politique* 64/6, 2014, p. 1105 ; P. Rosanvallon, *La légitimité démocratique. Impartialité, réflexivité, proximité*, Paris, Seuil, 2010, p. 158.

4. J. Madison (*Federalist Papers* # 39), cité dans A. Przeworski, *Democracy and the Limits of Self-Government*, *op. cit.*, p. 69.

5. A. Przeworski, *Democracy and the Limits of Self-Government*, *op. cit.*, p. 68, renvoyant aux travaux de Robert Palmer.

privilèges, du favoritisme d'État que visaient les révolutionnaires. Et de la révolte contre l'aristocratie en particulier, le combat s'élargit petit à petit pour dénoncer toute forme de distinction entre les citoyens qui leur conférerait des statuts distincts [1].

On retrouve une telle visée d'impartialité dans de nombreuses constitutions et déclarations de droits contemporaines. Un bon exemple est la Loi fondamentale allemande de 1949. L'article 3 (3) formule le principe d'égalité devant la loi comme suit : « Nul ne doit être défavorisé ni privilégié [*benachteiligt oder bevorzugt*] en raison de son sexe, de son ascendance, de sa race, de sa langue, de sa patrie et de son origine, de sa croyance, de ses opinions religieuses ou politiques. » L'égalité devant la loi implique logiquement l'interdiction de la discrimination, comme le souligne également le Pacte international relatif aux droits civils et politiques en son article 26 : « Toutes les personnes sont égales devant la loi et ont droit sans discrimination à une égale protection de la loi. À cet égard, la loi doit interdire toute discrimination et garantit à toutes les personnes une protection égale et efficace contre toute discrimination, notamment de race, de couleur, de sexe, de langue, de religion, d'opinion politique et de toute autre opinion, d'origine nationale ou sociale, de fortune, de naissance ou de toute autre situation. »

Le premier lien qu'on peut établir entre démocratie et impartialité concerne donc l'impartialité dans le sens d'une *absence de privilèges, de faveurs et de discriminations arbitraires*, les déclarations de droits mentionnant une série de critères comptant comme « arbitraires ». Comme le reconnaît Urbinati (pourtant relativement hostile à cette notion), l'idéal d'impartialité est « intrinsèquement lié au processus de transformation démocratique de la société, qui poursuit un idéal de justice comme élimination des privilèges au nom de l'égale considération de tous » [2].

Dans le contexte de la convention constitutionnelle états-unienne, l'ambition d'impartialité est plus explicite [3], mais revêt une forme très différente. Parmi les deux arguments qui justifiaient aux yeux de Madison la préférence pour un gouvernement représentatif par rapport à une démocratie plus directe à la manière athénienne, il y avait certes celui

1. A. Przeworski, *Democracy and the Limits of Self-Government*, *op. cit.*, p. 70.

2. N. Urbinati, *Democracy Disfigured*, *op. cit.*, p. 89.

3. Dans le contexte français, le terme lui-même est absent en raison du fait qu'il connote une certaine division sociale alors que l'accent est mis sur l'unité du peuple français. C'est le langage de l'unanimité qui domine. Voir P. Rosanvallon, *La légitimité démocratique*, *op. cit.*, p. 134. L'impartialité peut être vue comme le substitut de l'unanimité pour un groupe qui se reconnaît comme divisé.

de la taille du pays et du nombre de citoyens, mais également l'idée que la représentation allait permettre « d'épurer et d'élargir l'esprit public en le faisant passer par l'intermédiaire d'un corps choisi de citoyens dont la sagesse est le mieux à même de discerner le véritable intérêt du pays et dont le patriotisme et l'amour de la justice seront les moins susceptibles de sacrifier cet intérêt à des considérations éphémères et *partiales* » [1]. Sieyès, de même, jugeait les personnes plus éduquées (et donc plus susceptibles d'être élues) « bien plus capables de connaître l'intérêt général » [2]. L'élection, de ce point de vue également partagé par Edmund Burke, a donc pour but de faire émerger les hommes les plus vertueux et les plus susceptibles d'identifier avec impartialité le bien ou l'intérêt commun de la nation [3].

L'impartialité est donc ici conçue comme *vertu individuelle des représentants*. C'est certes en vue d'éviter les privilèges et faveurs qu'on vise à amener au pouvoir les dirigeants les plus susceptibles de jugements impartiaux, mais nous verrons qu'il y a un écart important et une certaine tension entre l'ambition d'impartialité comme *produit d'un système politique* et celle de l'impartialité comme *vertu individuelle*, la position de Madison oscillant de manière ambiguë entre ces deux options [4].

La crainte d'un détournement du pouvoir à des fins privées ou partiales nourrissait également, dans toutes les premières démocraties modernes, le rejet fréquent des partis politiques (alors appelés « factions »). On craignait que ceux-ci ne défendent que des intérêts particuliers et partiaux au détriment de l'intérêt public et impartial. Ils étaient même considérés par les pères fondateurs, en France comme en Angleterre et aux États-Unis, comme « une menace pour le système qu'ils voulaient établir » [5]. Comme il n'était toutefois pas possible d'interdire éternellement la formation de partis politiques, fruits spontanés de la liberté d'opinion

1. J. Madison (*Federalist Papers* # 10), cité dans B. Manin, *Principes du gouvernement représentatif*, *op. cit.*, p. 13. C'est moi qui souligne.

2. Sieyès, cité dans I. Papadopoulos, *Démocratie directe*, Paris, Economica, 1998, p. 102.

3. P. Rosanvallon, *La légitimité démocratique*, *op. cit.*, p. 94.

4. À la fois, il juge nécessaire de promouvoir le pluralisme et les contre-pouvoirs pour modérer les ardeurs de la majorité et l'ambition des représentants – impartialité systémique qui rend la vertu individuelle facultative (C. Offe, *Les démocraties modernes à l'épreuve*, Paris, L'Harmattan, 1997, p. 206) – et en même temps il défend le gouvernement représentatif au nom d'une capacité d'impartialité des élus, mieux à même de défendre le bien public que le peuple lui-même.

5. B. Manin, *Principes du gouvernement représentatif*, *op. cit.*, p. 248. Voir également N. Rosenblum, *On the Side of the Angels : An Appreciation of Parties and Partisanship*, Princeton, Princeton University Press, 2008.

et d'association, diverses solutions furent envisagées afin de contenir la partialité politique. Le pluralisme était l'autre solution de Madison face à la partialité : multiplier les factions (grâce à un électorat large et diversifié) de sorte qu'elles se neutralisent et qu'aucune ne soit suffisamment grande pour s'imposer et gouverner seule. Et cela dans un cadre institutionnel qui, multipliant les freins et contrepoids (fédéralisme, bicamérisme, séparation des pouvoirs), évite que l'ambition d'une seule personne ou d'un petit groupe puisse l'amener à dominer les autres [1]. Dans d'autres pays, on préféra placer les factions sous l'arbitrage d'un roi ou d'un empereur, supposés plus impartiaux. Et quand cette solution perdit de sa légitimité, on confia ce rôle aux cours constitutionnelles [2].

C'est la même crainte de la partialité qui justifia ensuite la création d'une administration publique, puis d'agences de régulation indépendantes avec l'ambition de soustraire partiellement la régulation étatique à la partialité politique ainsi qu'aux contraintes de la règle de majorité [3]. Bien que l'ambition d'impartialité *habite* le projet démocratique, elle ne le *justifie* donc pas nécessairement. Robert Dahl distingue ainsi deux approches rivales, l'une consistant à limiter la démocratie – jugée irrémédiablement majoritariste et donc partiale – au nom de l'impartialité, et celle consistant à approfondir la démocratie – comme instrument de contrôle du pouvoir – en vue de l'impartialité [4]. Si la seconde approche peut être historiquement associée à des figures comme Bentham et J.-S. Mill, la première, plus influencée par Madison, est aujourd'hui réappropriée par certains courants technocratiques.

C'est en effet notamment la promesse de gains d'impartialité (ainsi que de rationalité instrumentale) qui nourrit la vision technocratique du politique en vogue à l'heure actuelle. Contre une conception strictement « majoritariste » de la démocratie, focalisée sur la redevabilité électorale, l'approche « régulatrice » [5], par exemple, cherche à limiter et diffuser le pouvoir à travers différentes institutions, dont certaines sont indépendantes, à l'instar des banques centrales, tribunaux d'arbitrage, ou encore la Commission européenne. Giandomenico Majone conclut de la prolifération de ces institutions dans les démocraties contemporaines que

1. Voir R. Dahl, *A Preface to Democratic Theory* (expanded edition), Chicago, The University of Chicago Press, 2006, chap. 1.

2. P. Pasquino, *Sieyes et l'invention de la Constitution en France*, cité dans A. Przeworski, *Democracy and the Limits of Self-Government*, *op. cit.*, p. 24.

3. P. Rosanvallon, *La légitimité démocratique*.

4. R. Dahl, *Democracy and its Critics*, *op. cit.*, p. 174.

5. G. Majone, « Regulatory Legitimacy », in *Regulating Europe*, Londres, Routledge, 1996, p. 285.

des qualités telles que l'expertise, la cohérence des politiques, l'équité ou l'indépendance de jugement (qui semble à ses yeux garantir l'équité) sont souvent considérées comme plus importantes que la redevabilité démocratique [1]. C'est ne proposer de ces institutions qu'une lecture partielle et quelque peu angélique, qui passe à côté des enjeux de pouvoir liés à la prétendue indépendance politique. J'y reviens plus loin.

Ce troisième lien historique renvoie donc à une idée d'impartialité comme *indépendance* et comme *absence de parti pris*. Elle ne peut être comprise qu'en référence à un idéal, très prégnant à l'époque et encore très influant aujourd'hui, de poursuite de l'intérêt général ou public. C'est parce que chacun est supposé agir, en démocratie, dans l'intérêt général, que l'idée de factions défendant des intérêts particuliers apparaît si suspecte.

Il faut donc distinguer d'une part l'impartialité comme *absence de privilèges* (impartialité *morale*) et d'autre part l'impartialité comme *absence de parti pris* (impartialité *politique*). Entre les deux se joue une autre distinction, entre l'impartialité comme *propriété d'un ordre social* et comme *vertu individuelle*. Encore une fois, ce qui m'intéresse dans cet ouvrage est la première forme d'impartialité, et il me semble important d'insister sur le fait qu'elle n'implique pas nécessairement la seconde.

Impartial et partisan ?

Beaucoup opposent les termes « impartial » et « partisan » et, considérant la politique comme irrémédiablement partisane, rejettent tout idéal d'impartialité dans ce domaine [2]. Or, opposer impartial et partisan revient, à la manière de Madison, à confondre deux sens distincts de ce que les Québécois appellent la partisanerie (*partisanship* en anglais). Et cette erreur est commise aussi bien par des adversaires de l'impartialité que par certains de ses défenseurs [3].

Être partisan, dans le sens le plus général du terme, signifie *prendre parti pour quelqu'un, un groupe, une idée ou une théorie*. Dans un sens plus précis, être partisan peut signifier à la fois 1) *défendre les intérêts*

1. *Ibid.*, p. 286.

2. Voir notamment C. Mouffe, *The Democratic Paradox* ; N. Urbinati, *Democracy Disfigured*, *op. cit.*, chap. 2 ; I. Shapiro, « Against Impartiality », *The Journal of Politics* 78/2, 2016, p. 467-480.

3. Voir N. Urbinati, *Democracy Disfigured*, *op. cit.*, p. 7 et 45, mais aussi ceux qu'elle prend pour cible : Philip Pettit (« Depoliticizing Democracy », *in* S. Besson, J. L. Martí, *Deliberative Democracy and its Discontents*, *op. cit.*, p. 93-105) et Pierre Rosanvallon, bien que ce dernier (*La légitimité démocratique*, *op. cit.*, p. 167-171) reconnaisse également un sens *actif* de l'impartialité comme lutte contre les discriminations et autres désavantages.

particuliers d'un groupe au détriment des autres et 2) *faire preuve d'engagement envers une conception normative de la société* (une conception de la justice sociale, par exemple). Selon cette distinction [1], un parti politique est certainement partisan dans le second sens, mais pas nécessairement dans le premier (l'hypocrisie et la logique électorale poussent d'ailleurs la plupart des partis à prétendre défendre les intérêts de l'ensemble des citoyens). Le principe d'impartialité morale, quant à lui, s'opposera généralement au premier sens – à moins que les intérêts particuliers défendus soient généralisables – mais pas au second. Au contraire, l'idéal d'impartialité comme visée de justice impliquerait plutôt de *prendre parti* en faveur des désavantagés et contre les privilèges. À moins de défendre une absurde impartialité par rapport au statu quo (qui n'a lui-même rien d'impartial), la visée d'impartialité requiert un certain engagement partisan. De ce fait, un parti politique peut très bien faire preuve d'impartialité.

La méfiance historique par rapport aux partis, toujours prégnante aujourd'hui, me paraît donc mal placée. Les partis peuvent en effet être vus, à quelques exceptions près, comme articulant et défendant des interprétations concurrentes des exigences de l'impartialité morale [2], ce qui est largement préférable pour le débat public à des représentants individuels, à un parti unique prétendant incarner l'intérêt national, ou encore à une masse anonyme exprimant ses préférences diverses et pas toujours articulées par référendum (démocratie directe pure). L'organisation du conflit social fondamental en une compétition entre partis politiques « transmue les conflits sociaux entre intérêts en des conflits politiques sur le juste » [3], même si chaque camp accusera volontiers son adversaire de ne défendre en réalité que des intérêts particuliers [4].

C'est donc une erreur de considérer, à l'instar d'Urbinati, l'impartialité comme un idéal *non politique* [5]. En réalité, viser l'impartialité morale me semble impliquer l'impossibilité d'être impartial d'un point de vue politique. Ce qui, en revanche, est bel et bien hostile à la politique, si l'on

1. Jonathan White et Lea Ypi (*The Meaning of Partisanship*, Oxford, Oxford University Press, 2016) proposent de distinguer, dans le même ordre d'idées, le *factionnalisme*, qui consiste en la défense d'intérêts particuliers, de la *partisanerie*, qu'ils identifient comme la défense d'une interprétation particulière du bien commun.

2. C. Nino, *The Constitution of Deliberative Democracy*, *op. cit.*, p. 133 ; N. Urbinati, *Representative Democracy : Principles and Genealogy*, Chicago, The University of Chicago Press, 2006, p. 35-39.

3. H. Pourtois, « Démocratie délibérative et démocratie électorale », dans L. Blondiaux, B. Manin (dir.), *Le tournant délibératif*, Paris, Presses de Sciences Po, à paraître.

4. Voir N. Rosenblum, *On the Side of the Angels*, *op. cit.*, p. 358.

5. N. Urbinati, « Unpolitical Democracy », *Political Theory* 38/1, 2010, p. 65-92.

accepte de reconnaître le conflit comme essentiel à la politique, c'est la conviction d'*être* impartial (à distinguer de la *visée* d'impartialité). Un individu qui croit ses jugements impartiaux n'a aucune raison d'accepter le jugement du plus grand nombre s'il diffère du sien. De même, un parti qui se croirait impartial pourrait être tenté d'ignorer l'opposition, voire de s'en débarrasser. Encore une fois, la conscience de la faillibilité du jugement individuel et collectif est essentielle à la démocratie, au respect du pluralisme et donc à la logique politique.

Une objection différente consiste à affirmer que si l'impartialité morale n'est peut-être pas par définition hostile à la prise de parti politique, elle demeure un idéal largement utopique dans une arène politique dominée par la lutte des intérêts particuliers. De ce point de vue, la politique serait irrémédiablement partisane au premier sens du terme, et l'impartialité illusoire. (Tout au plus peut-on espérer une « partialité alternante » [1] grâce à l'alternance que favorisent des élections compétitives.) Pourtant, nous l'avons vu, la sociologie et la psychologie politiques indiquent que la politique n'est aucunement réductible à la défense d'intérêts particuliers. Si les jugements des électeurs ont de bonnes chances d'être biaisés par leurs intérêts et leur position sociale, en particulier sur les questions distributives, ils manifestent à tout le moins une certaine volonté d'impartialité, ou du moins (dans leur esprit) une poursuite du bien commun ou de l'intérêt public [2].

La théorie du choix rationnel est peut-être plus pertinente pour décrire les actions des gouvernants que celles des citoyens. Néanmoins, les débats publics demeurent dominés par les normes et les références à des principes tels que l'impartialité ou le bien public. Comme l'a analysé Elster, il existe une norme sociale largement acceptée qui condamne l'agir strictement intéressé en public [3]. De ce fait, les représentants du peuple sont incités à feindre, de manière souvent hypocrite, l'impartialité. Le résultat, ce n'est peut-être pas que les représentants finissent par adopter les normes qu'ils feignent de défendre [4]. Mais une fois qu'ils acceptent d'abandonner les justifications intéressées pour des justifications impartiales, les acteurs

1. P. Pasquino, « La minorité décisive. Le paradoxe de la démocratie majoritaire », *La Vie des idées*, 2 décembre 2011 (http://www.laviedesidees.fr/Le-peuple-en-democratie.html).

2. D. Kinder, R. Kiewiet, « Sociotropic Politics » ; M. Elchardus, « Classical Republicanism and the Contemporary Voter ».

3. J. Elster, « Argumenter et négocier dans deux Assemblées constituantes ».

4. J. Elster (*ibid.*) suggérait que la dissonance cognitive créée par l'hypocrisie dans l'esprit de l'agent pouvait le pousser à finir par être convaincu de ce qu'il affirmait en public (des normes impartiales) plutôt que d'admettre son égoïsme. Dans un ouvrage plus récent (J. Elster, *Securities against Misrule*, *op. cit.*, p. 92-93), il juge cette hypothèse trop optimiste, car une personne peut demeurer hypocrite pendant très longtemps.

politiques se trouvent pris dans l'engrenage de l'argumentation publique et peuvent être défaits sur ce plan, par des contre-arguments impartiaux, alors que leur position aurait peut-être été beaucoup plus malaisée à attaquer s'ils en étaient restés au niveau des justifications intéressées. Si Ronald Reagan convainc une majorité que l'abolition de telle taxe est dans son intérêt (et que c'est effectivement le cas), il sera difficile d'empêcher la réforme. Mais s'il se risque, poussé par l'hypocrisie, à affirmer que l'abolition de cette taxe bénéficiera également aux plus démunis et est de ce fait juste, il s'expose à des réfutations empiriques susceptibles de saper la légitimité morale de son projet de réforme.

Autrement dit, si les intérêts privés jouent un rôle fondamental en politique, cette dernière ne s'y limite pas. Les normes morales ont également leur rôle à jouer.

Impartialité et indépendance

Une dernière source de méfiance par rapport à l'idéal d'impartialité dans le domaine politique vient de l'observation que ceux qui valorisent l'impartialité sont souvent attirés par les institutions « indépendantes » telles que les cours constitutionnelles, les banques centrales et autres agences de régulation ou commissions indépendantes – institutions « impolitiques » dans les termes d'Urbinati [1]. Cette dernière prend pour exemple Pierre Rosanvallon, dont le travail est toutefois plus descriptif que normatif. Il diagnostique simplement l'émergence d'une nouvelle forme de légitimité – une légitimité d'impartialité liée à l'indépendance politique et qui jouit d'une importante popularité (au contraire des partis politiques) [2]. Philip Pettit, également visé par Urbinati, est sans doute un meilleur exemple de cette tentation, lui qui recommande explicitement de « dépolitiser » la démocratie, c'est-à-dire de réduire le pouvoir de décision des représentants élus pour privilégier la prise de décision par des organes plus délibératifs [3]. Pettit est en effet convaincu qu'il est « possible pour certains organismes d'être impartiaux sur des sujets sur

1. Outre Urbinati (*Democracy Disfigured*, *op. cit.*, chap. 2), voir I. M. Young, *Justice and the Politics of Difference*, Princeton, Princeton University Press, 1990, p. 112-116 et I. Shapiro, « Against Impartiality ». Ne sont par contre pratiquement jamais jugées négativement les institutions indépendantes nécessaires à l'évaluation des politiques publiques que sont les médias, les bureaux de statistiques ou encore les organismes publics autonomes chargés de missions précises comme la lutte contre la discrimination ou le respect des droits humains (J. M. Maravall, *Demands on Democracy*, *op. cit.*, p. 21).

2. P. Rosanvallon, *La légitimité démocratique*, *op. cit.*, chap. 4-6.

3. P. Pettit, « Depoliticizing Democracy ».

lesquels la population est divisée » [1]. Pour appuyer cette hypothèse, il se réfère aux jurys citoyens [2], dont on vante souvent les qualités délibératives et la capacité d'impartialité. Cette analogie est cependant malheureuse, l'autogouvernement démocratique ne permettant par définition pas cette position d'extériorité qui fait la force des juges et des jurys. L'impartialité doit donc être conquise de l'intérieur.

Ce qui motive les propositions comme celles de Pettit, c'est la conviction qu'on peut davantage se fier à des personnes qui n'ont pas de comptes à rendre à leur chef de parti ni à leur clientèle électorale. C'est perdre de vue le rôle que la redevabilité électorale peut jouer dans la lutte contre la partialité. Quelqu'un qui n'a de comptes à rendre à personne est certes plus indépendant, ce qui peut être favorable à un jugement impartial, mais également plus *corruptible* et plus susceptible de *biais*.

Concernant la corruption, on aurait tort de considérer que les institutions réputées « indépendantes » représentent un avantage certain par rapport aux institutions élues. Certes, elles sont débarrassées de la nécessité de financer une campagne électorale et son implication clientéliste : rendre des faveurs à ceux qui l'ont financée. Mais leurs membres restent évidemment vulnérables à la corruption pendant leur mandat. Qui plus est, il peut être plus aisé d'influencer par l'argent une prise de décision dans un organe indépendant au processus de décision quelque peu opaque pour le grand public – songeons par exemple à la Commission européenne – que dans une assemblée élue où la discipline de parti et la redevabilité publique laissent beaucoup moins de marge de manœuvre aux acteurs. En outre, il ressort de la littérature sur l'influence politique des groupes d'intérêts que les grandes entreprises ont plus de chances de succès dans leur lobbyisme sur des sujets peu politisés et peu conflictuels [3]. De ce point de vue, dépolitiser la prise de décision démocratique, c'est la rendre plus vulnérable aux intérêts puissants.

Concernant le risque de biais, à nouveau, il n'est pas certain qu'une commission d'experts indépendants soit plus désirable qu'une assemblée élue. Aucune science n'est exempte d'idéologie ni de conflits. Non seulement il se peut que le choix des experts sollicités engendre un premier biais, car ce choix sera difficilement neutre. Mais il existe en outre, nous

1. P. Pettit, « Democracy : Electoral and Contestatory », *in* I. Shapiro, S. Macedo (dir.), *Nomos XLII : Designing Democratic Institutions*, New York, New York University Press, 2000, p. 120.

2. P. Pettit, « Republican Freedom and Contestatory Democratization », *op. cit.*, p. 181.

3. A. Dür, P. Bernhagen, D. Marshall, « Interest Group Success in the European Union : When (and Why) Does Business Lose ? », *Comparative Political Studies* 48/8, 2015, p. 951-983.

l'avons vu, des indications empiriques du fait que des groupes d'experts tendent à être habités par un certain nombre de biais liés à l'homogénéité de leurs perspectives et expériences [1].

Ce risque de biais pourrait être diminué par l'usage du tirage au sort dans la nomination des membres de ces institutions indépendantes. Comme le suggère John McCormick, les jurys que Pettit prend pour exemple sont précisément composés de ces citoyens ordinaires auxquels il n'accorde pourtant pas une grande confiance et aux jugements desquels il préfère des institutions plus élitistes [2]. En réalité, une commission indépendante tirée au sort parmi la population serait plus proche du modèle du jury qu'une commission d'experts. Il y aurait sans doute un gain d'impartialité, mais aussi un coût en termes d'expertise. Je reviendrai sur cette question dans le dernier chapitre [3]. Pour le moment, je voudrais seulement souligner que du point de vue de l'*impartialité*, il y aurait lieu de préférer aux commissions d'experts des assemblées citoyennes tirées au sort telles que celles qui ont délibéré sur des réformes électorales en Colombie-Britannique (2004), en Ontario (2006) et aux Pays-Bas (2006) [4], ou encore sur des réformes constitutionnelles, comme en Islande (2011, 2015) ou en Irlande (2012-2014) [5]. Si elles ne sont pas immunisées contre la corruption et les biais de sélection, elles peuvent offrir de meilleures perspectives d'impartialité – en particulier sur des sujets comme les réformes électorales ou le financement des partis, où il est illusoire d'espérer une certaine impartialité de la part des partis.

Ces expériences mobilisant le tirage au sort restent néanmoins marginales pour le moment, et la tendance est plutôt à la délégation de pouvoir à des institutions *technocratiques*, c'est-à-dire gouvernées par des personnes choisies (mais non élues) pour leur expertise et leur indépendance politique présumée. Or, comme je l'ai souligné dans le premier chapitre [6], rien ne permet de penser avec confiance que de telles instances indépendantes puissent échapper 1) aux biais et tentations d'abus qui ont rendu indésirables aux yeux de nos aïeux aristocratie

1. S. Page, *The Difference*; H. Landemore, *Democratic Reason*.

2. J. McCormick, *Machiavellian Democracy*, Cambridge, Cambridge University Press, 2011, p. 159.

3. Voir *infra* p. 148-172.

4. Voir P. Fournier, H. van der Kolk, R. Carty, A. Blais, J. Rose, *When Citizens Decide : Lessons from Citizen Assemblies on Electoral Reform*, Oxford, Oxford University Press, 2011.

5. Voir M. Reuchamps, J. Suiter (dir.), *Constitutional Deliberative Democracy in Europe*, Colchester, ECPR Press, 2016.

6. Voir *supra* p. 75-81.

et despotisme, et 2) aux conflits d'intérêts et de visions du monde qui rendent la sphère politique suspecte aux yeux des défenseurs des autorités indépendantes. Comme le reconnaît Rosanvallon, « l'indépendance ne suffit pas à réaliser l'impartialité » [1].

En conclusion, il n'y a donc pas de lien nécessaire entre l'ambition d'impartialité et la promotion d'institutions indépendantes ou la méfiance envers les partis politiques. Par ailleurs, toutes les institutions indépendantes n'offrent pas le même potentiel d'impartialité. Ce qui influence le plus ce dernier, ce sont les *enjeux* des décisions à prendre, d'une part, et le *mode de désignation* des membres, d'autre part. Plus on augmente le pouvoir d'une institution indépendante, plus on met en péril son indépendance et la qualité de ses délibérations internes, plus susceptibles de tourner à la négociation et au rapport de force que si le rôle de l'institution est purement consultatif [2]. Et plus on donne aux acteurs politiques le pouvoir d'influencer les nominations, plus l'indépendance est menacée (que l'on songe à la Cour suprême états-unienne comme exemple paradigmatique de politisation d'un organe supposément indépendant).

Ces remarques impliquent qu'on ne peut pas condamner unilatéralement les institutions indépendantes [3], mais qu'elles ne constituent certainement pas non plus la panacée. Il n'existe aucun lien de nécessité, en politique, entre indépendance et impartialité. Il convient dès lors d'examiner avec suspicion leurs prétentions à l'impartialité et de réfléchir aux types de missions et modes de désignation qui offriraient réellement à des institutions indépendantes des perspectives d'impartialité supérieures à la compétition démocratique traditionnelle.

UNE POURSUITE RÉALISTE DE L'IMPARTIALITÉ

Comment, dès lors, promouvoir l'impartialité si ce n'est par le biais d'institutions indépendantes ? Une alternative consisterait à essayer de combler l'écart entre le monde réel, caractérisé par une série de distorsions communicationnelles et un déséquilibre des pouvoirs, et un monde idéal dans lequel les citoyens délibéreraient sur un pied d'égalité et manifesteraient un désir d'agir selon des normes que nul ne pourrait

1. P. Rosanvallon, *La légitimité démocratique*, *op. cit.*, p. 151.

2. I. Shapiro, *Politics against Domination*, *op. cit.*, p. 75.

3. Outre les assemblées tirées au sort, des institutions qui ont un rôle consultatif et délibératif plus expert, comme des Commissions des Droits humains, ou certains *Ombudsmen*, comme le Commissaire aux Droits de l'homme du Conseil de l'Europe, peuvent jouer un rôle délibératif intéressant. Si leur impartialité n'est pas garantie, elle est favorisée par leur caractère purement consultatif.

raisonnablement rejeter. C'est la voie empruntée par des auteurs comme Jürgen Habermas, Joshua Cohen et Brian Barry [1]. Penchons-nous un instant sur l'approche de Brian Barry, puisque c'est celle qui a été théorisée de la manière la plus explicite – et en référence explicite à l'impartialité. Les critiques qu'on peut lui adresser s'appliquent de manière plus large aux autres approches mentionnées.

Approcher l'idéal délibératif?

Pour penser la justice comme impartialité et la manière de poursuivre un tel idéal dans le monde réel, Barry part de l'idée, inspirée par Thomas Scanlon, d'une situation contrefactuelle dans laquelle toutes les personnes affectées par une décision à prendre délibèrent en défendant leurs propres fins, mais sont également désireuses de parvenir à un accord que « nul ne pourrait raisonnablement rejeter » (chacune possédant un droit de veto) [2]. Ce qui confère leur caractère juste aux décisions qui pourraient être prises dans une telle situation (ou ce qui fonde la présomption de justice à leur égard), c'est d'une part le fait que les intérêts, convictions et aspirations de chacun doivent être pris en compte; et d'autre part, c'est l'absence d'influence du rapport de force sur la décision, étant donné l'absence de contraintes temporelles, le désir authentique d'entente et le droit de veto individuel.

Cette expérience de pensée s'inspire de la position originelle rawlsienne, dans laquelle les agents sont placés derrière un voile d'ignorance et doivent sélectionner des principes de justice sans savoir quelle position sociale ils occuperont ensuite, ni quelle conception du bien les animera [3]. Par rapport à la position originelle rawlsienne, celle de Scanlon possède au moins deux avantages. D'abord, elle rend mieux compte de ce qui nous motive moralement, à savoir le désir de pouvoir justifier nos actions et choix institutionnels devant les autres [4]. Ensuite, elle ressemble davantage que le voile d'ignorance à un idéal délibératif qu'on pourrait chercher à mettre en place dans la réalité. C'est ce qui permet à Barry de caractériser comme suit la relation entre justice et démocratie : plus les

1. J. Cohen, « Deliberation and Democratic Legitimacy », *in* J. Bohman, W. Rehg (dir.), *Deliberative Democracy : Essays on Reason and Politics*, Cambridge (Mass.), MIT Press, 1997, p. 86; J. Habermas, *Droit et démocratie*; B. Barry, *Justice as Impartiality*, *op. cit.*

2. T. M. Scanlon, « Utilitarianism and Contractualism », dans *The Difficulty of Tolerance : Essays in Political Philosophy*, Cambridge, Cambridge University Press, 2003, p. 124-150; B. Barry, *Justice as Impartiality*.

3. J. Rawls, *Théorie de la justice*, *op. cit.*, p. 151 *sq*.

4. T. M. Scanlon, « *Utilitarianism and Contractualism* », *op. cit.*, p. 126 et 138.

institutions démocratiques s'apparenteront aux circonstances qui génèrent l'impartialité dans le modèle scanlonien (représentation de toutes les personnes affectées ; désir authentique d'entente ; délibérations ; équilibre du pouvoir), plus les décisions démocratiques tendront à être justes [1].

Pour augmenter les chances de législations justes, selon Barry, il faut donc tâcher de structurer les procédures démocratiques d'une manière telle qu'elles reflètent le plus possible ces « circonstances de l'impartialité ». Il convient en premier lieu que les minorités soient considérées à l'égal de la majorité, afin que leur voix puisse être entendue, d'une part, et que leurs arguments possèdent la même force de validité que ceux des autres, d'autre part. Cette ambition peut être poursuivie, en ce qui concerne les minorités ethniques, culturelles ou linguistiques, par des protections constitutionnelles, des quotas de représentation ou un partage du pouvoir (dans des sociétés très divisées, par exemple). Dans le cas des minorités socio-économiques – les plus précaires –, cependant, c'est le rôle de l'argent dans les procédures politiques qui doit être minimisé, au moyen d'un financement public équitable des partis, de limites sur les dépenses électorales et de subsides pour le maintien de la diversité dans la presse [2]. Ensuite, les délibérations rationnelles doivent être privilégiées autant que possible à la simple agrégation de préférences prédiscursives. La présomption de justice sera derrière des lois qui auront été adoptées après un processus de justifications publiques ouvertes à la contradiction. Enfin, la qualité de l'information dont disposent les citoyens est également essentielle. Pour suppléer aux échanges face-à-face qui sont déterminants dans la position originelle scanlonienne, mais nécessairement limités dans une démocratie de masse, il faut que les citoyens soient en mesure d'anticiper les implications potentielles, sur eux-mêmes et sur les autres, des différentes politiques défendues par les partis existants [3].

À la différence de l'idéal scanlonien, cependant – et cette différence n'a rien de négligeable –, il semble inconcevable d'octroyer, dans le monde politique réel, un droit de veto individuel sans introduire un biais indésirable en faveur du statu quo. Dans des sociétés profondément inégalitaires comme les nôtres, le droit de veto risquerait de tourner au désavantage des plus démunis en postposant toute réforme dans l'attente

1. B. Barry, *Theories of Justice*, *op. cit.*, p. 347-348 ; *Justice as Impartiality*, *op. cit.*, p. 99-111. Ce raisonnement s'apparente clairement aux démarches d'Habermas et Cohen, comme le souligne d'ailleurs lui-même J. Cohen (« Reflections on Habermas on Democracy », *Ratio Juris*, 12/4, 1999, p. 403-405).

2. B. Barry, *Justice as Impartiality*, *op. cit.*, p. 108.

3. *Ibid.*

d'un accord unanime et en donnant aux plus favorisés par le statu quo le pouvoir de bloquer tout projet de réforme qui serait à leur désavantage [1]. Il n'y a donc pas d'autre choix que de s'en remettre (après délibérations) à la règle de majorité.

Ce dernier point illustre la difficulté majeure à laquelle font face les approches de Barry, Cohen et Habermas, qui partent d'une situation idéale de communication (ou de décision) et visent une approximation de cette dernière dans le réel. C'est le problème du *second best* [2] : une situation A' dans laquelle manquent certaines conditions de l'optimum A visé n'est pas forcément supérieure aux alternatives B et C auxquelles est pourtant supérieur l'optimum A, ni d'ailleurs aux situations A'' ou A''' dans lesquelles manquent plus de conditions (mais pas les mêmes) que dans A'. Admettons par exemple que l'optimum A soit la position originelle scanlonienne, et que cette option soit reconnue comme supérieure à B (l'agrégation des préférences prédiscursives). A', à savoir A avec concentration du pouvoir de négociation dans les mains de quelques-uns, peut s'avérer pire que B. De même, A'', à savoir A avec limitations temporelles *et* absence de droit de veto peut néanmoins être préférable à A', alors même qu'A' est plus proche de A au nombre des conditions satisfaites.

Dans la réalité, un droit de veto est inconcevable, le temps dévolu aux discussions est limité, de même que le désir d'entente des citoyens. Et il se peut que tout cela affecte le projet délibératif au plus haut point. C'est sur cette base que se construit l'approche alternative proposée par Estlund. Ce dernier s'accorde avec les tenants de la démocratie délibérative sur la valeur épistémique d'une discussion inclusive regroupant de multiples personnes, points de vue et raisons. Toutefois, il refuse de faire d'une situation idéale de discussion un modèle que devraient chercher à imiter ou reproduire en miroir les procédures démocratiques. L'idéal délibératif n'est tout simplement pas adapté, juge-t-il, à des conditions sociales et politiques non utopiques. Étant donné qu'il n'est pas désirable d'octroyer à qui que ce soit un droit de veto, pour des raisons que Barry reconnaît lui-même, la justice n'émergera pas spontanément d'une discussion impliquant des personnes possédant des intérêts profondément antagonistes et un pouvoir (électoral et d'influence) très inégal, même si elles sont mues par un certain sens moral. Dans ce *second best*, si ceux qui défendent la justice sociale se contentent de proposer des raisons

1. B. Barry, *Justice as Impartiality*, *op. cit.*, p. 106-107.

2. Voir J. Elster, « Le marché et le forum » ; D. Estlund, *Democratic Authority*, *op. cit.*, chap. 13.

impartiales, émises avec retenue et courtoisie, tandis que leurs adversaires font usage de rhétorique avec ferveur et impertinence, il est fort probable que l'injustice l'emporte.

Aux yeux d'Estlund, ces observations s'appliquent toutefois différemment aux sphères formelle et informelle de l'action politique. Si le modèle délibératif est à ses yeux pertinent (et nécessaire pour des raisons épistémiques) dans le cadre parlementaire [1] ou dans celui des cours constitutionnelles [2], il l'est nettement moins dans celui de la politique ordinaire, où l'absence de certaines caractéristiques qui s'avèrent décisives dans l'idéal délibératif justifie l'usage de la stratégie, de l'impertinence, de la force et de la ruse afin de contrer l'interférence du pouvoir dans la recherche rationnelle de la vérité [3]. Ceci n'implique évidemment pas que les idéaux délibératifs n'aient *aucune* pertinence dans la sphère publique. Par ailleurs, une conception plus *systémique* de la délibération peut reconnaître une fonction délibérative à des actions qui ne sont pas directement orientées vers l'entente [4]. Mais cela signifie que l'idéal délibératif doit être adapté plutôt que répliqué [5].

Avant Estlund, Elster avait déjà opposé à Habermas les inconvénients du *second best* et la manière dont ces difficultés pouvaient sérieusement affecter le projet d'une éthique démocratique de la discussion rationnelle et argumentée :

> Si, comme le suggère Habermas, la discussion libre et rationnelle n'est possible que dans une société qui aura aboli toute domination politique et économique, il n'est nullement évident que cette abolition puisse être produite par le biais de la discussion rationnelle. [...] [O]n peut avoir besoin de l'ironie, de la rhétorique ou de la propagande, toutes choses qui impliquent, à l'égard de nos interlocuteurs, un respect moindre que celui qui prévaudrait dans une situation idéale de discours [6].

Selon Estlund, Habermas échappe toutefois à cette critique dès lors qu'il recommande, en marge de la politique formelle et délibérative, une sphère publique « sauvage » et « anarchique », même s'il n'explicite

1. Voir cependant D. Leydet, « Partisan Legislatures and Democratic Deliberation ».

2. Voir cependant D. Bello Hutt, « Measuring popular and judicial deliberation : A critical comparison », *International Journal of Constitutional Law*, 16/4, 2018, p. 1121-1147.

3. D. Estlund, *Democratic Authority*, *op. cit.*, p. 189 *sq.*

4. Voir J. Mansbridge *et al.*, « A Systemic Approach to Deliberative Democracy ».

5. C'est par exemple l'approche adoptée dans C. Girard, *Délibérer entre égaux*.

6. J. Elster, « Le marché et le forum », *op. cit.*, p. 150). Voir aussi J. Marsh, *Unjust Legality : A Critique of Habermas's Philosophy of Law*, Oxford, Rowman & Littlefield, 2001 sur les conséquences néfastes d'une application du modèle délibératif habermassien dans une société dominée par le capital.

pas beaucoup cette idée [1]. On trouvera davantage d'inspiration dans ce sens chez Iris Young, qui a pour sa part développé une approche « communicative » plutôt que « délibérative » de la démocratie, qui entend prendre au sérieux ces problèmes de *second best* et examiner les moyens communicationnels divers que peut requérir la quête de justice dans un monde profondément inégalitaire et divisé [2].

L'approche « réaliste »

On peut aussi voir les approches d'Habermas, Cohen et Barry comme manifestant une volonté de mise en tension d'un idéal délibératif avec la pauvreté des conditions démocratiques réelles. Ainsi conçue, cette démarche me paraît souhaitable. Mais comme l'ont fait remarquer de manière tout à fait convaincante Elster et Estlund, c'est ce qu'on peut appeler la « méthode du miroir » qui s'avère inadéquate. Certes, l'idéal délibératif préserve une fonction normative de modèle permettant de poser un regard critique sur les distorsions communicationnelles affectant la vie politique réelle [3]. Mais il ne s'agit pas pour autant d'un modèle à reproduire en miroir dans la réalité. C'est plutôt son intention – la quête d'impartialité – qu'il faut chercher à poursuivre, avec les moyens qu'on jugera les plus adéquats eu égard aux conditions sociales et politiques réelles. Il ne s'agit donc pas de recréer les « circonstances de l'impartialité » telles que caractérisées dans le modèle contractualiste scanlonien, mais plutôt de *créer des circonstances favorables à l'impartialité*, en tenant compte de caractéristiques du monde réel (asymétrie de pouvoir, désir d'entente limité, contraintes temporelles, exclusion de certaines personnes affectées). Non pas, donc, transformer la vie politique en une grande assemblée délibérative ou faire de micro-institutions délibératives le cœur de la vie politique, mais plutôt analyser tout ce qui, dans les institutions démocratiques que nous connaissons, procure un avantage indu à certains, et réformer ces institutions dans l'optique d'une impartialité substantielle. Et si cela devait impliquer de priver les personnes âgées de leur droit de vote [4], ou de créer une chambre de représentants excluant l'élite économique [5], pourquoi pas ? Rien ne dit que la quête d'impartialité se fera sans heurts.

1. D. Estlund, *Democratic Authority*, *op. cit.*, p. 199.

2. I. M. Young, *Inclusion and Democracy*.

3. B. Barry, *Justice as Impartiality*, *op. cit.*, p. 198-199 ; D. Estlund, *Democratic Authority*, *op. cit.*, p. 200.

4. P. Van Parijs, *Just Democracy*, *op. cit.*, chap. 4.

5. J. McCormick, *Machiavellian Democracy*.

Rien ne dit non plus qu'elle ne se jouera que sur le terrain de la raison. Si c'est assurément le raisonnement moral qui doit nourrir nos convictions de justice, cela ne signifie pas qu'il soit la meilleure arme pour défendre publiquement la cause de la justice. En effet, les jugements moraux des citoyens sont largement influencés par des aspects émotionnels qu'un bon politicien aurait tort de négliger [1]. Si on a confiance dans le fondement rationnel de nos convictions de justice, on pourrait croire que les arguments sont le meilleur moyen d'action. Mais si nos adversaires font usage d'une rhétorique efficace jouant sur les émotions morales, nous risquons de ne pas faire avancer la cause de la justice en nous cantonnant à l'argumentation rationnelle. Cela ne signifie pas que les philosophes engagés dans la poursuite de la justice devraient se convertir à la rhétorique. Leur mission est précisément d'explorer les raisons. Mais cela signifie qu'ils ne doivent pas juger illégitime tout usage militant ou politique de la rhétorique.

Dans une perspective réaliste, enfin, l'impartialité devra être espérée comme le produit d'un *système* (qui équilibre les rapports de force et incite les citoyens à prendre en considération les autres dans leurs jugements). Historiquement, nous l'avons vu, une telle approche s'inspire d'auteurs comme Mill (l'élitisme mis à part) et Bentham, et ne place pas trop d'espoir dans les *vertus* individuelles des gouvernants. Si tous les acteurs d'un système politique doivent bien entendu être incités (et éduqués) à la vertu, cette dernière ne peut jamais être présupposée. C'est donc avec un certain réalisme politique qu'il faut poursuivre l'idéal de justice comme impartialité. Non pas « prendre tous les hommes pour des fripons » [2], selon la formule de Hume, mais plutôt voir en chaque personne d'une part un potentiel d'éducabilité et de décentrement, et d'autre part une vulnérabilité à l'irrationalité, la violence, l'égoïsme, les biais et la faiblesse de volonté notamment [3], en particulier lorsqu'une personne est placée dans une position de pouvoir et donc de tentations [4].

1. Voir J. Haidt, S. Kesebir, « Morality », *op. cit.*, p. 806.

2. David Hume, « Essai sur l'indépendance du parlement », cité dans P. Rosanvallon, *Le libéralisme économique*, *op. cit.*, p. 35.

3. Voir S. Pinker, *The Better Angels of Our Nature*, *op. cit.*, chap. 8 et 9 pour une étude évolutionniste des meilleures et pires potentialités de l'espèce humaine.

4. J. Bentham, « Of Publicity », *in* J. Bowring (ed.), *The Works of Jeremy Bentham*, Edimbourg, William Tait, p. 314 ; J.-S. Mill, *Considérations sur le gouvernement représentatif*, *op. cit.*, p. 116.

CHAPITRE III

VERS DES DÉMOCRATIES PLUS JUSTES

Dans le premier chapitre, nous nous sommes penchés sur la justification de la démocratie par rapport à ses alternatives. Il ne me semble cependant pas suffisant de se contenter de justifier la démocratie, d'établir la légitimité de ses décisions. Il pourrait y avoir dans ce geste quelque chose d'idéologique, la légitimation d'un ordre existant par la dissimulation de ses défauts. Si la démocratie, de manière générale, apparaît plus susceptible que ses alternatives d'engendrer des décisions justes, il arrive également fréquemment qu'elle promeuve des lois injustes, comme nous l'avons vu. Il existe en outre une pluralité indénombrable de manières possibles d'organiser ses diverses institutions. Il me semble dès lors que l'approche épistémique de la démocratie prend son sens véritable lorsqu'on essaye, au-delà de l'exercice de justification, *d'améliorer la qualité épistémique potentielle des procédures démocratiques*. Et c'est dans cette perspective constructive que s'inscrit ce dernier chapitre, en s'appuyant sur l'analyse des sources d'irrationalité et de partialité démocratiques proposée dans le premier chapitre [1].

Inciter, éduquer, empêcher

Il existe au moins trois manières d'agir dans ce sens. La plus répandue dans la littérature consiste à agir sur les *incitants* institutionnels. L'objectif est de façonner les institutions de telle sorte que les citoyens autant que les gouvernants soient incités à aller dans le sens de la justice, ou plus minimalement désincités à se conduire mal. La question n'est donc pas de savoir sur quels motifs ils basent leurs décisions, mais de quel type seront ces décisions. La publicité des votes au parlement oblige par exemple les

1. Voir *supra* p. 43-53 et p. 62-75.

parlementaires à rendre des comptes au grand public, ce qui les incite à anticiper le jugement de celui-ci. Peu importe, de ce point de vue, que les représentants votent pour des motifs intéressés (être réélus ou donner une bonne image d'eux-mêmes) ; l'essentiel est qu'ils ne fassent pas un usage privé du pouvoir.

La seconde voie consiste au contraire à agir sur les *motivations* des agents, en développant leur sens de la justice. C'est essentiellement l'éducation qui peut y contribuer, mais également la sphère culturelle [1]. Certaines pratiques politiques y sont aussi plus favorables que d'autres. Des délibérations pacifiques rassemblant des groupes diversifiés, par exemple, ont certainement un effet éducatif (amenant à prendre en compte le point de vue d'autrui) plus important que le simple vote anonyme dans l'isoloir. L'inconvénient de l'approche éducative est qu'elle est beaucoup plus exigeante que celle par les incitants, qu'elle prend beaucoup de temps et que son succès n'est pas garanti. Mais l'avantage est qu'elle est beaucoup plus stable. Ce qui importe en effet pour la justice, c'est que les individus aillent dans son sens de manière régulière et systématique, et non pas seulement quand ils perçoivent que c'est dans leur intérêt. Or, la meilleure façon de s'en assurer, à long terme, est de les motiver à agir par désir de justice plutôt que par appât du gain [2].

Enfin, il est possible de prévoir des *garde-fous* afin de réduire les risques de décisions injustes de la part d'une communauté politique. Si certains incitants ont une fonction de protection contre les abus ou injustices [3], je vise ici surtout les règles qui *empêchent* (plutôt qu'elles ne désincitent) certaines décisions injustes. La protection constitutionnelle de droits fondamentaux en est l'exemple par excellence [4]. De ce point de vue, on ne renonce pas nécessairement à éduquer et inciter les acteurs à faire preuve de justice, mais on s'assure que certaines limites ne puissent pas être dépassées en cas d'échec de ces stratégies plus positives.

Il me paraît souhaitable de combiner ces trois approches, ce qui est malheureusement rarement le cas [5]. En effet, les incitants ne suffisent pas –

1. Voir M. Nussbaum, *Les émotions démocratiques. Comment former le citoyen du* XXIe *siècle ?*, Paris, Flammarion, 2011.

2. R. Goodin, *Motivating Political Morality*, *op. cit.*, p. 9.

3. Voir en particulier J. Elster, *Securities against Misrule*.

4. Voir R. Dworkin, *Taking Rights Seriously*.

5. I. Shapiro (*Democratic Justice*), P. Van Parijs (*Just Democracy*) et J. Elster (*Securities against Misrule*) se concentrent essentiellement sur les incitants ; R. Dworkin (*Taking Rights Seriously*) sur les garde-fous, bien qu'il envisage très brièvement la question de l'éducation (et encore plus brièvement le possible recours au tirage au sort en politique) dans R. Dworkin, *Is Democracy Possible Here ?*, *op. cit.*, p. 148 et 139.

et en particulier ces incitants, chers aux économistes, qui se basent sur nos intérêts. Du fait qu'elle présuppose généralement des acteurs largement égocentrés, l'approche par incitants possède un caractère conservateur. Elle peut en effet renforcer dans l'esprit des acteurs le sentiment qu'il est naturel et non problématique de maintenir une perspective égocentrée. Ce problème apparaît avec une certaine clarté dans le domaine de la transition écologique. Un débat oppose ainsi d'une part l'*économie environnementale*, qui vise à orienter les comportements des agents (supposés rationnels et maximisateurs de profit) par incitations et sanctions, et d'autre part l'*économie verte*, ou *écologique*, qui tente plutôt de repenser nos modes de vie, notre rapport à la consommation, au travail, etc., afin que s'opère par l'éducation et la conscientisation une transformation positive des conduites susceptible de remédier durablement à la crise environnementale [1]. L'avantage de la première option est évidemment son efficacité à court terme. Cependant, elle possède ce défaut majeur de maintenir potentiellement les individus dans un rapport problématique à l'environnement et à la consommation, et d'être en définitive une théorie qui renforce le réel, en « naturalisant » l'égocentrisme.

D'un point de vue normatif, une approche émancipatrice des conduites individuelles paraît préférable. Cela ne signifie toutefois pas que l'on puisse se passer d'incitants et de garde-fous. Ceux-ci se justifient pleinement d'un point de vue conséquentialiste. On ne peut en effet pas présupposer des intentions moralement irréprochables de la part de citoyens votant sans avoir de comptes à rendre, et surtout de la part de personnes occupant des positions de pouvoir. C'est seulement l'*insuffisance* de ce type d'incitants et des garde-fous que je souhaite ici souligner.

Et c'est en vue de promouvoir une approche que je qualifierais de « pluraliste », que quatre pistes de réformes seront envisagées dans ce dernier chapitre. La première proposition est celle d'une éducation citoyenne ou politique visant à développer la faculté de décentrement des élèves et leur compréhension de la réalité sociale. Elle joue donc sur les motivations. La seconde consiste à instituer, en parallèle d'une première chambre élue, une seconde chambre de représentants tirés au sort. Il s'agit d'inciter les élus à tenir compte d'une opinion publique informée et délibérée. La troisième consiste à accompagner les votes de justifications, afin d'inciter citoyens et élus à une attitude plus délibérative et une dynamique de justification mutuelle. La quatrième vise une protection

1. Voir M. Cato, *Green economics : An Introduction to Theory, Policy and Practice*, Londres, Earthscan, 2009.

constitutionnelle accrue des droits sociaux comme garde-fou face aux fréquentes atteintes aux droits fondamentaux des plus démunis.

L'objectif est donc de donner une idée de la diversité des champs d'action à travers quatre exemples appartenant respectivement aux champs de l'éducation politique, de la représentation démocratique, de la participation citoyenne et des droits fondamentaux. L'articulation entre ces champs peut s'exprimer comme suit : l'éducation prépare les citoyens à la participation et au contrôle des représentants, tandis que les droits protègent les citoyens face aux échecs ou manquements potentiels de la participation et de la représentation. En outre, des citoyens mieux protégés socialement et mieux équipés par l'éducation pour s'emparer des débats sociétaux sont sans doute plus susceptibles de participer aux affaires publiques et d'y apporter une contribution de qualité. Il y a donc une vraie complémentarité entre les quatre propositions, l'éducation citoyenne et le gain de sécurité économique qu'offre une protection sociale forte pouvant être considérés comme des préconditions d'une citoyenneté plus active.

Bien entendu, malgré leur complémentarité, il y a aussi une part d'arbitraire dans la sélection des quatre propositions retenues. Il en existe en effet une multitude d'autres qui auraient pu faire l'objet d'un examen approfondi [1]. Outre l'illustration de la diversité des champs d'action, un autre critère a cependant guidé cette sélection : la généralité. Si le critère de l'impartialité se veut susceptible d'entrer dans l'évaluation de tout projet de réforme politique, quel que soit le contexte, les circonstances les plus favorables à l'impartialité peuvent varier en fonction du contexte. Comme le dit Mill, la meilleure forme de gouvernement est celle qui, dans des circonstances données, promet les meilleures conséquences à court et long terme [2]. Or, les quatre propositions envisagées sont suffisamment générales pour pouvoir s'appliquer dans une grande variété de contextes politiques – selon des modalités variables en fonction du contexte.

Des utopies réalistes

Je voudrais enfin faire une précision sur le degré d'ambition de l'approche ici adoptée. Elle cherche à se frayer un chemin entre le réalisme et le pur idéalisme. Certaines approches réalistes, telles que développées notamment par Vermeule et Elster [3], sont entièrement compatibles avec le

1. Voir notamment P. Van Parijs, *Just Democracy* ; A. Vermeule, *Mechanisms of Democracy : Institutional Design Writ Small*, New York, Oxford University Press, 2007 ; J. Elster, *Securities against Misrule.*

2. J.-S. Mill, « Considerations on Representative Government », *op. cit.*, p. 186.

3. A. Vermeule, *Mechanisms of Democracy*, *op. cit.*, chap. 1 ; J. Elster, *Securities against Misrule.*

cadre de travail que je cherche à développer. Les résultats qu'elles visent contribueront en effet à davantage d'impartialité. Il me semble toutefois utile de présupposer qu'on peut obtenir davantage, à l'avenir, que des retouches marginales de nos institutions. S'il est important de connaître les limites du gouvernement démocratique afin de réduire la séduction des appels démagogiques à des changements en réalité impossibles [1], il est également essentiel de pouvoir mobiliser les citoyens derrière des projets ambitieux, sur lesquels ils puissent baser leurs espoirs de changement et à travers lesquels ils puissent exprimer leur insatisfaction par rapport à l'état actuel du monde. Qui plus est, comme le dit Rawls, « les limites du possible ne sont pas données par le réel » [2]. Dans l'incertitude face à ce qu'il est possible d'obtenir par la lutte politique et étant donné l'ampleur des injustices existantes, mieux vaut viser un peu trop haut qu'un peu trop bas.

Cela étant, sans préjuger de la possibilité d'un bouleversement de civilisation à long terme, j'ai choisi de me focaliser ici sur des projets de réformes de l'ordre de l'utopie réaliste chère à Rawls [3], ou encore à Erik Olin Wright [4]. Cela signifie que je prendrai certaines contraintes comme données. Je ne défendrai pas, par exemple, un système de vote idéal, qui inclurait toutes les personnes affectées par la décision et accorderait à chaque personne un pouvoir de vote proportionnel à la mesure dans laquelle ses intérêts sont affectés par la décision à prendre [5]. Je partirai plutôt du principe qu'en l'état actuel des choses, les procédures démocratiques excluent le plus souvent certaines des parties affectées et que la règle de majorité constitue un pis-aller inévitable.

Plus fondamentalement, je prends également comme contrainte le système capitaliste où domine la propriété privée des moyens de production. Il est fort possible que l'idéal d'impartialité soit mieux respecté dans une société où les moyens de production seraient (largement) collectivisés. La question qui m'occupe, cependant, est de savoir comment avancer vers la justice en partant d'un contexte capitaliste comme le nôtre (et non pas de savoir à quoi ressemblerait la démocratie dans un tout autre contexte économique, même si cette question distincte est également intéressante).

1. A. Przeworski, *Democracy and the Limits of Self-Government*, *op. cit.*, p. 171.

2. J. Rawls, *Paix et démocratie*, *op. cit.*, p. 25.

3. *Ibid.*

4. Voir E. O. Wright, *Utopies réelles*, Paris, La Découverte, 2017, ainsi que l'ensemble des ouvrages du « Real Utopias Project » publiés chez Verso.

5. H. Brighouse, M. Fleurbaey, « Democracy and Proportionality », *Journal of Political Philosophy* 18/2, 2008, p. 137-155.

C'est une des raisons pour lesquelles je ne mobilise pas une définition très exigeante de la démocratie. Dans la tradition socialiste, par exemple, il n'y a de démocratie véritable que quand les citoyens possèdent un pouvoir de contrôle sur l'ensemble des institutions sociales, y compris les entreprises [1]. La propriété privée des moyens de production, de ce point de vue, est incompatible avec l'idéal démocratique, puisqu'elle concentre le pouvoir économique (et à travers lui un pouvoir social et politique important) dans quelques mains, qui n'ont pratiquement pas de comptes à rendre. Je reconnais une tension fondamentale entre démocratie et capitalisme [2], mais je m'intéresse aux manières de poursuivre la justice dans ce contexte non idéal. C'est pourquoi je rejette l'approche circulaire qui fait de la justice sociale un prérequis pour la démocratie véritable. Certes, l'égalité politique véritable requerrait une importante égalisation des revenus. Mais comme le souligne Iris Young, adopter cette approche revient à affirmer, comme certaines théories idéales de la délibération, que pour devenir juste, une démocratie doit déjà être juste [3]. En réalité, poursuit Young, « les groupes opprimés et désavantagés n'ont pas d'autre alternative que le combat pour une plus grande justice dans des conditions d'inégalité » [4]. L'objectif de ce dernier chapitre est donc d'identifier des manières d'orienter les institutions démocratiques, dans la limite incertaine de ce qui peut obtenir dans un relativement court terme un soutien majoritaire, en vue d'évoluer vers une société juste dans le long terme.

Les contraintes du réel expliquent en partie également le fait que je n'aborde pas, dans les sections qui suivent, la question de la régulation du rôle de l'argent en politique, pourtant identifiée comme une entrave centrale à l'impartialité dans le premier chapitre [5]. Qui plus est, je n'ai rien d'original à proposer à ce sujet. En 1861, déjà, Mill avait vu clair sur la question, lui qui se demandait de quelle valeur pouvait être la représentation si ceux qui dépensaient le plus pour leur campagne étaient élus et si les représentants pouvaient être corrompus [6]. L'essentiel était déjà dit. Une série de propositions de réformes ont été plus récemment

1. F. Cunningham, *Democratic Theory and Socialism*, *op. cit.*, p. 26-28.

2. Voir également M. Fleurbaey, *Capitalisme ou démocratie ? L'alternative du XXIe siècle*, Paris, Grasset, 2006.

3. I. M. Young, *Inclusion and Democracy*, *op. cit.*, p. 35.

4. *Ibid.*, p. 50.

5. Voir *supra* p. 63-68.

6. J.-S. Mill, « Considerations on Representative Government », *op. cit.*, p. 166-167. En conséquence de quoi il suggérait de limiter fortement le coût d'entrée en politique et les dépenses de campagne (p. 313-316).

proposées [1], auxquelles je n'ai rien à ajouter. Je soulignerais simplement le fait que, malgré les obstacles considérables [2], réguler l'influence de l'argent en politique est un objectif d'une importance cruciale.

Repenser l'éducation politique

Éducation et justice sociale

Il y a au moins deux manières dont l'éducation publique peut contribuer à la justice sociale. La première consiste à égaliser les capacités des citoyens de façon à égaliser les chances et contenir à la source les futures inégalités de revenu. Il s'agit d'une mission prépondérante de l'enseignement. Cependant, même une fois éliminées toutes les inégalités sociales, on se heurterait encore à cette limite que constitue l'inégale répartition naturelle des talents. Tout le monde ne naît pas avec le même potentiel. Une augmentation de la qualité générale de l'enseignement, y compris de la remédiation, n'empêchera donc pas les inégalités. L'éducation étant un bien positionnel, la position relative d'une personne importe plus que sa position absolue. Qui plus est, les talents sont très inégalement valorisés par le marché, et plus se développe l'éducation publique, plus augmente le degré de qualification moyen, plus apparaissent des inégalités de compétences entre élèves face à des tâches très complexes. Or, le degré grandissant de spécialisation étant socialement bénéfique, nul ne souhaite limiter l'acquisition par les bons élèves de compétences très développées qui ne manqueront pas de les privilégier sur le marché de l'emploi [3]. De ce point de vue, l'éducation publique fait face à deux missions en conflit : 1) égaliser les chances et 2) développer au maximum le potentiel de chacun. Tant que les revenus des citoyens seront déterminés par le marché, l'éducation publique contribuera donc à nourrir les inégalités de revenu. Cette tendance pourra être adoucie par une égalisation des chances, à potentiel égal, mais l'inégalité fondamentale de la chance (*luck*

1. Voir notamment B. Ackerman, I. Ayres, *Voting with Dollars : A New Paradigm for Campaign Finance*, New Haven, Yale University Press, 2002 ; L. Lessig, *Republic, Lost : How Money Corrupts Congress – and a Plan to Stop It*, New York, Twelve, 2011 ; J. Cagé, *Le prix de la démocratie*.

2. A. Przeworski (*Democracy and the Limits of Self-Government*, *op. cit.*, p. 97) considère par exemple que la corruption de la politique par l'argent constitue une caractéristique structurelle de la démocratie dans des sociétés inégales d'un point de vue économique. En effet, bien qu'une certaine régulation soit possible, il existe une infinité de moyens par lesquels l'argent peut pénétrer dans le système économique.

3. *Ibid.*, p. 90.

inequality) persistera étant donné l'inégalité des potentiels [1]. En outre, l'amélioration de la qualité de l'enseignement dans un contexte national ne manquera pas de creuser les inégalités au niveau mondial.

En raison de ces limites au potentiel de justice de l'éducation publique, celle-ci doit également – c'est la seconde voie – contribuer à la diffusion d'une sensibilité aux injustices et d'un *ethos* de justice, c'est-à-dire une volonté d'agir selon des principes qui soient justifiables devant toutes et tous. Tandis qu'elle arme inégalement les individus face aux aléas du marché, elle doit leur inculquer un sens de la solidarité susceptible d'atténuer les inégalités de marché par des politiques redistributives. Idéalement, personne ne devrait sortir de l'école publique en pensant qu'il ou elle mérite de gagner plus d'argent que les autres. Personne ne devrait dériver un sentiment de supériorité de la possession de compétences plus valorisées par le marché. Et la réflexion sur l'arbitraire moral des talents devrait s'élargir à une réflexion sur l'arbitraire moral des frontières, puisqu'à peu près deux tiers de nos revenus professionnels seraient déterminés par notre pays de naissance [2].

Cette éducation *à la justice* requiert deux composantes, qui seront analysées dans cette section : une éducation au décentrement, ainsi qu'une compréhension critique de la réalité sociale. Ces deux aspects offrent un remède potentiel à deux entraves à l'impartialité identifiées dans le premier chapitre : le manque de décentrement et le manque de compréhension de la réalité sociale. Bien entendu, ces deux composantes n'épuisent pas les missions de l'éducation publique [3] ni sa contribution à la poursuite de la justice. Eu égard à l'importance de la confiance mutuelle et de l'empathie pour le décentrement, il est également important que l'éducation publique vise le développement des sentiments liés à la solidarité et l'élargissement du cercle des personnes auxquelles s'adressent ces sentiments. Il s'agit sans doute là d'une compétence transversale à plusieurs cours et qui requiert l'aide de supports artistiques [4], de rencontres avec des publics précarisés ou stigmatisés, de visites de centres d'accueil pour demandeurs d'asile, etc. Par ailleurs, l'ouverture

1. Voir notamment F. Dubet, *L'école des chances. Qu'est-ce qu'une école juste ?*, Paris, Seuil, 2004.

2. B. Milanovic, *Global Inequality : A New Approach for the Age of Globalization*, Cambridge (Mass.), Harvard University Press, 2016, p. 5.

3. A. Gutmann (*Democratic Education*, Princeton, Princeton University Press, 1999, p. 287) suggère néanmoins de façon convaincante que l'éducation politique a priorité, d'un point de vue moral, sur tous les autres objectifs attachés à l'éducation publique.

4. Voir M. Nussbaum (*Les émotions démocratiques*) sur la contribution des arts et lettres au développement de l'empathie.

à la diversité des cultures et convictions, le développement du respect et de la tolérance, la valorisation de la différence dans la construction d'un horizon commun [1] sont des compléments indispensables du travail intellectuel de décentrement, même si ces aspects ne sont pas abordés dans ce qui suit. Enfin, on pourrait aussi légitimement poser la question de la responsabilité de l'éducation publique en ce qui concerne le façonnement des habitudes de consommation des élèves, eu égard aux enjeux de la justice entre les générations [2].

Les paragraphes qui suivent n'offrent donc qu'*un* point de vue sur l'éducation citoyenne. Celui-ci pourrait être qualifié de « rationaliste », dans le sens où l'accent est mis sur les dispositions cognitives des élèves : leurs capacités de raisonnement moral et d'interprétation de la réalité sociale. Cependant, privilégier un tel point de vue n'empêche pas d'être conscient de l'impact limité de la rationalité sur la disposition à *agir* moralement [3]. L'éducation ici prônée devrait assurément être complétée par le développement de *sentiments* moraux et d'*habitudes démocratiques*.

L'idée fondamentale qui guide la poursuite de la justice par l'éducation est que la démocratie n'est pas réductible à une compétition entre élites pour le pouvoir. La pression que peuvent exercer les citoyens constitue un déterminant décisif du potentiel de justice des démocraties.

Une éducation au décentrement [4]

La qualité de la contribution des citoyens à la vie démocratique, d'un point de vue moral, dépend essentiellement du degré de décentrement dont ils font preuve, c'est-à-dire de leur capacité à se départir de leur perspective particulière, de leurs intérêts, de leurs biais, à élargir cette perspective en y intégrant les intérêts et aspirations d'autrui. Si chacun vote et agit de façon strictement intéressée, aucune main invisible n'ordonnancera les votes d'une manière qui contribue spontanément à la justice. La poursuite de la justice comme impartialité requiert donc de la part des individus

1. C. Guibet-Lafaye, « Éducation à la citoyenneté et parité de participation », *Raison publique* 11, 2009, p. 141-142.

2. D. Zwarthoed, « Creating Frugal Citizens : The Liberal Egalitarian Case for Teaching Frugality », *Theory and Research in Education* 13/3, 2015, p. 286-307.

3. Voir J. Leming, « On the Limits of Rational Moral Education », *Theory and Research in Social Education* 9/1, 1981, p. 7-34.

4. Les paragraphes qui suivent reprennent et complètent une proposition initialement développée dans P.-É. Vandamme, « Quels fondements philosophiques pour l'enseignement de la morale laïque ? Pour une éducation au décentrement », *Revue française de pédagogie* 182, 2013, p. 107-116.

une attitude de décentrement. Il est en effet essentiel que les citoyens se soucient les uns des autres et soient capables de situer leurs actes sous un angle collectif – qu'ils comprennent, par exemple, comment leurs actions individuelles peuvent contribuer à la crise écologique ou à sa résolution, à la reproduction des injustices ou à leur réduction.

Comment s'y prendre ? Il existe de multiples opérations mentales par lesquelles exercer le décentrement. La plus simple consiste à se mettre à la place d'autrui, exercice facilité par le sentiment plus ou moins spontané d'empathie. Les philosophes en ont imaginé d'autres. Hume et Smith proposent d'imaginer comment un spectateur éloigné et impartial jugerait nos normes et coutumes [1]. Kant suggère que la clef de la moralité consiste à évaluer si l'on pourrait vouloir que la maxime de notre action soit érigée en loi universelle [2]. Rawls propose une expérience de pensée dans laquelle des personnes ignorant leur position sociale et leur conception de la vie bonne doivent sélectionner les principes de justice devant réguler la vie en société [3]. Scanlon suggère de nous imaginer plutôt cherchant l'entente avec l'ensemble des personnes concernées dans une discussion libre et sans contrainte [4]. Toutes ces expériences de pensée, qui peuvent être pratiquées en classe, contribuent au développement chez chacun d'une « attitude communicationnelle » [5] marquée par l'ouverture au point de vue d'autrui.

Pour échapper aux pièges du « monologisme » [6] (les biais et la représentation erronée des intérêts et aspirations d'autrui, notamment) ces formes de « délibérations intérieures » [7] peuvent être complétées par l'exercice de la délibération *collective*, en classe, avec pour modèle philosophique l'éthique habermassienne de la discussion et pour méthode pédagogique la discussion à visée démocratique et philosophique [8]. Selon cette perspective, la discussion favorise le décentrement en poussant à l'adoption de rôles, en obligeant à comprendre les objections d'autrui, à

1. A. Smith, *Théorie des sentiments moraux*, Paris, P.U.F., 1999 ; A. Sen, *L'idée de justice*.

2. E. Kant, *Fondements de la métaphysique des mœurs*, Paris, Delagrave, 1969.

3. J. Rawls, *Théorie de la justice*, *op. cit.*, p. 151 *sq*.

4. T. M. Scanlon, « Utilitarianism and Contractualism » ; *What We Owe to Each Other*, Cambridge (Mass.), Harvard University Press, 1998.

5. J.-M. Ferry, *Les puissances de l'expérience. Essai sur l'identité contemporaine*, t. II : *Les ordres de la reconnaissance*, Paris, Le Cerf, 1991, p. 146-147.

6. J. Habermas, *Morale et communication*, *op. cit.*, p. 88-89.

7. R. Goodin, *Reflective Democracy*.

8. A. Herla, « La discussion philosophique en classe : une pratique de l'émancipation ? », *Tracés* 25, 2013, p. 103-123.

les intégrer, à réévaluer ses propres convictions, à les délester de ce qui s'est vu raisonnablement rejeter, etc.

Au-delà de cette dimension purement « cognitive », la communication effective permet également une ouverture aux récits d'autrui, la forme narrative étant souvent plus apte que les arguments à exprimer la singularité d'une histoire personnelle et d'une situation, ainsi qu'éventuellement les souffrances qui en découlent [1]. Eu égard à ce rôle formateur fondamental de la discussion pour la rationalité morale, l'éducation citoyenne passe par l'enseignement d'une certaine éthique de la communication. Sa visée serait la « probité » intellectuelle, au sens donné au terme par Édouard Claparède, c'est-à-dire le respect des principes de faillibilité (chacun peut être dans l'erreur), non-opportunisme (ne pas adapter ses convictions à ses intérêts), réciprocité (ce qui vaut pour les autres vaut pour moi aussi) et impartialité [2], principes auxquels on pourrait ajouter l'égalité de parole, d'écoute et d'autorité dans la discussion, et autres règles de courtoisie discursive.

L'éducation au décentrement se distingue de l'éducation à l'argumentation, qui constitue déjà une des visées fondamentales de l'éducation publique. Elle en est le complément essentiel du point de vue moral. On peut en effet argumenter brillamment des idées profondément injustes, tout comme l'exercice solipsiste de l'argumentation peut renforcer les biais et les convictions erronées. Pour que l'argumentation pénètre le champ de la rationalité morale, il faut lui adjoindre 1) l'échange, obligeant au décentrement des perspectives et 2) l'attitude communicationnelle de décentrement, exercée par les expériences de pensée déjà évoquées.

Cela implique de repenser ou de compléter l'exercice scolaire traditionnel de la dissertation. Bien souvent, les enseignants se concentrent uniquement sur la forme du raisonnement ou sur l'appropriation d'idées enseignées, et bien trop peu sur le contenu plus personnel des argumentations, prétextant le respect de la pluralité des opinions. Or, éduquer au décentrement implique de renoncer au relativisme moral. Ce serait une abdication intellectuelle grave de se résigner à présenter comme un fait indépassable la pluralité des conceptions du juste et des normes morales. Il convient d'abord d'apprendre à distinguer convictions privées et raison

1. J.-M. Ferry, *Les puissances de l'expérience. Essai sur l'identité contemporaine*, t. I : *Le sujet et le verbe*, Paris, Le Cerf, 1991, p. 103-110 ; *L'éthique reconstructive*, Paris, Le Cerf, 1996.

2. E. Claparède, cité dans P. Meirieu, *Le choix d'éduquer. Éthique et pédagogie*, Paris, ESF, 2005, p. 152.

publique (avec toutes les nuances qu'implique une telle distinction), puis à confronter les unes aux autres les normes à prétention publique et apprendre à les évaluer à l'aune de ce critère normatif décisif qu'est le décentrement : plus une norme est décentrée, plus elle est susceptible de recevoir l'assentiment raisonnable de tous. Pour cette raison, les enseignants ne doivent pas se limiter à évaluer la forme d'une argumentation, mais aussi chercher à mettre en évidence, pour que les élèves puissent les dépasser, les divers biais et préjugés qui habitent leurs propos.

Pour ne pas demeurer uniquement dans l'abstraction et afin d'illustrer les considérations théoriques qui précèdent, considérons un exemple de parcours pédagogique visant l'éducation au décentrement [1]. Imaginons une classe de l'enseignement secondaire supérieur (ou lycée) [2], au public culturellement et socialement mixte (ce qui est essentiel au décentrement). Profitant de cette circonstance, l'enseignant du cours de philosophie, de citoyenneté ou d'éducation morale et civique viserait à amener sa classe à produire une réflexion individuelle et collective sur la question des migrations et de la diversité culturelle – enjeu majeur de notre époque.

Le premier exercice proposé serait une production écrite dans laquelle chacun se mettrait à la place d'un autre, le plus différent possible, en imaginant à lui et à sa famille un récit de vie qui expliquerait les raisons pour lesquelles il se trouve aujourd'hui dans tel pays et comment il le vit (quel est, par exemple, le regard que la société pose sur lui et réciproquement). Cela peut se faire sur base des récits de vie réels des élèves ou, s'ils se connaissent déjà bien ou si l'on ne souhaite pas les obliger à dévoiler des informations aussi personnelles, sur base de photos d'inconnus. Ensuite, par deux, les élèves ayant échangé leurs positions respectives (ou ayant travaillé sur base de la même image) se regrouperaient et échangeraient leurs productions, lisant chacun celle de l'autre puis la confrontant à la vérité, en essayant notamment d'identifier ensemble les préjugés culturels ou positionnels ayant affecté leur jugement. Dans un second temps, après avoir expliqué les limites du récit dans une

1. Je suis redevable envers Anne Pelsser pour notre travail en commun sur ce parcours pédagogique.

2. Les idées générales proposées sont également valables pour le degré secondaire inférieur (ou collège) et pour l'enseignement primaire, mais demandent évidemment à être adaptées en fonction de l'âge. Pour un exemple de méthode de formation du jugement moral par la discussion avec un public de 5 à 12 ans, voir C. Leleux, « La discussion à visée philosophique pour développer le jugement moral et citoyen ? », *Revue française de pédagogie* 166, 2009, p. 71-87.

discussion [1], l'enseignant leur demanderait de construire un propos montant en généralité sur base des récits, en relevant les raisons qu'ils ont identifiées pour expliquer la migration ou la non-migration de l'un et l'autre. Chaque groupe de deux ayant alors décidé de ce qui serait rapporté à la classe (en excluant éventuellement, dans le premier scénario, ce qui apparaît comme trop intime), présenterait son rapport devant tout le monde. Enfin, la classe tirerait, avec l'enseignant, les conclusions générales de l'expérience. On évoquerait, d'une part, les préjugés individuels et culturels, en soulignant à la fois le caractère inévitable des biais positionnels et la possibilité du décentrement. D'autre part, après avoir distingué les bénéfices des migrations ainsi que les souffrances et difficultés qu'elles engendrent, on examinerait dans leur diversité et leurs tendances lourdes les problèmes qui sont à l'origine et ceux qui sont la conséquence des nombreuses migrations forcées qui caractérisent l'époque.

Le deuxième exercice consisterait en une argumentation écrite sous voile d'ignorance, où chacun devrait proposer, par exemple, trois règles concernant les relations internationales (sans savoir, donc, dans quel pays on va vivre ni quelle y sera notre position sociale), pour remédier aux problèmes qui ont été identifiés dans le premier exercice. Dans la correction de l'exercice, l'enseignant veillerait à évaluer le degré de décentrement des arguments et à identifier ce qui, dans les idées émises, pourrait être biaisé par la position (géographique et socio-économique) que l'élève occupe dans la société mondiale. Ces corrections seraient ensuite transmises aux élèves, qui auraient pour tâche de préparer le troisième exercice à venir en reconstruisant ceux de leurs arguments qui auraient été malmenés par l'enseignant – en les améliorant ou en les modifiant.

Le troisième exercice prendrait la forme d'un débat « public », dans la classe, régulé par l'enseignant, où l'on donnerait successivement la parole à chacun pour proposer au collectif les idées formulées seul. Après chaque prise de parole individuelle, on demanderait les réactions constructives de la classe. Tout le monde ayant pris la parole, les élèves, chargés de prendre note des propositions qui leur paraîtraient les plus

1. S'il peut être très efficace d'un point de vue émotionnel, le récit se révèle inapte à nourrir une argumentation valide. En effet, centré sur une histoire ou une expérience personnelle, on ne peut lui opposer de contre-argument. Dès lors, il est essentiel que les élèves parviennent à placer leurs expériences personnelles au sein d'une réflexion plus globale, à portée universalisable.

intéressantes, choisiraient individuellement, mais devant tous, l'idée *autre que la leur* (ou la leur plus une autre) qu'ils auraient retenue comme la plus intéressante. L'enseignant ferait alors apparaître au tableau, pour clôturer le débat, des ensembles regroupant les idées compatibles les plus plébiscitées.

À partir de là, deux issues sont possibles. La première, la plus audacieuse, vise à chercher tous ensemble un consensus raisonnable, à l'instar des modèles habermassien et scanlonien. À charge alors pour l'enseignant de définir et d'expliquer la notion de « raisonnable », selon les critères de faillibilité, réciprocité, impartialité et non-opportunisme mentionnés plus haut. La seconde option, plus aisée, prend acte de l'impossibilité (liée au temps imparti ?) du consensus, et fait procéder à un vote, en évoquant les limites de la règle de majorité. Dans tous les cas, il peut être formateur d'aboutir à une recommandation collective, à publier dans une brochure de l'école, à médiatiser ou, pourquoi pas, à envoyer à des représentants politiques, pour l'exercice.

Une compréhension critique de la réalité sociale

Dans son ouvrage classique *Democracy and Its Critics*, Robert Dahl identifiait la « compréhension éclairée » (*enlightened understanding*) comme une condition de la démocratie [1]. Outre leurs capacités morales, outre leur connaissance de leurs droits et de ceux des autres, les citoyens doivent être capables de s'orienter dans les débats politiques. Cela signifie, par exemple, être capable de déceler les enjeux de politiques publiques concurrentes et leur impact sur autrui et sur l'environnement, les mécanismes fondamentaux de l'économie et le façonnement social des comportements individuels. En l'absence de ces connaissances critiques, en effet, les électeurs les plus décentrés qui soient peuvent promouvoir des politiques injustes. Bien souvent, en outre, des politiques concurrentes sont toutes présentées au public comme étant impartiales (ou mutuellement avantageuses). Et leur impartialité réelle dépend souvent de facteurs socio-économiques qu'il faut comprendre pour être capable de poursuivre réellement l'impartialité [2]. Pour cette raison, l'éducation citoyenne ne peut pas se réduire à une éducation morale ou philosophique (ni juridique). Se questionner, se décentrer, entrer en débat constituent des capacités

1. R. Dahl, *Democracy and its Critics*, *op. cit.*, p. 111-112.

2. J. Roemer, « Does Democracy Engender Justice ? », *in* I. Shapiro, C. Hacker-Cordón, *Democracy's Value*, *op. cit.*, p. 60-61.

citoyennes capitales. Toutefois, elles ne pourront amener davantage de justice sociale que si elles mobilisent une série de savoirs essentiels.

Il est en effet nécessaire d'être capable d'articuler les valeurs auxquelles on croit, les normes que l'on défend, avec une appréciation correcte des faits sociaux et des politiques qui promeuvent effectivement nos valeurs et normes. J'ai évoqué dans le premier chapitre l'exemple de la surévaluation de l'impact de la responsabilité personnelle sur les trajectoires sociales. En l'occurrence, il existe une norme morale largement partagée recommandant la solidarité avec les malchanceux. Pourtant, en fonction de l'appréciation que l'on se fait des causes de la pauvreté (facteur principal déterminant le soutien populaire envers les politiques sociales [1]), on peut en venir à défendre des politiques ayant des impacts totalement différents sur les opportunités des plus pauvres. Une erreur d'appréciation des faits peut ainsi nous faire défendre une politique qui bafoue nos principes.

Un autre exemple frappant de mésinformation de ce type est le rejet en 2001 par une majorité de citoyens des États-Unis de la taxe sur le transfert de propriété (*estate tax*), qui ne concernait que les 2% les plus riches de la population. L'opposition de l'opinion publique face à cette taxe était et est toujours considérable, alors même qu'une majorité des citoyens se disent favorables à l'égalité des chances et montrent davantage de sympathie pour les classes pauvre et moyenne que pour les plus riches [2]. Même parmi les bas revenus se disant favorables à davantage de dépenses gouvernementales et disant regretter l'augmentation des inégalités et le manque de taxation des plus riches, 63% se montraient à l'époque défavorables à cette taxe [3]. Or, puisque la réforme n'avait aucun impact financier direct sur eux (et certainement aucun impact positif à long terme), les conditions étaient favorables à l'évaluation la plus impartiale de la réforme [4]. Il n'en fut rien; la taxe fut abrogée (temporairement, en raison de contraintes légales).

Cet exemple est particulièrement éloquent, du fait que ce sont à la fois les intérêts et les normes de la majorité des citoyens qui militent pour le maintien de cette taxe, et pourtant ils sont une majorité à soutenir son abrogation. Les explications de cette hostilité sont multiples, et

1. S. Bowles, H. Gintis, « L'idéal d'égalité appartient-il au passé? Homo reciprocans versus Homo œconomicus », *Revue du MAUSS* 31/1, 2008, p. 209-241.

2. L. Bartels, *Unequal Democracy*, *op. cit.*, chap. 7.

3. *Ibid.*, p. 202.

4. M. Forsé et M. Parodi (*La priorité du juste*) montrent sur base d'études empiriques combien le désintéressement favorise l'impartialité de jugement sur les questions politiques.

certaines nous échappent sans doute. Mais ce qui est clair, c'est que la mésinformation joue un rôle prépondérant. Nombreux sont en effet ceux qui ignorent le fait que cette taxe ne concerne que les 2% les plus riches de la population. Beaucoup surestiment largement la probabilité d'être un jour soumis à cette taxe. Beaucoup d'autres, enfin, ne perçoivent pas la manière dont la transmission de grandes propriétés par l'héritage constitue une entrave à l'égalité des chances qu'ils appellent de leurs vœux. S'ajoute à cela la stratégie des Républicains consistant à rebaptiser cette taxe « *death tax* », donnant à de nombreux citoyens le sentiment déplaisant qu'ils seraient taxés jusqu'après leur mort [1].

Ceci donne une idée de l'ampleur du chantier de l'éducation citoyenne ou politique. Outre les capacités de jugement, il faut développer les capacités de compréhension de la réalité sociale. Comment naissent et se reproduisent les inégalités ? Pourquoi nous fions-nous au marché pour réguler nos échanges économiques ? Quelle est notre responsabilité dans la dégradation de l'environnement ? Quelles sont les causes et conséquences des migrations ? Comment naissent les stéréotypes et préjugés ? Qu'est-ce qui distingue les différents partis politiques ? Pourquoi devons-nous payer des impôts ? Aborder toutes ces questions essentielles implique de faire une place beaucoup plus importante, dans les programmes de cours existants – ou au sein d'un nouveau cours spécialement dévoué à cette mission [2] – aux sciences sociales telles que l'économie, la sociologie, la science politique ou encore la psychologie sociale. Et ce dans le but de développer cette compétence fondamentale qu'est la capacité de comprendre les mécanismes du monde dans lequel on évolue.

Ce faisant, il faut avoir conscience du fait que l'information brute ne suffit pas. On remarque en effet que les informations pertinentes pour le jugement politique sont assimilées très différemment selon les préconceptions idéologiques. Aux États-Unis par exemple, Larry Bartels a observé que quand ils sont confrontés aux chiffres de l'augmentation des inégalités de revenu, la plupart des progressistes en viennent à reconnaître cette augmentation, tandis que le nombre de conservateurs qui reconnaissent ce fait *diminue*. Autrement dit, les conservateurs sont plus proches de la vérité, sur ce sujet, quand ils sont mal informés !

1. Voir M. Graetz, I. Shapiro, *Death by a thousand cuts : The fight over taxing inherited wealth*, Princeton, Princeton University Press, 2005.

2. R. Dworkin (*Is Democracy Possible Here ?*, *op. cit.*, p. 148) propose l'introduction d'un cours obligatoire de « Politique contemporaine ». En Belgique, c'est la voie d'un cours de « Philosophie et citoyenneté » qui a été empruntée ; en France « Éducation civique et morale ».

Cela s'expliquerait par une méfiance vis-à-vis des élites intellectuelles, poussant les publics conservateurs à croire que ces élites veulent les faire penser de telle ou telle manière [1]. C'est une donnée à prendre en compte pour les enseignants, qui peuvent de manière similaire être perçus comme biaisés par les élèves (j'y reviens dans un instant). On peut également voir dans ce phénomène de refus de l'information une réaction de défense face à la déstabilisation que provoque une information remettant en question un système de croyances. Cette déstabilisation est nécessaire dans le développement de l'élève, mais elle ne peut réussir que dans un contexte de classe où les élèves sont en confiance et ne se sentent pas attaqués dans leurs opinions. Il faut donc d'abord créer ce climat de confiance, ce qui prend du temps.

Un accroissement de l'information brute n'aura donc pas les effets désirés – faire converger vers la justice – sans décentrement critique dans la réception de l'information et interrogation des préconceptions. L'acquisition des savoirs critiques fondamentaux doit donc se faire conjointement à l'éducation au décentrement. Il s'agit dès lors d'un programme qui excède largement l'espace d'un seul cours et les capacités d'un seul enseignant. Dans une réalité scolaire marquée par l'étanchéité entre les différents cours, une telle interdisciplinarité constitue assurément un défi de taille.

Par ailleurs, pour éviter la méfiance dans la réception de l'information, il est préférable que les élèves se l'approprient par eux-mêmes. La raison principale pour laquelle l'information renforce les préjugés dans les enquêtes d'opinion étudiées par Bartels, c'est qu'elle est délivrée de haut en bas, par les organisateurs de l'enquête (ou, dans d'autres contextes, par les médias), dont la neutralité est questionnée par les citoyens recevant l'information. De même, à l'école, la transmission verticale pure est sans doute la pire méthode, en particulier sur des sujets mobilisant les passions et concernant lesquels l'enseignant sera aisément considéré comme biaisé. Il faut donc doter les élèves d'outils de recherche critique leur permettant de s'orienter dans la masse d'informations qui les entoure. Comment obtenir de l'information de qualité ? Comment juger la fiabilité d'une source ? Quelle est la crédibilité respective de médias financés par l'État ou par des multinationales ? Quels sont les ressorts des théories du complot ? Quels sont les avantages et dangers de l'information par les réseaux sociaux ? Ce sont toutes ces questions d'éducation aux médias qu'il faut également affronter avec les élèves en parallèle de

1. L. Bartels, *Unequal Democracy*, *op. cit.*, p. 155-158.

l'éducation aux sciences sociales. La visée finale est alors d'allier les apports théoriques des sciences sociales et les compétences de recherche d'informations pour analyser l'actualité sociale et politique, en incitant les élèves à discuter des informations collectées et à confronter leurs interprétations.

La crainte de l'endoctrinement

Une des raisons principales pour lesquelles beaucoup de gens se méfient de l'idée d'une éducation politique à l'école réside dans la crainte de l'endoctrinement, à savoir l'inculcation de certaines idées par le biais d'une position d'autorité, sans présentation des idées ou interprétations adverses, voire par le biais d'une présentation erronée de celles-ci. Plus que tout autre domaine du savoir, ce qui touche à la politique mobilise en effet passions et convictions profondes. Élèves, parents et directions ne manqueront pas de remettre en question la neutralité des enseignants en la matière. Ce n'est pas une raison suffisante pour renoncer à toute éducation politique, mais cela oblige à s'interroger sur l'attitude que l'on attend des enseignants dans cette tâche d'éducation à la justice.

Le premier principe qui doit guider l'éthique enseignante, de ce point de vue, c'est la *faillibilité*. Tout comme il doit chercher à faire prendre conscience aux élèves de la faillibilité de leurs jugements, l'enseignant doit avoir conscience de sa propre faillibilité et le faire transparaître dans ses rapports à ses élèves par une forme d'humilité et d'ouverture aux contre-arguments et objections [1]. C'est l'esprit de la « communauté de recherche » chère à Matthew Lipman, où ce sont à la fois les élèves et l'enseignant qui entreprennent l'élucidation d'un problème ou d'une question qui se présente à eux – même si l'enseignant occupe également une certaine position d'extériorité puisque c'est à lui que revient la responsabilité de « transformer la classe en une communauté de recherche » [2]. Quoi qu'il en soit, l'enseignant ne doit pas présupposer qu'il a réponse à l'ensemble des questions des élèves ni qu'il a pour mission de leur transmettre une liste de savoirs entièrement définie. Sa mission est plutôt d'outiller les élèves pour l'enquête. Et si c'est assurément une mission qui requiert de sa part une série de savoirs, elle ne requiert aucune certitude.

1. K. Hytten, « Ethics in Teaching for Democracy and Social Justice », *Democracy and Education* 23/2, 2015, p. 7-8.

2. M. Lipman, *Thinking in Education*, Cambridge, Cambridge University Press, 2003, p. 20.

Le second principe est l'*objectivité* face aux faits. Tout en ayant conscience des biais qui risquent d'affecter son jugement, l'enseignant doit viser la plus grande objectivité possible. Cela requiert d'abord de bien distinguer les jugements de fait des jugements de valeur, et de permettre aux élèves de les distinguer. Ensuite, cela implique de tâcher de ne pas laisser les valeurs et convictions normatives orienter la compréhension des faits. La compréhension critique de la réalité sociale qu'ils visent à développer chez les élèves n'est pas à confondre avec une explication de la réalité chargée de normativité implicite (à l'instar d'une certaine sociologie critique, par exemple). L'adjectif « critique » ne signifie pas ici que l'enseignant peut exposer librement sa critique du fonctionnement social et que ses élèves doivent partager cette critique. Il doit plutôt être entendu dans le sens kantien d'une attitude réflexive, d'un examen critique de ses propres présupposés et convictions [1]. Pour développer un tel esprit critique, la quête faillible d'objectivité dans l'appréciation et l'enseignement des faits est cruciale.

Le troisième principe, sans surprise, est l'*impartialité*, qui ne doit surtout pas être confondue avec le relativisme. L'enseignant se doit d'être impartial dans la manière dont il traite ses élèves [2], et ce non seulement dans la distribution du temps de parole ou dans l'évaluation de l'acquisition des compétences, mais également dans son rapport à leurs convictions. En cohérence avec son attitude faillibiliste, il ne peut pas hiérarchiser les convictions de ses élèves ni affirmer que certaines sont préférables ou supérieures à d'autres. En revanche, il doit les aider à juger eux-mêmes de la manière la plus objective et impartiale possible. Cela implique d'identifier avec eux tout ce qui biaise le jugement – les intérêts, la position, la mécompréhension des faits, ou encore les craintes irrationnelles. Cela signifie, encore une fois, que toutes les convictions ne se valent pas. Mais contrairement à l'attitude dogmatique consistant à réfuter une conviction au nom d'une autre conviction, l'enseignant doit adopter l'attitude plus procédurale consistant à interroger les motifs, présupposés et inférences qui nourrissent le jugement. C'est aussi ce qui conditionnera la relation de confiance au sein de la classe – nécessaire,

1. M. Lipman (*Thinking in Education*, p. 26) offre une définition intéressante de cette attitude réflexive : « La pensée réflexive est une pensée consciente de ses propres présupposés et implications, ainsi que des raisons et indices [*evidences*] qui soutiennent telle ou telle conclusion. [...] La pensée réflexive est disposée à reconnaître les facteurs responsables de biais, préjugés et illusions [*self-deception*]. »

2. Ce qui, nous l'avons vu, n'est pas incompatible avec une attention plus importante aux plus désavantagés.

comme nous l'avons vu, au travail du décentrement critique. Les convictions de personne ne doivent être heurtées de front, mais elles ne doivent pas non plus être tenues pour données ou protégées contre toute intervention de la part de l'enseignant [1]. L'enjeu est de déstabiliser les élèves dans leurs convictions [2], mais d'une manière suffisamment bienveillante pour qu'ils ne se braquent pas. Pour ce faire, ils doivent avoir le sentiment d'appartenir à une véritable communauté de recherche, ce qui n'est pas possible s'ils ont l'impression que l'enseignant possède ou prétend posséder la réponse définitive à chaque question.

Ces principes suffiront-ils à rendre les enseignants neutres? Certainement pas si la neutralité est entendue comme abstention d'intervention, puisque certains actes et propos portant atteinte à la dignité des personnes peuvent légitimement être bannis des classes. Et probablement pas si la neutralité est entendue comme absence de parti pris. Le choix des thèmes abordés, des textes étudiés, etc. trahira inévitablement un certain parti pris [3]. Mais la combinaison de la conscience de sa propre faillibilité et de la visée d'objectivité et d'impartialité contribuera certainement à une plus grande neutralité, dans le sens d'une minimisation des partis pris et prises de position controversées. Et c'est cette visée de neutralité qui seule est susceptible de légitimer aux yeux des parents l'idée d'une éducation politique *publique*.

Concrètement, cela signifie-t-il que l'enseignant doit cacher ses convictions profondes ou qu'il peut les dévoiler? Thomas Kelly distingue l'impartialité *neutre*, qui consiste à examiner différentes positions en dissimulant la sienne de l'impartialité *engagée*, qui consiste à dévoiler ses propres convictions tout en examinant avec la plus grande honnêteté les positions adverses [4]. Il me semble que l'impartialité « neutre » doit être

1. L'éducation étant le moment par excellence de *formation* du jugement personnel, l'exigence de respect des préférences et convictions d'autrui ne s'applique pas de la même manière que dans la relation de l'État avec des citoyens adultes. Une forme de « paternalisme faible » (E. Prairat, *La morale du professeur*, Paris, P.U.F., 2013, p. 126-127), dans le sens (non patriarcal) d'une prise de décision pour autrui, dans son intérêt, est non seulement justifiée, mais recommandable.

2. K. Hytten, « Ethics in Teaching for Democracy and Social Justice », *op. cit.*, p. 4.

3. *Ibid.*, p. 3. Ceci n'implique cependant pas de rejeter complètement toute idée de neutralité ou d'impartialité, comme le fait Hytten en proposant une « éthique de l'éducation activiste ». Il demeure important que l'enseignant vise une certaine neutralité tout en ayant conscience de ses biais et partis pris. L'attitude activiste ne me semble pas appropriée comme posture pédagogique.

4. T. Kelly, « Discussing Controversial Issues : Four Perspectives on the Teacher's Role », *Theory and Research in Social Education* 14/2, 1986, p. 113-138.

privilégiée face à un public de jeunes enfants aisément influençables [1], mais qu'elle peut peu à peu laisser la place à l'impartialité « engagée », à mesure que les élèves ou étudiants acquièrent une compétence critique suffisante. À partir de ce moment – certes difficile à identifier précisément –, ils en viennent à faire de plus en plus d'hypothèses sur les convictions profondes de leurs enseignants. De ce point de vue, une certaine transparence peut devenir souhaitable, à condition de préserver l'attitude faillibiliste, ainsi que les visées d'objectivité et d'impartialité.

L'exemple de parcours pédagogique pour une éducation au décentrement montre par ailleurs que c'est l'acquisition d'une rationalité morale qui est visée, non l'intégration de contenus moraux substantiels et forcément controversés. Bien entendu, l'idéal délibératif, outil privilégié du décentrement, implique des injonctions substantielles à l'écoute, au respect, à l'honnêteté, etc. Cependant, il n'est pas fait appel à une conception particulière et articulée du bien ni à une tradition religieuse ou morale déterminée. Même si des raisons ayant trait au développement psychologique des enfants incitent à instiller *progressivement* l'esprit critique, après avoir inculqué le respect de normes démocratiques fondamentales [2], toutes les normes deviennent progressivement à disposition des élèves, auxquels il revient d'apprendre à sélectionner ou valider les plus adéquates d'un point de vue moral – ce point de vue étant construit en classe. Cela distingue l'éducation citoyenne ici défendue de l'approche républicaine à la française, par exemple, telle qu'elle se manifeste dans l'éducation morale et civique visant la transmission de valeurs républicaines jugées comme non négociables [3]. Et cela permet d'éviter le piège du « moralisme » [4].

Contrairement à ce que laissent penser certains discours politiques sur l'éducation, de nombreux problèmes sociaux que nous connaissons (violence, domination, radicalisme) sont moins le résultat d'un *manque*

1. Ce qui n'implique pas à mes yeux de chercher à dissimuler tout signe extérieur pouvant trahir une conviction particulière.

2. Voir A. Gutmann, *Democratic Education*, *op. cit.*, p. 43 et I. MacMullen, *Civics Beyond Critics : Character Education in a Liberal Democracy*, Oxford, Oxford University Press, 2015, p. 8.

3. Voir la justification du projet d'enseignement de la morale laïque par l'ancien ministre de l'éducation nationale, Vincent Peillon : « Si la république ne dit pas quelle est sa vision de ce que sont les vertus et les vices, le bien et le mal, le juste et l'injuste, d'autres le font à sa place », G. Durand, M. Fabre (dir.), *Éducation et minimalisme moral*, numéro spécial de *Recherches en éducation*, 2014, p. 6.

4. A. Gutmann, *Democratic Education*, *op. cit.*, p. 56 *sq.* ; E. Prairat, *La morale du professeur*, *op. cit.*, p. 118-122 ; R. Ogien, « La morale minimale à l'école », dans G. Durand, M. Fabre, *Éducation et minimalisme moral*, *op. cit.*, p. 13-24.

de principes moraux que d'un *trop-plein* de morale et d'un manque de distance critique à l'égard de codes moraux rigides (religieux ou virils par exemple) [1]. La solution n'est donc pas de substituer à un code moral familial ou religieux un code public ou républicain, mais d'insuffler (progressivement) l'esprit critique, y compris son pouvoir de relativisation des normes.

La représentation par tirage au sort

Même si l'éducation politique remplissait sa mission à la perfection, la part la plus importante de l'activité politique, dans des sociétés comme les nôtres, demeurerait l'apanage d'une portion congrue de la population – les représentants du peuple. La représentation possède d'abord des avantages épistémiques, qui tiennent à la professionnalisation, aux incitants auxquels font face les représentants [2], ainsi qu'au dialogue permanent qu'elle instaure entre gouvernants et gouvernés [3]. À ces considérations s'ajoutent ses avantages pratiques. La représentation – quand elle n'est pas trop défaillante – constitue en effet une division du travail bénéficiant à tout le monde. Elle permet un gain de temps considérable pour les citoyens, qui seraient débordés par la quantité de décisions informées à prendre régulièrement en l'absence de représentation [4]. Bentham utilisait l'analogie suivante pour expliquer l'avantage d'une division du travail politique. « Chaque homme ne peut pas faire ses propres chaussures : mais chaque homme peut choisir la personne qui lui en fera et se débarrasser d'elle à l'occasion si elles ne sont pas conformes à son désir » [5].

La représentation politique (complétée par des mécanismes plus participatifs) est donc désirable à la fois du point de vue de l'organisation sociale et d'un point de vue épistémique. La question qui reste néanmoins ouverte est celle de la sélection des représentants. L'élection est-elle la meilleure manière de les choisir ? Gagnerait-on à les tirer au sort ?

1. Voir S. Pinker, *The Better Angels of Our Nature*, *op. cit.*, notamment p. 622.
2. D. Landa, R. Pevnick, « Representative democracy as defensible epistocracy ».
3. N. Urbinati, *Representative Democracy*.
4. Ce jugement est en partie lié au temps qu'occupe le travail dans nos vies. Toutefois, même si nos sociétés devaient évoluer vers une diminution substantielle du temps de travail, l'absence de division du travail politique (donc de représentation) impliquerait une charge considérable pour les citoyens. Le temps libéré par le travail serait accaparé par l'action politique, ce qu'on ne peut supposer nécessairement désirable pour tous.
5. J. Bentham, cité dans P. Peonidis, *Democracy as Popular Sovereignty*, Lanham, Lexington Books, 2013, p. 10.

La représentation électorale contemporaine peut être considérée comme étant en crise, ou au moins sous tension du fait de la méfiance régulièrement exprimée par le grand public, dans la plupart des démocraties établies, à l'égard de la classe politique [1]. La participation des citoyens aux élections est en déclin dans la plupart de ces démocraties [2], de même que l'affiliation et l'identification aux partis politiques [3]. Ceci peut être interprété comme étant la résultante d'au moins deux facteurs distincts : 1) beaucoup de citoyens doutent que leurs représentants agissent dans leur meilleur intérêt ou selon leurs aspirations (problème de la *représentation*) ; 2) les États-nations démocratiques ont perdu beaucoup de leur pouvoir de régulation dans une économie caractérisée par la compétition internationale et l'importante mobilité du capital [4], ainsi qu'une complexité croissante des processus de décision [5] (problème de la *régulation*). Il me semble que le second problème explique en grande partie cette crise de confiance, mais seulement en partie. En effet, il existe également un véritable problème lié à la représentation elle-même, et c'est sur celui-ci que je souhaiterais me pencher – le problème de régulation étant partiellement envisagé dans l'ultime section [6] comme un problème d'*échelle* de la démocratie. Cependant, la mise en évidence de la dualité du problème implique que la solution explorée dans cette section ne suffira certainement pas à régler la crise de confiance affectant les gouvernements représentatifs contemporains.

La représentation électorale en crise

Quel est donc le problème proprement lié à la représentation ? Avant de répondre à cette question, il convient de distinguer trois sens du terme « représentation » (parmi d'autres possibles). La représentation « statistique » ou « descriptive » vise à *refléter*, tel un miroir, la diversité du peuple [7]. La représentation « active », quant à elle, consiste à *agir dans*

1. P. Norris (dir.), *Critical Citizens : Global Support for Democratic Governance*, New York, Oxford University Press, 1999 ; P. Rosanvallon, *La contre-démocratie* ; C. Hay, *Why We Hate Politics*.

2. P. Mair, *Ruling the Void : The Hollowing of Western Democracy*, Londres, Verso, 2013.

3. R. Dalton, M. Wattenberg (dir.), *Parties without Partisans : Political Change in Advanced Industrial Democracies*, New York, Oxford University Press, 2000.

4. Cf. *supra*, p. 72-75.

5. I. Papadopoulos, *Democracy in Crisis ? Politics, Governance and Policy*, Londres, Palgrave Macmillan, 2013.

6. Cf. *infra*, p. 208-215.

7. I. M. Young, *Inclusion and Democracy*, *op. cit.*, chap. 3-4 ; N. Stojanović, *Dialogue sur les quotas*, *op. cit.*, chap. 3.

le meilleur intérêt des représentés [1]. Enfin, la représentation « mandat » consiste à *agir strictement selon les aspirations* des représentés (qu'elles soient ou non dans leur meilleur intérêt). Les démocraties modernes n'utilisant pas le mandat impératif, le rôle des représentants peut être interprété comme consistant à agir dans le meilleur intérêt des citoyens sans trop s'éloigner de leurs aspirations si celles-ci sont différentes de ce qui est perçu comme leur meilleur intérêt. Ce modèle repose donc sur une certaine forme de confiance [2]. Or, une bonne part de la crise contemporaine de la représentation vient du fait que les représentants élus ne sont pas perçus comme agissant en conformité avec les aspirations de ceux qu'ils représentent, et pas non plus dans leur meilleur intérêt (alors même qu'ils le prétendent) [3].

Une explication assez populaire pose que c'est *précisément parce qu'ils sont différents* d'un point de vue descriptif, parce qu'ils appartiennent à une classe sociale particulière possédant ses propres intérêts, que les représentants négligent les intérêts du plus grand nombre. Leurs décisions sont dès lors interprétées comme étant biaisées en faveur de ces intérêts spécifiques de classe. D'un point de vue historique, cette perception est fondée. Faisant le bilan de l'histoire des démocraties modernes, Przeworski juge ainsi qu'on ne serait pas loin de la vérité en affirmant que le « problème stratégique des pères fondateurs, pratiquement partout, était comment construire un gouvernement représentatif pour les riches tout en le protégeant des pauvres » [4]. Cependant, nos démocraties se sont démocratisées avec le temps. L'accès aux positions de pouvoir est plus ouvert qu'il ne l'était auparavant, et la distance sociale entre représentants et représentés n'a sans doute pas augmenté, toutes choses considérées. À la fois, les parlements se sont un peu diversifiés avec le temps, et en même

1. H. Pitkin, *The Concept of Representation*, Berkeley, University of California Press, 1967 ; A. Przeworski, S. Stokes, B. Manin, *Democracy, Accountability, and Representation*, *op. cit.*, p. 2.

2. H. Pitkin, *The Concept of Representation*, *op. cit.*, p. 127-129.

3. Et cela fait quelques années déjà. Ainsi, dans un sondage de 1996 au Royaume-Uni, 83% de répondants jugeaient que les représentants poursuivaient prioritairement leur intérêt propre (56%) ou celui de leur parti (27%), plutôt que l'intérêt des électeurs (7%) ou du pays (1%) (C. Hay, *Why We Hate Politics*, *op. cit.*, p. 37). Plus récemment, en France, 89% de répondants se disaient en accord avec l'affirmation suivante : « Les responsables politiques en général ne se préoccupent pas de ce que pensent les gens comme vous » ; 75% jugeaient les élu(e)s et dirigeant(e)s politiques français(es) « plutôt corrompu(e)s » ; 67% jugeaient que la plupart « ne se soucient que des riches et des puissants » (CEVIPOF, « Baromètre de la confiance politique – vague 8 », 17 janvier 2017, (http://www.cevipof.com/fr/le-barometre-de-la-confiance-politique-du-cevipof/rapports/defiance/).

4. A. Przeworski, *Democracy and the Limits of Self-Government*, *op. cit.*, p. 162.

temps, le déclin des partis ouvriers et de la représentation ouvrière dans les partis socialistes a eu pour effet de diminuer le nombre de représentants (locaux et nationaux) issus de milieux populaires [1].

Quoi qu'il en soit, il reste certainement une distance, plus ou moins importante selon les contextes politiques, qui peut assurément engendrer des biais. En effet, si les préférences des classes populaires ont moins d'effets sur les politiques poursuivies, comme cela a été évoqué précédemment, ce n'est sans doute pas seulement en raison de l'influence de l'argent. On retrouve d'importantes inégalités dans la représentation des préférences des citoyens dans des pays où l'influence de l'argent est bien davantage régulée qu'aux États-Unis par exemple. Et il y a des raisons de penser que cela s'explique en partie par la sous-représentation des groupes moins éduqués et plus pauvres [2].

En lien avec ce diagnostic, on observe aujourd'hui un retour en grâce de la représentation par tirage au sort. Les dernières décennies ont vu se multiplier, à travers le monde, les expériences de « mini-publics », assemblées de citoyens tirés au sort amenées à se pencher sur une ou plusieurs questions politiques selon des modalités variables. La plupart de ces expérimentations démocratiques sont isolées, temporaires, brèves, et dépendantes de la volonté des gouvernements élus en ce qui concerne leur impact macro-politique [3]. Toutefois, certaines assemblées citoyennes se sont vu confier des missions politiques claires et importantes allant de la réforme des règles électorales [4] à de véritables révisions de la constitution [5]. Plus récemment encore, la Belgique s'est placée à la pointe de l'expérimentation démocratique avec la création d'un organe citoyen permanent accolé au Parlement de la région germanophone ainsi que des commissions parlementaires « délibératives » composées de deux tiers de citoyens tirés au sort et un tiers d'élus aux Parlements bruxellois et wallon [6]. On est alors en présence d'institutions intégrées (de manière temporaire ou permanente) à la sphère politique formelle, recevant un mandat clair et une visibilité publique plus importante. C'est dans la

1. Voir R. Lefebvre, « Le socialisme français et la "classe ouvrière" », *Nouvelles FondationS*, 1, 2006, p. 64-75.

2. L. Elsässer, S. Hense, A. Schäfer, « Not just money : unequal responsiveness in egalitarian democracies », *Journal of European Public Policy*, 2020.

3. R. Goodin, *Innovating Democracy*, *op. cit.*, chap. 2.

4. P. Fournier *et al.*, *When Citizens Decide*.

5. M. Reuchamps, J. Suiter, *Constitutional Deliberative Democracy in Europe*.

6. M. Reuchamps, « Belgium's experiment in permanent forms of deliberative democracy », *Constitutionnet*, 17 January 2020, http://constitutionnet.org/news belgiums-experiment-permanent-forms-deliberative-democracy.

continuité de telles pratiques que s'inscrit la proposition qui sera ici défendue, celle d'une véritable *chambre* de représentants tirés au sort, à vocation délibérative.

Une seconde chambre tirée au sort

La proposition concrète consiste à remplacer, dans les systèmes bicaméraux, la seconde chambre (dont l'utilité est souvent mise en cause) par une chambre composée au moyen d'un tirage au sort parmi l'ensemble de la population en âge de voter. Cette seconde chambre coexisterait avec une chambre élue dont les pouvoirs et prérogatives demeureraient intacts. L'ambition n'est donc pas de substituer entièrement au mécanisme électif le mécanisme aléatoire. En effet, le premier a des vertus que ne possède pas le second, comme nous le verrons.

Historiquement, le bicamérisme a revêtu deux fonctions différentes [1]. Dans sa fonction *aristocratique*, la chambre dite « haute » offrait aux élites ayant dû concéder l'extension du suffrage un certain degré de contrôle sur la chambre dite « basse », plus démocratique. Dans sa fonction *fédérale*, la seconde chambre assurait la représentation des États ou régions. C'est encore le cas aux États-Unis, en Allemagne et en Belgique, par exemple. Cette logique de représentation territoriale est même adoptée dans des États non fédéraux comme la France.

Là où la seconde chambre n'est plus qu'un lointain héritage aristocratique, comme au Royaume-Uni, la proposition ici défendue prend tout son sens. Il y a même une certaine ironie à remplacer cette chambre autrefois très élitiste par une véritable assemblée populaire. Mais la raison principale pour remplacer la chambre haute plutôt que la basse vient de son rôle de seconde lecture, comme nous le verrons. Si le rôle de représentation des États, régions ou territoires confié à la seconde chambre est jugé crucial pour l'équilibre de la fédération (ce qui n'est pas nécessairement le cas), une troisième chambre tirée au sort pourrait être préférable [2]. Néanmoins, que ce soit dans un système politique fédéral comme la Belgique ou unitaire comme la France, l'intérêt d'une

1. Voir notamment K. Shepsle, A. Muthoo, « The Constitutional Choice of Bicameralism », *in* E. Helpman (dir.), *Institutions and Economic Performance*, Cambridge (Mass.), Harvard University Press, 2008.

2. C'est une option qui a été défendue, dans le contexte français, par Yves Sintomer (*Petite histoire de l'expérimentation démocratique. Tirage au sort et politique d'Athènes à nos jours*, Paris, La Découverte, 2011). Elle pourrait remplacer l'actuel Conseil économique, social et environnemental (CESE).

représentation des territoires ou régions n'a rien d'évident [1]. Il me semble dès lors que la seconde chambre pourrait y être remplacée. Enfin, dans les pays monocaméraux (comme les pays scandinaves), la proposition consisterait à créer ou réintroduire une seconde chambre, qui se justifierait par son mode de sélection nettement distinct. En effet, c'est lorsque le mode de sélection des deux chambres est (relativement) similaire que la pertinence d'une seconde chambre est le plus fréquemment remise en question.

La chambre tirée au sort (CTS) aurait deux rôles principaux. D'abord, un pouvoir de seconde lecture et d'amendement. Les représentants tirés au sort (RTS) se pencheraient sur certaines matières définies à l'avance ou s'autosaisiraient et prendraient le temps d'examiner en détail certains projets de loi. La visée, ici, est délibérative. Il s'agit de ralentir (sans le paralyser) le processus législatif afin de s'assurer de la qualité et de la justifiabilité des projets de loi devant un public de citoyens ordinaires mais informés. La perspective d'une seconde lecture par la CTS obligerait ainsi les représentants élus à anticiper, en dehors des périodes électorales, le jugement d'une certaine opinion publique [2]. Par ailleurs, la CTS aurait le pouvoir d'initier un projet de loi ou de s'emparer d'initiatives citoyennes, la chambre élue gardant le dernier mot. Le but serait ici d'amener une ouverture vers des projets de loi émanant de la société civile. Cette dernière pourrait alors voir la seconde chambre comme un nouveau canal d'influence, peut-être plus attentif à ses revendications qu'une chambre composée de partis ayant annoncé à l'avance leurs programmes.

Afin de créer des conditions favorables à la délibération, la CTS combinerait un travail en séances plénières publiques – où seraient auditionnés des experts et des représentants de la société civile, menées des discussions collectives et prises les décisions finales – et en séances à huis clos, en sous-groupes, en présence de modérateurs, où les RTS pourraient se familiariser plus posément avec les enjeux et poser toutes les questions qui leur passeraient par la tête, sans craindre le regard du public. L'ensemble du processus pourrait être supervisé par un comité nommé par la première chambre et composé, outre de spécialistes des assemblées

1. Sur l'opportunité de la représentation territoriale en général, voir A. Rehfeld, *The Concept of Constituency : Political Representation, Democratic Legitimacy, and Institutional Design*, Cambridge, Cambridge University Press, 2005.

2. Y. Sintomer (*Petite histoire de l'expérimentation démocratique*, *op. cit.*, p. 219) parle d'« opinion publique contrefactuelle » dès lors qu'une telle assemblée est censée représenter ce que serait l'opinion publique si elle jouissait de l'information nécessaire et était placée dans des conditions favorables à la délibération. Voir aussi J. Fishkin, *When the People Speak*.

délibératives, de représentants de tous les grands groupes politiques. Du reste, je laisse une série de détails pratiques (concernant notamment la durée et la rotation des mandats, ainsi que les domaines de compétence, voire le pouvoir d'autosaisine de la CTS) ouverts à la discussion [1].

La CTS aurait donc un rôle légèrement subordonné, la chambre élue gardant le dernier mot. Comme nous le verrons, ce choix est motivé par la volonté de préserver l'indépendance de la CTS et son potentiel délibératif, tout en préservant la légitimité de la chambre élue. Mais il s'agit également d'éviter la paralysie politique. Si la CTS disposait d'un véritable pouvoir de veto sur les propositions de la première chambre (et vice versa), la tension probable entre les deux chambres deviendrait une protection supplémentaire du statu quo [2]. Le rôle subordonné, au contraire, permet une forme d'*input* délibératif contribuant à la qualité délibérative du système législatif dans son ensemble.

Certains pourraient par ailleurs suggérer, plutôt qu'une CTS, une assemblée mixte composée à la fois d'élus et de citoyens tirés au sort. Une telle proposition pourrait même se passer d'une seconde chambre. On peut toutefois craindre qu'une telle assemblée ne récolte pas tous les fruits du tirage au sort. Les RTS souffriraient en effet probablement d'une forme de domination intellectuelle exercée, consciemment ou non, par les politiciens professionnels [3]. Qui plus est, les partis politiques seraient fortement incités à accueillir ces nouveaux venus dans leurs rangs. On perdrait alors beaucoup des avantages liés au fait d'entendre la voix de citoyens ordinaires et de pouvoir contourner la discipline de parti.

Cette idée d'une CTS n'est pas neuve [4], mais il me semble qu'elle n'a pas encore reçu toute l'attention qu'elle mérite. On ne peut en effet tenir

1. Voir J. Gastil, E. O. Wright (dir.), *Legislature by Lot : Transformative Designs for Deliberative Governance*, New York, Verso, 2019.

2. Ce point est développé dans P.-É. Vandamme, V. Jacquet, C. Niessen, J. Pitseys, M. Reuchamps, « Intercameral Relations in a Bicameral Elected and Sortition Legislature », *Politics and Society* 46/3, 2018, p. 381-400.

3. M. Flinders *et al.*, *Democracy Matters : Lessons from the 2015 Citizens'Assemblies on English Devolution*, Londres, Democracy Matters Project, 2016, p. 39-40. Pour une perspective plus optimiste quant à ces risques, basée sur la Convention constitutionnelle irlandaise de 2013, voir T. Arnold, D. Farrell, J. Suiter, « Lessons from a Hybrid Sortition Chamber : The 2012-2014 Irish Constitutional Convention », *in* J. Gastil, E. O. Wright, *Legislature by Lot*, *op. cit.*, p. 101-121.

4. La première discussion moderne de la représentation par tirage au sort – qui était pratiquée en Grèce ancienne et dans différentes Républiques italiennes du Moyen Âge – est probablement due à Robert Dahl (*After the Revolution? Authority in a Good Society*, New Haven, Yale University Press (1970), 1990, p. 122-125), puis D. Mueller, R. Tollison et T. Mullett (« Representative Democracy via Random Selection », *Public Choice* 12/1, 1972, p. 57-68). L'idée plus spécifique d'une chambre tirée au sort (à côté d'une chambre

pour acquis qu'une telle chambre « serait indépendante, représentative et délibérative » [1]. Et par ailleurs, la légitimité de cette forme particulière de représentation reste encore largement à construire.

Dans ce qui suit, je mettrai en perspective les vertus et limitations respectives du tirage au sort et de l'élection afin de justifier le choix de l'option bicamérale plutôt qu'un remplacement complet des élections par le tirage au sort [2] ou le maintien d'une représentation exclusivement électorale.

Vertus épistémiques du tirage au sort

Les partisans du tirage au sort pointent souvent du doigt le caractère aristocratique des élections dont résulte un manque de diversité sociale parmi les représentants élus, fortement susceptible d'introduire à la fois un manque de diversité cognitive et une mécompréhension de certaines réalités sociales vécues par les citoyens. Le risque est que les élus tendent à penser et concevoir le monde de manière relativement identique (et réductrice), ce qui biaiserait le processus de décision politique dans certaines directions.

élue) a été défendue par E. Callenbach et M. Phillips (*A Citizen Legislature*, Berkeley, Banyan Tree Books, 1985) pour les Congrès états-unien ; K. Sutherland (*A People's Parliament : A (Revised) Blueprint for a Very English Revolution*, Exeter, Imprint Academic, 2008) pour la Chambre des Communs au Royaume-Uni (mais sans éligibilité universelle) ; A. Barnett et P. Carty (*The Athenian Option : Radical Reform for the House of Lords*, Exeter, Imprint Academic, 2008) pour la Chambre des Lords ; D. Van Reybrouck (*Contre les élections*, Arles, Actes Sud, 2014) pour le Sénat belge ; A. Abizadeh (« Representation, Bicameralism, Political Equality, and Sortition : Reconstituting the Second Chamber as a Randomly Selected Assembly », *Perspectives on Politics*, 2020) pour le Sénat canadien. H. Buchstein et M. Hein (« Randomizing Europe : The Lottery as a Political Instrument for a Reformed European Union », *in* G. Delannoi, O. Dowlen (dir.), *Sortition : Theory and Practice*, Exeter, Imprint Academic, 2010) défendent la création d'une seconde chambre, tirée au sort, au Parlement européen. Sintomer (*Petite histoire de l'expérimentation démocratique*) recommande une troisième chambre pour la France. Bouricius « Democracy through Multi-Body Sortition ») propose un schéma plus complexe combinant une pluralité d'institutions tirées au sort, tandis que Guerrero (« Against Elections : The Lottocratic Alternative », *Philosophy and Public Affairs* 42/2, 2014, p. 135-178) suggère de multiplier les assemblées citoyennes se penchant sur une seule question.

1. M. MacKenzie, « A General-Purpose, Randomly Selected Chamber », *in* I. Gonzáles-Ricoy, A. Gosseries (dir.), *Institutions for Future Generations*, Oxford, Oxford University Press, 2016, p. 283.

2. Les sections qui suivent reprennent en partie l'argumentation développée dans P.-É. Vandamme, « Le tirage au sort est-il compatible avec l'élection ? », *Revue française de science politique* 68/5, 2018, p. 873-894.

Au vu de ce constat et des attraits épistémiques de la diversité sociale et cognitive déjà évoqués [1], le tirage au sort apparaît alors comme une solution attrayante. En réduisant les biais de sélection et en offrant une opportunité d'accès au processus de décision à des personnes n'ayant pas hérité de la vocation politique ni des traits et ressources favorables à l'élection, la sélection aléatoire (éventuellement « stratifiée » [2]) est en effet susceptible d'accroître significativement la diversité des représentants. Les citoyens tirés au sort apporteraient avec eux la diversité de leurs expériences vécues, ce qui aurait pour effet d'élargir la perspective collective sur les questions politiques en jeu et de réduire les biais.

Par ailleurs, il y a de bonnes raisons de penser qu'une assemblée tirée au sort aurait un potentiel plus délibératif qu'une assemblée élue, ce qui accroîtrait encore son potentiel épistémique. En effet, le fait que les citoyens tirés au sort n'aient pas été élus sur base d'un programme et de promesses à respecter les placerait dans des conditions plus favorables à l'adoption d'une attitude délibérative se caractérisant par l'ouverture à la discussion, aux arguments d'autrui, aux opinions expertes, ainsi que par la disposition à changer d'avis. Bien entendu, ils amèneraient avec eux leurs préjugés et attachements politiques antérieurs à leur sélection, mais les incitants seraient néanmoins très différents. En effet, une des principales entraves psychologiques à l'attitude délibérative est le désir individuel d'apparaître cohérent et constant dans ses idées [3]. Ce trait est fortement renforcé quand les individus ont déjà fait part publiquement de leurs idées, comme le font les élus. L'avantage du tirage au sort, de ce point de vue, serait donc d'inclure dans la délibération, voire dans le processus de décision, des personnes jouissant d'une plus grande liberté délibérative [4].

Le fait, pour des citoyens tirés au sort, de ne pas être (nécessairement) reliés à un parti politique accroîtrait également leur indépendance de jugement. Une telle assemblée serait débarrassée des effets négatifs sur la délibération de la discipline de parti [5]. Certes, on peut imaginer que se

1. Voir *supra* p. 51-53.

2. Tirage au sort parmi des groupes prédéfinis (P. Stone, *The Luck of the Draw*, *op. cit.*, p. 134), afin de garantir certains quotas.

3. J. Parkinson, *Deliberating in the Real World : Problems of Legitimacy in Deliberative Democracy*, Oxford, Oxford University Press, 2006, p. 37.

4. Reste bien sûr que des citoyens tirés au sort exposés publiquement pourraient vouloir garder la face vis-à-vis de proches qui percevraient négativement un changement d'opinion de leur part. Mais sur bien des sujets, leur opinion demeurera sans doute à construire.

5. Sur l'impact mitigé des partis sur la qualité des délibérations, voir D. Leydet, « Partisan Legislatures and Democratic Deliberation ».

construisent des coalitions politiques au sein d'une assemblée tirée au sort – surtout si elle se réunit de manière répétée dans le temps –, mais il demeure plus que probable que les positions ne seront généralement pas aussi fixées qu'elles le sont dans une assemblée élue.

Un autre facteur contribuant au potentiel épistémique du tirage au sort est le gain d'humilité qu'il produit [1]. En effet, des citoyens tirés au sort savent que leur sélection ne doit rien à quelque mérite de leur part, qu'ils n'ont pas été choisis pour leur compétence. Or, cela change entièrement les incitants face à la collecte d'informations. Bien que les élus s'entourent souvent de multiples conseillers, ils n'oublient pas (ou aiment croire) qu'ils ont été élus pour leurs idées et leur compétence, ce qui leur confère de la confiance et les rend peu susceptibles de se fier à des experts qui ne penseraient pas comme eux. Au contraire, des citoyens tirés au sort pourraient se montrer plus demandeurs d'avis experts et de témoignages du terrain, plus avides d'informations sur les enjeux et conséquences probables des questions qu'ils auraient à traiter.

Leur humilité les rendrait sans doute également plus vulnérables à la manipulation. Et de ce point de vue, on pourrait juger préférable d'avoir des représentants dotés de convictions fortes et confiants en leur propre expertise, puisque cela protège de l'influence d'experts biaisés. Cependant, un autre avantage du tirage au sort, de ce point de vue, est qu'une attention beaucoup plus importante ne manquera pas d'être apportée à la sélection des experts chargés d'informer les personnes tirées au sort. En effet, concernant les élus, nous sommes moins inquiets de mauvaises influences, car nous savons à l'avance quelles sont les idées déclarées par les candidats et leurs partis. Dans le cas de personnes tirées au sort, en réalité, le fait qu'il y ait un risque plus élevé de mauvaise influence (d'expertise biaisée, par exemple) augmente l'incitation pour le grand public ou l'instance en charge de la supervision du processus à examiner de manière critique les mécanismes de sélection des experts invités. En fin de compte, la probabilité d'une expertise plus objective, ou au moins plus diversifiée pourrait donc être plus importante au sein d'une assemblée tirée au sort. Et une exposition équilibrée à des avis experts (et témoignages de terrain) contradictoires est susceptible de faire adopter aux RTS un jugement de meilleure qualité.

1. B. Goodwin, *Justice by Lottery*, Hemel Hempstead, Harvester Wheatsheaf, 1992 ; D. Courant, « Penser le tirage au sort. Modes de sélection, cadres délibératifs et principes démocratiques », dans A. Chollet, A. Fontaine (dir.), *Expériences du tirage au sort en Suisse et en Europe : un état des lieux*, Berne, Bibliothèque Am Guisanplatz, 2018, p. 257-282.

Enfin, un dernier atout épistémique du tirage au sort vient de la perspective temporelle plus élargie qu'offre l'émancipation par rapport aux cycles électoraux [1]. Le fait pour les personnes tirées au sort de ne pas être sujettes à la réélection offre en effet davantage de liberté pour prendre en compte des intérêts de long terme, voire les intérêts des générations futures, ce qui peut s'avérer crucial à une époque de profonds bouleversements environnementaux. Bien entendu, nous n'avons aucune garantie que des RTS se montreraient effectivement plus soucieux du futur que des élus, mais nous pouvons nourrir l'espoir que la suppression d'un désincitant important atténue à tout le moins le court-termisme de nos systèmes représentatifs. Certaines expériences d'assemblées délibératives ont d'ailleurs fait émerger des recommandations encourageantes du point de vue de la justice intergénérationnelle [2], à l'instar de l'inattendue conversion du Texas à l'éolien à la suite d'un sondage délibératif. Et des expériences intéressantes de Conventions citoyennes pour le climat ont récemment eu lieu en France comme au Royaume-Uni.

Vertus épistémiques de l'élection et des partis

L'élection possède toutefois également des vertus épistémiques propres, qui rendent a priori complémentaires les deux procédures. Ces vertus ont déjà été discutées dans le premier chapitre, qui s'intéressait à la valeur épistémique des régimes démocratiques existants. Je me contenterai donc ici de rappeler les éléments essentiels, en ajoutant un point sur l'importance des partis.

Le caractère réitératif des élections institutionnalise un mécanisme de reddition de comptes : s'ils souhaitent être réélus, les représentants sont minimalement tenus d'agir en fonction des intérêts ou aspirations de leur électorat. Certes, il s'agit d'un mécanisme déficient à plusieurs titres, mais qui permet malgré tout un certain contrôle des représentants. Une représentation exclusivement par tirage au sort, même si elle se jouait à de multiples niveaux, dans une multitude d'assemblées citoyennes, laisserait la majeure partie des citoyens dans une position assez passive de spectateurs de délibérations peu lisibles et sur lesquelles ils auraient peu de prise, si ce n'est par le lobbyisme et les manifestations.

Outre cette protection minimale contre les abus de pouvoir, la réitération des élections permet aussi une réduction des risques de

1. D. Bourg, K. Whiteside, *Vers une démocratie écologique.*; M. MacKenzie, « A General-Purpose, Randomly Selected Chamber ».

2. J. Fishkin, *When the People Speak*, *op. cit.*, p. 152-154.

décisions involontairement biaisées ou inadéquates grâce à la circulation de l'information qu'elle génère entre représentants et représentés. Cela ne garantit nullement une représentation adéquate des souhaits du plus grand nombre, mais cela y incite néanmoins, tout en permettant la correction des erreurs dans le temps.

Par ailleurs, la compétition électorale engendre l'affrontement public de projets de société concurrents, structurés par les partis et relayés par les médias, ce qui permet la formation du jugement politique individuel. Ce n'est d'ailleurs pas la seule vertu épistémique des partis (dont l'existence est fortement liée à la compétition électorale) : ils ont également pour fonction de rassembler des citoyens aux aspirations hétérogènes autour d'un projet commun [1]. Or, cette capacité de *mobilisation* pourrait s'avérer essentielle en vue de rassembler les plus désavantagés de nos sociétés derrière des revendications communes – et donc essentielle au progrès vers davantage de justice sociale. Même si les partis existants y parviennent difficilement, ils possèdent néanmoins un avantage organisationnel indéniable par rapport à une diversité non organisée de représentants tirés au sort.

Enfin, on aurait tort de ne pas mentionner parmi les vertus épistémiques propres à l'élection sa capacité à exercer un certain filtre de compétence et à amener et maintenir au pouvoir des personnes disposant de qualités qui ne sont pas universelles. Certes, l'élection ne garantit aucunement la compétence, mais son caractère compétitif incite néanmoins généralement à la sélection de candidats ayant fait preuve de certaines capacités à des échelons inférieurs de pouvoir ou à l'intérieur du parti [2]. En outre, comme électeurs, nous pourrions regretter de nous priver de la possibilité de choisir d'être représentés par des personnes qui nous paraissent particulièrement capables de promouvoir nos valeurs. Quelqu'un qui nous ressemble d'un point de vue descriptif ne nous représentera pas forcément aussi bien que nous le voudrions.

Il existe donc une diversité de raisons épistémiques d'essayer de combiner tirage au sort et élection. Le tirage au sort apporte une plus-value en termes de diversité, de délibérations, d'humilité et de prise en compte du long terme. Les élections apportent quant à elles une plus-value en termes de redevabilité, de circulation de l'information, de formation du jugement politique, de mobilisation politique et de filtre de compétence.

1. N. Urbinati, *Representative Democracy*; J. Gastil, E. O. Wright, « Legislature by Lot : Envisioning Sortition Within a Bicameral System », in *Legislature by Lot*, *op. cit.*, p. 3-38.

2. T. Malleson, « Should Democracy Work Through Elections or Sortition ? », *Politics and Society* 46/3, 2018, p. 410.

Des légitimités distinctes et imparfaites

Par ailleurs, ces procédures reposent sur des légitimités différentes, pouvant se compléter, et permettant potentiellement de renforcer la légitimité du système politique dans son ensemble. Les travaux de Pierre Rosanvallon ont en effet mis en évidence l'importance d'une pluralisation des sources de légitimité dans les démocraties contemporaines, les procédures majoritaires traditionnelles ne générant qu'une légitimité imparfaite, incomplète [1].

Les représentants élus dérivent une bonne part de leur légitimité du fait que chaque citoyen a eu l'opportunité de voter et donc d'influencer leur sélection. Pour de nombreux théoriciens de la démocratie, voter implique de consentir à être représenté et d'accepter les règles du jeu. Par l'acte de vote, on reconnaîtrait que les élus ont le droit de prendre des décisions en notre nom pendant la durée de leur mandat (*légitimité d'autorisation*). Bien entendu, voter n'exclut pas de s'opposer aux décisions du gouvernement, mais cela implique de respecter, de manière générale, leur autorité. Une distinction potentielle est introduite entre le caractère juste ou injuste d'une loi et sa légitimité démocratique. Si on participe aux élections, on peut à la fois juger les décisions du gouvernement comme légitimes et injustes. Et ce serait d'ailleurs la prise d'importance croissante de cette notion de consentement dans un imaginaire collectif marqué par la fiction du contrat social qui expliquerait que le tirage au sort ait été complètement éclipsé par l'élection dans les démocraties modernes, alors même qu'il était considéré comme plus démocratique, voire plus égalitaire [2].

Arash Abizadeh, parmi d'autres, rejette fermement l'association de l'idée de consentement à l'élection [3]. À ses yeux, les personnes qui votent n'expriment pas leur consentement aux lois ou au fait d'être représentées ; elles expriment simplement une préférence pour tel ou tel candidat et une intention d'influencer le résultat de l'élection. Sans doute l'expression d'un consentement n'est-elle pas la raison première pour laquelle les citoyens votent. Et il est également vrai que l'acte de vote n'exprime pas *nécessairement* le consentement d'une personne [4]. Cependant, on

1. P. Rosanvallon, *La légitimité démocratique*, *op. cit.*, p. 29.

2. B. Manin, *Principes du gouvernement représentatif*, *op. cit.*, p. 123. À cette explication s'ajoute celle de Sintomer (*Petite histoire de l'expérimentation démocratique*) selon laquelle les fondateurs des démocraties modernes ne possédaient pas la notion de l'échantillon représentatif ; ils percevaient dès lors dans le tirage au sort un instrument valable uniquement dans des communautés politiques plus réduites, où chacun pouvait être à son tour gouverné et gouvernant.

3. A. Abizadeh, « Representation, Bicameralism, Political Equality, and Sortition ».

4. L. Ramelet, « Why voting does not imply consenting », *Frontiers in Political Science* 2/5.

peut observer que certains citoyens s'abstiennent de voter précisément parce qu'ils refusent de donner leur consentement à un système politique qui leur déplaît (« je refuse de prendre part à cette mascarade »). Cela signifie qu'ils reconnaissent que jouer le jeu des élections peut impliquer une certaine acceptation des règles du jeu (y compris accepter la défaite). La difficulté, bien entendu, c'est que le vote peut exprimer beaucoup de choses à la fois, de sorte qu'on ne sait jamais avec certitude si les citoyens consentent vraiment à la représentation électorale quand ils votent ou s'ils n'agissent que de manière stratégique. Cela rend cette forme de légitimité imparfaite, mais cela ne signifie toutefois pas qu'on puisse évacuer toute notion de consentement, ou au moins *d'autorisation*, de l'acte de vote.

Outre l'autorisation à représenter, la légitimité démocratique des élus provient du fait qu'ils sont relativement contrôlés par la population, comme nous l'avons vu (*légitimité de redevabilité*). Ils ne sont pas simplement autorisés à agir comme bon leur semble, mais à s'essayer à l'exercice d'une responsabilité temporaire, qui sera évalué par l'électorat. Ceci renforce leur légitimité par rapport à des représentants qui auraient été autorisés à gouverner mais n'auraient aucun compte à rendre à l'ensemble de la population, puisque les citoyens deviennent co-responsables de la qualité des décisions collectives [1] – il leur revient d'écarter les représentants indésirables. À nouveau, cette légitimité est imparfaite, car cette forme de contrôle populaire fonctionne mal. Il s'agit néanmoins d'une plus-value par rapport au tirage au sort.

Selon certaines interprétations, le tirage au sort rend d'ailleurs la reddition de comptes superflue. En effet, si sa fonction est de sélectionner une diversité d'intérêts et de visions du monde, on pourrait juger légitime que les représentants tirés au sort (RTS) défendent leurs intérêts et leur vision du monde propres, sans avoir de comptes à rendre à qui que ce soit [2]. Pourrait en résulter une situation où les citoyens auraient accepté l'usage du tirage au sort, mais ne se reconnaîtraient pas dans les RTS et se trouveraient sans moyen d'inciter ces derniers à agir selon leurs aspirations. Assurément, c'est une situation à laquelle n'échappent pas non plus tout à fait les élections. Il y a cependant deux différences importantes, de ce point de vue, entre élections et tirage au sort.

Premièrement, sous régime électoral, ceux qui ne se sentent pas adéquatement représentés savent néanmoins qu'ils auront la possibilité, dans certaines limites, de choisir de meilleurs représentants à la prochaine

1. H. Pourtois, « Les élections sont-elles essentielles à la démocratie ? », *Philosophiques* 43/2, 2016, p. 421-422.

2. *Ibid.*, p. 430 ; H. Pitkin, *The Concept of Representation*, *op. cit.*, p. 89-90.

élection. Sous régime aléatoire, ils ne peuvent qu'espérer être mieux représentés à la prochaine rotation, sans aucune possibilité de peser, même minimalement, sur le processus de sélection.

Deuxièmement, sous régime électoral, les citoyens ont eu la possibilité de choisir leurs représentants en ayant une idée des politiques qu'ils seraient susceptibles de promouvoir – même si les promesses électorales ne sont évidemment pas toujours tenues. Sous régime aléatoire, en revanche, pour accepter la légitimité des décisions d'un corps de représentants qui ne doivent leur présence qu'au hasard, le raisonnement est plus complexe, et ses fondements discutables. D'abord, il faut une compréhension minimale des probabilités et une capacité d'abstraction pour accepter l'idée selon laquelle les décisions prises par les RTS sont *probablement* conformes à celles que les citoyens prendraient eux-mêmes s'ils étaient placés dans des conditions similaires de délibération [1] et admettre que les RTS sont placés dans une position d'information et de délibération qui peut légitimement leur faire voir les choses différemment par rapport à ceux qu'ils représentent. Par ailleurs, un tel raisonnement ne pourrait être valide qu'à trois conditions :

1) Les taux d'acceptation de siéger doivent (ou le processus de sélection doit) être tel(s) que l'assemblée tirée au sort reflète véritablement la diversité des citoyens.

2) Le processus de délibération ne doit pas souffrir de distorsions communicationnelles (domination de certains participants, mécompréhension mutuelle, manque de temps), sans quoi une autre délibération, avec d'autres personnes, déboucherait potentiellement sur une autre décision.

3) Les citoyens doivent effectivement percevoir ce lien hypothétique (« je jugerais de même si j'étais dans les mêmes conditions ») et se considérer représentés sans avoir à interagir avec leurs représentants et sans même nécessairement s'identifier à leurs idées.

La première condition est assez peu plausible. Dans la plupart des expériences récentes d'assemblées citoyennes tirées au sort, le taux de participation était généralement très faible. Il était par exemple d'environ 6% pour les assemblées sur la réforme électorale en Colombie britannique (2004), en Ontario (2006) et aux Pays-Bas (2006) [2], et proche de 3% lors du G1000 en Belgique (2011) [3]. Les raisons possibles sont

1. A. Guerrero, « Against Elections », *op. cit.*, p. 159.

2. P. Fournier *et al.*, *When Citizens Decide*, *op. cit.*, p. 148.

3. D. Caluwaerts, M. Reuchamps, « Facts, figures and some lessons from an experience of deliberative democracy in Belgium », in *The Malaise of Electoral Democracy and What to Do About It*, Re-Bel e-book n°14, Bruxelles, The Re-Bel Initiative, 2014, p. 17.

multiples : manque de temps ; peur de s'exprimer en public ; manque de confiance en soi ; hostilité à la politique ; doutes à propos de l'organisation ; auto-exclusion (« ce n'est pas mon rôle, c'est pour les politiciens ») [1]. Les taux d'acceptation varieront sans doute selon le type d'usage du tirage au sort. Nul doute qu'une mission rémunérée attirera davantage de participants. De même, le sentiment que l'assemblée pourrait avoir un véritable impact politique serait de nature à motiver la participation. Dans l'autre sens, toutefois, une assemblée tirée au sort dotée d'un pouvoir important augmenterait l'exposition et la pression publiques pesant sur ceux qui accepteraient la charge. Rien que pour de petits jurys citoyens recevant une mission politique de moindre ampleur, on observe en effet déjà la « charge morale » pesant lourdement sur les épaules des citoyens tirés au sort [2]. En somme, même si une diversité de variables sont susceptibles d'entrer en jeu selon les usages du tirage au sort, rendant toute prédiction sur les taux de participation difficile, il y a de bonnes chances qu'ils soient relativement faibles – et en tout cas insuffisants pour garantir une véritable représentativité statistique [3]. Difficulté à laquelle s'ajoute le fait que seul un échantillon suffisamment large de citoyens (sans doute trop large pour des délibérations de qualité) pourrait garantir cette représentativité [4].

La seconde condition est simplement irréaliste. Les modèles de délibération non contrainte imaginés d'un point de vue théorique ne servent que d'idéaux régulateurs. Dans la réalité, on ne peut que s'efforcer de réduire les distorsions communicationnelles ; pas les faire disparaître entièrement. De sorte que deux assemblées tirées au sort délibérant dans des conditions identiques pourraient très bien parvenir à des conclusions opposées.

Concernant la troisième condition (les citoyens perçoivent la représentativité hypothétique), diverses expériences d'assemblées

1. Voir V. Jacquet, « Explaining Non-Participation in Deliberative Mini-Publics », *European Journal of Political Research* 56/3, 2017, p. 640-659.

2. R. Barbier, C. Bedu, N. Buclet, « Portée et limites du dispositif "jury citoyen" », *Politix* 86, 2009, p. 189-207. Il en va de même avec la tâche plus lourde encore, psychologiquement, de siéger dans un jury populaire (C. Gissinger-Bosse, *Être juré populaire en cour d'assises : Faire une expérience démocratique*, Paris, Éditions de la Maison des sciences de l'homme, 2017, p. 187).

3. L'usage de quotas est une possibilité à prendre au sérieux, mais qui ne fait pas disparaître le problème de l'auto-sélection (et pose une série de questions ardues sur lesquelles je ne me pencherai pas ici). Quant à l'obligation d'accepter la charge, elle me paraît excessivement coercitive.

4. G. Delannoi, O. Dowlen, P. Stone, *The Lottery as a Democratic Institution*, Dublin, Policy Institute, 2013, p. 14.

citoyennes montrent qu'elle n'a rien d'évident non plus [1]. En effet, quand des propositions élaborées par des assemblées citoyennes ont été soumises à référendum, elles ont à plusieurs reprises été rejetées [2]. S'il est important de noter qu'une exigence de majorité qualifiée biaisait parfois le vote en faveur du statu quo, comme ce fut le cas par exemple en Colombie britannique en 2004, on doit aussi reconnaître que le grand public ne se fie pas nécessairement à la seule représentativité des assemblées tirées au sort – du moins pas suffisamment pour abdiquer son propre jugement sur la question posée. Sans doute le manque de couverture médiatique des travaux de ces assemblées citoyennes a-t-il pu jouer un rôle dans la dissonance entre les voix du mini-public et du grand public [3], mais un tel exemple amène malgré tout à ne pas tenir pour acquis que les citoyens se fieront aisément à l'avis d'une assemblée tirée au sort, dont le fonctionnement est parfois obscur pour les non-participants [4]. Et ce d'autant plus qu'un soupçon pourrait accompagner le processus de sélection. Comme cela a déjà été mentionné à propos de l'idée de tirer au sort un collège d'électeurs, on peut en effet s'attendre à ce que certains doutent de la pureté ou de l'impartialité du tirage au sort, cette méthode de sélection étant, dans un sens, moins transparente que l'élection [5].

Or, en l'absence de redevabilité électorale, la prétention à la représentativité (*representative claim*) d'une assemblée tirée au sort n'est pas mise à l'épreuve d'une confrontation instituée avec le public [6]. Il se peut qu'une telle assemblée soit perçue comme légitime ; il se peut qu'elle prenne des décisions ou fasse des recommandations de qualité ; mais il n'existe pas de mécanisme similaire (ou d'équivalent fonctionnel) à la réitération des élections permettant de tester cette prétention à la représentativité. Et cela limite la légitimité de ce mode de représentation.

Les promoteurs du tirage au sort ont cependant des raisons de ne pas se satisfaire d'une simple représentation à prétention descriptive (a fortiori si elle est imparfaite). Rien n'empêche dès lors de concevoir des mécanismes alternatifs de reddition de comptes. En effet, la similarité

1. Je remercie Jean-Benoit Pilet pour avoir attiré mon attention sur ce point.

2. P. Fournier *et al.*, *When Citizens Decide*.

3. En effet, il semblerait que plus les citoyens étaient informés sur l'assemblée, plus ils étaient susceptibles de suivre ses recommandations (*ibid.*, p. 130-132).

4. S. Rummens, « Legitimacy without Visibility ? On the Role of Mini-Publics in the Democratic System », *in* M. Reuchamps, J. Suiter, *Constitutional Deliberative Democracy in Europe*, *op. cit.*, p. 129-146.

5. C. López-Guerra, « The Enfranchisement Lottery », *op. cit.*, p. 224-225.

6. N. Urbinati, M. Warren, « The concept of representation in contemporary democratic theory », *Annual Review of Political Science* 11, 2008, p. 403.

(relative) ne garantit en rien que les représentants agiront dans le sens désiré par les représentés [1]. Si beaucoup de citoyens souhaitent davantage de similarité entre gouvernants et gouvernés, ce n'est pas forcément parce qu'ils croient que seule une femme peut représenter une femme ou seul un pauvre peut représenter un pauvre. On peut tout à fait juger que le manque de représentativité descriptive biaise les décisions d'une assemblée tout en attendant des représentants une forme *active* de représentation, c'est-à-dire qu'ils *agissent pour* les citoyens, quelle que soit leur identité. Et de ce point de vue, la redevabilité redevient cruciale ; on ne peut simplement se fier à la représentativité descriptive.

En vue d'encourager une forme de représentation active de la part des RTS, il faudrait miser sur la reddition de comptes *délibérative*, ou *discursive* [2], en encourageant les échanges communicationnels entre les RTS et le grand public [3]. Les RTS auraient à rendre compte publiquement de leurs décisions, par le biais de rapports publics obligatoires, par exemple, mais aussi plus informellement par leurs interactions avec la presse et la société civile. À condition que les médias jouent un rôle de relais des délibérations des RTS, de telles interactions pourraient avoir un effet délibératif intéressant, du fait de leur contribution au débat public.

Néanmoins, la redevabilité demeurera moins prononcée, moins institutionnalisée avec le tirage au sort qu'avec l'élection. Les incitants ne sont pas les mêmes, puisque les élus *doivent* se mettre à la recherche d'informations et anticiper les réactions du public, tandis que les RTS le *peuvent*, s'ils sont consciencieux. On pourrait certes imaginer des manières de rendre les RTS *institutionnellement* redevables, par un mécanisme de révocation par exemple. Dans la Grèce antique, les citoyens tirés au sort pour siéger dans la *Boulè* ou dans des tribunaux devaient rendre des comptes, pouvaient être déposés à tout moment par un vote de l'assemblée et sanctionnés a posteriori pour leurs actions et décisions,

1. H. Pitkin, *The Concept of Representation*, *op. cit.*, p. 88-89 et 142.

2. R. Goodin, *Innovating Democracy*, *op. cit.*, p. 155-185 ; H. Buchstein, « Elective and Aleatory Parliamentarism », *in* K. Palonen, J.-M. Rosales (dir.), *Parliamentarism and Democratic Theory : Historical and Contemporary Perspectives*, Barbara Budrich Publishers, 2015, p. 271-273 ; J. Mansbridge, « Accountability in the constituent-representative relationship », *in* J. Gastil, E. O. Wright, *Legislature by Lot.*

3. Possibilité qu'empêchent les votes et délibérations secrets recommandés par certains promoteurs du tirage au sort afin de protéger les RTS du grand public et des risques de corruption. Voir J. Gastil, E. O. Wright, « Legislature by Lot : Envisioning Sortition Within a Bicameral System », in *Legislature by Lot*, *op. cit.*, p. 28.

les sanctions pouvant aller jusqu'à l'exil ou la mort [1]. Plus modestement, on pourrait imaginer qu'il soit possible pour les citoyens de lancer une pétition contre un RTS et de le destituer à certaines conditions – un certain nombre de signatures et une majorité (qualifiée) dans un vote, par exemple. Ce serait assez brutal vis-à-vis de personnes qui n'ont après tout rien demandé, mais la simple anticipation de la possibilité d'être révoqué pourrait suffire à les inciter à ne pas adopter des positions extrêmes – racistes ou misogynes, par exemple.

Il y a cependant certaines raisons de résister à l'idée d'instaurer un tel mécanisme de révocation, qui sanctionnerait probablement les vues non orthodoxes. Une de ces raisons est la volonté d'encourager une participation inclusive. Or, beaucoup pourraient être effrayés au moment de la sélection par la perspective d'une révocation publique. Par ailleurs, il est important qu'une assemblée tirée au sort soit perçue comme un espace de liberté d'expression. Si l'une de ses visées est de restaurer la confiance du public, qui se méfie de la langue de bois des élus, une condition de réussite pourrait être la possibilité d'exprimer des idées non orthodoxes en son sein. Enfin, les représentants les moins populaires ne sont pas nécessairement ceux qui agissent mal ; ce peut aussi être ceux qui défendent les étrangers ou les générations futures contre les intérêts de la majorité [2].

Une autre forme de « redevabilité » non électorale est la validation par référendum [3]. L'idée est que les recommandations émanant d'une assemblée tirée au sort soient systématiquement validées ou rejetées par référendum, afin de s'assurer qu'elles soient approuvées par le grand public. C'est de cette manière que diverses expériences d'assemblées citoyennes, dans le cas de réformes de lois électorales ou de la constitution, ont cherché à donner une assise à leur légitimité [4]. Le risque dont il faut néanmoins tenir compte est que le référendum fasse perdre les bénéfices de la délibération préalable au sein de l'assemblée citoyenne. Pour peu que le grand public soit mal informé sur le sujet ainsi que sur les travaux et recommandations du mini-public, les bénéfices délibératifs du tirage au sort

1. B. Manin, *Principes du gouvernement représentatif*, *op. cit.*, p. 25-26 ; Y. Sintomer, *Petite histoire de l'expérimentation démocratique*, *op. cit.*, p. 204.

2. P. Van Parijs, « Electoral Democracy and Its Rivals », in *The Malaise of Electoral Democracy and What to Do About It*, Re-Bel E-Book 14, Bruxelles, The Re-Bel Initiative, 2014, p. 49.

3. N. Urbinati, M. Warren, « The concept of representation in contemporary democratic theory », *op. cit.*, p. 406.

4. P. Fournier *et al.*, *When Citizens Decide* ; M. Reuchamps, J. Suiter, *Constitutional Deliberative Democracy in Europe*.

seront presque annihilés. À cet égard, le modèle de la Citizen's Initiative Review pratiquée en Oregon est plus prometteur, les recommandations du mini-public étant diffusées sous forme de livret informatif au grand public avant le vote [1].

Toutefois, imaginer un système politique sans élections, mais dans lequel toutes les décisions des RTS seraient soumises à référendum fait pénétrer dans un registre tout autre. On abandonnerait la logique représentative pour une forme de démocratie participative indirecte extrêmement exigeante du point de vue de l'implication politique des citoyens et abandonnant bien des bénéfices de la division du travail politique [2].

L'absence de mécanismes d'autorisation et de sanction implique que la légitimité d'une assemblée tirée au sort diffère de manière importante de la légitimité électorale. Elle repose essentiellement sur le potentiel épistémique du tirage au sort évoqué précédemment. Tout en respectant une certaine forme d'égalité politique (sur laquelle je reviens dans la section qui suit) qui permet de satisfaire l'exigence de légitimité procédurale, l'usage de ce mécanisme démocratique se justifie à mes yeux essentiellement par la qualité délibérative qu'il est susceptible d'injecter dans le processus de décision collective. Ce potentiel épistémique tient à la fois à la diversité des perspectives convoquées, à la liberté délibérative dont jouissent les participants et à leur indépendance (par rapport aux partis ou aux donateurs).

Certaines conditions favorables sont toutefois requises pour que ces bénéfices épistémiques puissent être raisonnablement attendus :

- la sélection doit être réellement inclusive ;
- le processus de confrontation avec experts et parties prenantes doit être le plus équilibré possible ;
- les délibérations doivent être organisées de façon à minimiser les diverses formes de domination délibérative.

Dans de telles conditions favorables à une délibération inclusive et égalitaire, on peut s'attendre à des gains de rationalité et d'impartialité.

1. Voir J. Gastil, R. Richards, « Making Direct Democracy Deliberative through Random Assemblies », *Politics and Society* 41/2, 2013, p. 253-281. Initialement, le jury citoyen exprimait ses recommandations ; désormais, il se contente de présenter les arguments pour et contre la proposition débattue.

2. Notamment le fait que des personnes placées dans des conditions favorables à l'information et à la délibération soient potentiellement mieux armés pour juger que le grand public. C'est d'ailleurs un argument fréquemment invoqué en faveur du tirage au sort par rapport à la démocratie directe de type référendaire.

Pour autant, l'impartialité d'une assemblée tirée au sort – souvent considérée comme source essentielle de sa légitimité [1] – ne peut être tenue pour garantie. Les RTS étant indépendants des partis, ils sont sans doute mieux placés pour prendre des décisions sur lesquelles les partis seraient inévitablement partiaux – comme des réformes des lois électorales ou de financement des partis. Par ailleurs, ils sont dispensés de la course compromettante aux financements de campagnes, ce qui les rend à première vue moins susceptibles de compromissions économiques. Il devient en effet très difficile pour les plus riches d'influencer le processus de sélection des représentants [2]. Néanmoins, cela ne garantit pas l'impartialité des décisions résultant d'une telle procédure – a fortiori si l'assemblée est dotée de pouvoirs importants. Un RTS entre en effet en fonction sans promesses ni programme, et parfois sans idées personnelles très claires, ce qui en fait une cible idéale pour les lobbies. Ce risque est renforcé par l'absence de redevabilité des RTS envers un électorat : ils sont libres d'adopter la position qu'ils souhaitent, même si elle ne leur offrait aucune chance de succès électoral. C'est un avantage d'un point de vue délibératif, car cela leur offre la liberté de changer d'avis et de suivre les meilleurs arguments entendus, mais c'est aussi une source de danger. Moins les représentants sont redevables envers un électorat, plus ils deviennent des cibles attrayantes pour les groupes d'intérêt puissants envers lesquels ils risquent de devenir redevables [3]. Or, le cas d'une assemblée tirée au sort diffère des jurys d'assises, qu'on coupe de toute interaction avec le public précisément pour éviter toute influence indue. On imagine mal se passer du principe de publicité des échanges et des décisions, nécessaire à la confiance du public et aux interactions délibératives entre représentants et représentés. Une telle publicité, toutefois, rendrait les RTS plus vulnérables à la corruption : quand on sait qui défend quelle position, on sait qui corrompre pour arriver à ses fins. Comme en ce qui concerne la démocratie électorale, une certaine dose de méfiance sera donc toujours bienvenue [4].

1. Y. Sintomer, *Petite histoire de l'expérimentation démocratique*, *op. cit.*, p. 220 ; H. Buchstein, « Elective and Aleatory Parliamentarism » ; D. Courant, « Penser le tirage au sort ».

2. O. Dowlen, « Sorting out sortition : A perspective on the random selection of political officers », *Political Studies* 57/2, 2009, p. 308.

3. A. Guerrero, « Against Elections », *op. cit.*, p. 142 ; D. Landa, R. Pevnick, « Is Random Selection a Cure for the Ills of Electoral Representation ? », *Journal of Political Philosophy*, 2020.

4. Voir S. Dovi, *The Good Representative*, Malden, Blackwell, 2007, chap. 2.

Des incarnations différentes de l'égalité politique

Enfin, il existe encore un aspect du tirage au sort et de l'élection qui les rend a priori complémentaires : la manière dont chaque procédure incarne imparfaitement l'idéal d'égalité politique [1]. Du côté du tirage au sort, cet idéal se traduit en une *égale probabilité* d'être invité à occuper une fonction politique, qui lève la plupart des formes de discrimination indirecte caractérisant la sélection électorale des représentants [2]. Même si des biais d'auto-sélection ne manqueront pas de rendre inégale la probabilité d'occuper *effectivement* une fonction politique, la plus-value par rapport à une démocratie entièrement électorale est évidente de ce point de vue. Par ailleurs, le fait de ne pas avoir à mener de campagne électorale et donc à récolter des fonds augmente l'égalité politique entendue cette fois comme *égalité d'opportunités d'influence*, en réduisant l'avantage procédural dont bénéficient les citoyens les plus riches, qui peuvent s'acheter les faveurs de politiciens en les aidant à se faire élire [3].

Du côté de l'élection, par contraste, l'idéal d'égalité politique se traduit en une égale *possibilité* offerte à tous les citoyens de participer au processus (indirect) d'autodétermination politique en pesant de manière égale, non pas sur les décisions finales, mais sur le choix des représentants chargés de construire ces décisions. On peut certes regretter que la participation citoyenne s'y limite au choix de représentants [4]. Néanmoins, cette égale possibilité de participer au processus de construction des décisions collectives constitue une plus-value indéniable par rapport au tirage au sort pris de manière isolée, qui prive d'un certain pouvoir de participation tous ceux qui ne sont pas tirés au sort. De ce point de vue, l'élection promeut également, mais d'une manière différente, l'*égalité d'opportunités d'influence*, puisque tous les citoyens ont au moins, à un moment, leur mot à dire, tandis que seuls les tirés au sort et ceux qui parviennent à peser dans le débat public jouissent d'influence dans

1. Je m'inspire ici de D. Leydet, « Which Conception of Political Equality do Deliberative Mini-Publics Promote ? », *European Journal of Political Theory* 18/3, 2019, p. 349-370.

2. D. Courant, « Penser le tirage au sort ».

3. O. Dowlen, « Sorting out sortition ».; A. Abizadeh, « Representation, Bicameralism, Political Equality, and Sortition ». Voir néanmoins D. Landa, R. Pevnick, « Is Random Selection a Cure for the Ills of Electoral Representation ? ».

4. Aux yeux d'Abizadeh (*ibid*), cela rend cette incarnation de l'égalité politique peu plausible. Les citoyens sont en effet égaux face au choix de représentants, mais très inégaux du point de vue des opportunités d'influencer, en fin de compte, les décisions collectives.

le cas du tirage au sort pris isolément (ce qui pourrait avoir un effet de dépolitisation des citoyens [1]).

Un modèle bi-représentatif

On peut donc placer un certain nombre d'espoirs dans le tirage au sort, et en particulier l'espoir d'une démocratie plus juste : une représentation moins monopolisée par l'élite, plus ouverte à la diversité des perspectives. Cependant, pour être crédible, cette proposition doit rester modeste. D'abord, on aurait tort de croire que l'introduction d'une CTS réglera tous les problèmes qui affectent la représentation démocratique. Demeureront par exemple le problème de l'impuissance des gouvernements nationaux par rapport aux dynamiques économiques internationales, et celui les inégalités de pouvoir d'influence résultant des inégalités économiques. Par ailleurs, le pouvoir politique s'est largement déplacé des parlements vers les exécutifs [2], où le tirage au sort n'est pas vraiment envisageable [3]. Dans cette perspective, une CTS fait davantage figure de correctif que de panacée.

Il ne faudrait pas non plus perdre de vue les mérites propres à la démocratie électorale. Si c'est en réaction aux maux de cette dernière que l'idée du tirage au sort séduit, c'est la *complémentarité* de ces deux modes de sélection qui doit être soulignée. Autant un système politique entièrement électoral est défectueux, autant un système entièrement aléatoire serait indésirable. Trois principes fondamentaux de la démocratie, qu'incarne le suffrage universel, seraient malmenés : le droit pour tous de *participer* (même indirectement) au processus d'autodétermination collective ; la liberté de *choisir* ses représentants ; le pouvoir de les *contrôler* et de les sanctionner. C'est donc vers un modèle bi-représentatif (qui combine élection et tirage au sort) qu'il nous faut nous tourner – et pas seulement de manière transitoire [4].

1. A. Malkopoulou, « The Paradox of Democratic Selection : Is Sortition Better than Voting ? », *in* K. Palonen, J.-M. Rosales, *Parliamentarism and Democratic Theory*, *op. cit.*, p. 244 et 247.

2. P. Rosanvallon, *Le bon gouvernement*, Paris, Seuil, 2015.

3. C'est du nombre qu'on peut attendre une certaine sagesse (les atouts des uns compensant les faiblesses des autres), pas de la nomination de n'importe quel individu à n'importe quel poste.

4. David Van Reybrouck (*Contre les élections*), auquel j'emprunte la notion de « modèle bi-représentatif », semble y voir une étape politiquement faisable vers un système plus complexe, inspiré par Bouricius (« Democracy through Multi-Body Sortition ».), où le tirage au sort remplacerait entièrement l'élection. Il souligne cependant, de manière quelque peu ambiguë, les mérites respectifs du tirage au sort et de l'élection, de ce qu'il appelle le « populisme » et l'« expertise ».

Dans ce modèle, je préconise donc un rôle subordonné pour la CTS, c'est-à-dire un pouvoir d'initiative, de seconde lecture et d'amendement, mais pas le dernier mot. C'est une position controversée. Certains pensent en effet qu'on ne tire pas pleinement les fruits du tirage au sort si on limite ainsi le pouvoir de la CTS [1], qu'un manque de pouvoir pourrait affaiblir encore le taux d'acceptation, ou accroître le ressentiment du grand public à l'encontre de la classe politique face à ce qui serait perçu comme un simulacre de participation citoyenne [2]. À vrai dire, il y a une bonne dose d'incertitude sur la répartition des compétences susceptible de générer les meilleurs effets, de tirer le meilleur des deux chambres [3].

Je vois trois raisons principales de préférer un rôle subordonné pour la CTS. Premièrement, on peut se demander si des représentants que les citoyens ne peuvent ni choisir ni révoquer disposent de suffisamment de légitimité pour prendre des décisions (plutôt que faire des recommandations) au nom du peuple. Cela ne me paraît pas évident si l'on tient compte du fait qu'une CTS ne sera pas, selon toute vraisemblance, descriptivement représentative de la population. Qui plus est, comme cela a été souligné, la représentativité ne suffit pas à garantir la qualité de la représentation.

Deuxièmement, si les élections possèdent des vertus que ne peut pas remplacer le tirage au sort, il me semble nécessaire de maintenir une certaine hiérarchie des légitimités entre les deux procédures, et des fonctions distinctes. En effet, si l'on plaçait les deux chambres sur un pied d'égalité, outre le fait de renforcer la protection du statu quo [4], on risquerait d'affaiblir la perception de légitimité de la chambre élue. Si le tirage au sort vaut l'élection, et si n'importe qui peut représenter la collectivité, pourquoi encore s'embarrasser de représentation électorale ?

Troisièmement, si le principal fondement de la légitimité d'une CTS est son potentiel délibératif, il est essentiel de préserver ce dernier. Or, plus une assemblée tirée au sort sera dotée de pouvoir, plus la délibération fera place aux négociations et jeux de pouvoir. Les partis politiques seraient incités à « recruter » les RTS ; les lobbies à les séduire. L'indépendance de

1. Voir notamment J. Gastil, E. O. Wright, « Legislature by Lot : Envisioning Sortition Within a Bicameral System », in *Legislature by Lot*, *op. cit.*, p. 3-38.

2. Voir L. Blondiaux, *Le nouvel esprit de la démocratie. Actualité de la démocratie participative*, Paris, Seuil, 2008, p. 78-80.

3. Différentes répartitions du pouvoir entre les deux chambres et leurs conséquences possibles sont analysées dans P.-É. Vandamme, V. Jacquet, C. Niessen, J. Pitseys, M. Reuchamps, « Intercameral Relations ».

4. Un bicamérisme fort, dans lequel les deux chambres ont un pouvoir de veto, réduit le nombre de projets de loi susceptibles de succès. Cf. *supra*, p. 70-72.

cette assemblée et la qualité de ses délibérations deviendraient beaucoup plus difficiles à garantir. En conférant à la CTS un rôle essentiellement délibératif (outre le pouvoir d'initiative), la répartition des rôles devient également plus claire : nous choisissons celles et ceux qui prennent les décisions en notre nom, mais nous sommes également représentés, dans les délibérations, par des représentants tirés au sort garantissant la représentation d'une diversité de perspectives sociales.

Cette position de légère subordination ne réduirait pas à néant le pouvoir de la seconde chambre. Étant donné la perception très positive dont elle est susceptible de jouir auprès du grand public en raison des effets de similarité et d'« ordinarité » [1], les élus seraient fortement incités à courtiser son consentement, et donc à prendre en compte son avis et ses propositions d'amendement, voire à s'emparer de ses propositions législatives. Si la majorité ne le fait pas, l'opposition s'empressera vraisemblablement de se réclamer de cette légitimité non électorale, gagnant probablement en popularité. En réaction, la majorité serait obligée de se montrer elle aussi plus attentive aux avis de la CTS. Il y a donc fort à parier que l'influence de cette seconde chambre soit réel. D'ailleurs, l'étude des systèmes bicaméraux existants renforce l'idée qu'une seconde chambre tirée au sort, même subordonnée, exercerait de l'influence grâce à son pouvoir de retarder un projet de loi. Il semble en effet que la peur de perdre le soutien majoritaire pour un projet de loi rend les premières chambres impatientes et les force souvent à des compromis avec les exigences des secondes chambres, même quand ces dernières n'ont pas de pouvoir de veto et même quand elles sont dominées par d'autres partis [2].

Le vote justifié

Nous l'avons vu, défendre certains usages du tirage au sort en politique ne revient nullement à renoncer à cet outil démocratique essentiel qu'est le vote. C'est en effet l'instrument de participation le plus égalitaire et le plus inclusif dont nous disposions. Il existe certes d'autres moyens pour les citoyens de participer à la vie politique (activisme, manifestations, grèves, débat d'idées), mais si l'on souhaite que tout le monde puisse s'exprimer sur un pied d'égalité, le vote est incontournable.

Néanmoins, il faut également reconnaître que le vote constitue un bien pauvre moyen d'expression pour les citoyens. Non seulement il ne permet pas de véhiculer un message clairement identifiable (il ne transmet que

1. D. Courant, « Penser le tirage au sort ».
2. G. Tsebelis, J. Money, *Bicameralism*, Cambridge, Cambridge University Press, 1997.

des signaux, parfois trompeurs), mais en outre il n'incite pas forcément à adopter une attitude de décentrement, le secret de l'isoloir donnant l'impression que chacun peut voter selon les critères qui lui paraissent adéquats. Le problème est plus saillant encore dans le cas d'un référendum que dans celui d'une élection, où on assiste au moins à un affrontement public clair entre positions concurrentes et où les élus sont soumis au principe de publicité. Dans un référendum, on se contente de l'expression de préférences privées dans le secret de l'isoloir.

Eu égard à cette pauvreté du vote comme outil de participation, juge Claus Offe, « il devient la plupart du temps inadéquat d'en appeler à une plus large participation : il faut plutôt miser sur un processus de formation plus affiné, plus délibératif et plus réflexif des motivations et des revendications qui composent le processus de participation de masse déjà existant » [1]. Une participation massive aux élections ou à un référendum offre sans doute davantage de légitimité politique aux résultats, mais elle n'offre pas spontanément cette réflexivité susceptible d'accroître le potentiel épistémique de la démocratie. « Une telle réflexivité, suggère Offe, pourrait être facilitée par des dispositifs qui remédient à la solitude monologique du vote dans l'isoloir (sans doute nécessaire) en la complétant par des formes plus dialogiques de participation » [2]. Il s'agit là de l'ambition de nombreux promoteurs de la démocratie délibérative : déplacer l'accent du vote vers la discussion, de l'expression de la volonté vers sa formation discursive.

On aurait cependant tort de considérer le vote comme un moment irrémédiablement anti-délibératif et de chercher à en minimiser l'importance. La délibération, en effet, n'est pas un mode de décision, ce qui implique qu'on ne pourra jamais faire l'économie du vote dans des démocraties ou assemblées d'une taille telle qu'elle rend le consensus improbable, voire indésirable (car suspect) [3]. Or, le vote, l'élection, négligés par beaucoup de théoriciens de la délibération [4], sont les éléments centraux de la participation démocratique. En effet, la participation de quelques *happy few* à une chambre tirée au sort ou à des mini-publics ne suffira probablement pas à assurer la légitimité démocratique. Et la participation démocratique de masse ne fera jamais l'économie du vote. Comme le souligne Hervé Pourtois, « la promesse de la théorie délibérative

1. C. Offe, *Les démocraties modernes à l'épreuve*, *op. cit.*, p. 228.

2. *Ibid.*, p. 230.

3. B. Manin, « Volonté générale ou délibération ? ».

4. G. Mackie, « Deliberation, but Voting Too », *in* R. Cavalier (dir.), *Approaching Deliberative Democracy : Theory and Practice*, Carnegie Mellon University Press, 2011 ; H. Pourtois, « Les élections sont-elles essentielles à la démocratie ? ».

de la démocratie est d'inclure tous les citoyens dans un processus de formation discursive d'une opinion politique. Cela ne peut se faire en désélectoralisant la vie publique, mais plutôt en essayant d'inscrire un moment délibératif au cœur même de la démocratie électorale » [1]. Il convient donc d'examiner s'il n'est pas possible d'améliorer nos pratiques de vote – électoral et référendaire, voire parlementaire.

Secret du vote et droit à la justification [2]

Le caractère insatisfaisant du vote, dans sa pratique dominante, tient à la fois à la réduction de complexité qu'il implique dans la transmission de l'opinion publique et à son caractère peu dialogique. D'un point de vue délibératif, on ne peut que regretter que des visions du monde complexes soient ramenées à un choix entre des alternatives réduites (souvent binaires), et ce dans un contexte de secret ne favorisant pas du tout les échanges et explications. Alors qu'on souhaite que les citoyens discutent collectivement, échangent points de vue et perspectives, justifient leurs positions, considèrent avec impartialité tous les intérêts en jeu – ce à quoi incitent les délibérations publiques –, il leur est demandé de poser l'acte crucial du vote [3] dans la solitude et le secret. N'y a-t-il pas une contradiction à vouloir que chacun puisse être influencé, dans la formation de ses opinions, par autrui et par la force des arguments, mais que personne ne puisse être influencé au moment de voter ? Ne défait-on pas ainsi ce à quoi l'on voudrait inciter : l'influence mutuelle, le décentrement, la discussion ?

Conscients de cette tension, des penseurs tels que Montesquieu, J.-S. Mill, Tocqueville et Durkheim se sont montrés très sceptiques à l'égard du scrutin secret à une époque où il ne s'était pas encore imposé avec la même évidence qu'aujourd'hui. Dans toute élection politique, disait Mill, « il y a pour l'électeur une obligation morale absolue de prendre en considération l'intérêt public, non son avantage personnel, et de voter selon son meilleur jugement, exactement comme s'il était l'unique électeur et que l'issue de l'élection dépendait de lui seul » [4]. En conséquence de quoi, continuait-il, « le devoir de voter, à l'instar de tout autre devoir public, [devrait] être accompli sous l'œil critique du public ;

1. H. Pourtois, « Démocratie délibérative et démocratie électorale ».

2. Les pages qui suivent reprennent en partie l'argumentation développée dans P.-É. Vandamme, « Voting Secrecy and the Right to Justification », *Constellations* 25, 2018, p. 388-405.

3. Sur la responsabilité morale des citoyens face à l'urne, voir E. Beerbohm, *In Our Name : The Ethics of Democracy*, Princeton, Princeton University Press, 2012.

4. J.-S. Mill, *Considérations sur le gouvernement représentatif*, *op. cit.*, p. 179-180.

chacun ayant non seulement un intérêt à ce qu'il soit accompli, mais aussi toute légitimité à considérer avoir subi un préjudice s'il n'est pas accompli honnêtement et soigneusement » [1].

Bon nombre de philosophes politiques s'accordent aujourd'hui à considérer, à l'instar de Mill, que l'exercice d'un pouvoir s'accompagne d'un devoir moral de justification. La légitimité morale de décisions politiques vient en partie de ce qu'elles peuvent être justifiées devant l'ensemble des personnes affectées, ou au moins celles qui sont sujettes au respect de ces décisions [2]. Même si, comme le dit Manin, « [l]e gouvernement représentatif n'est pas un régime où tout doit naître de la discussion », il reste que « tout doit être *justifié* dans la discussion » [3]. Et c'est l'importance de ce processus d'échange de justifications qui fait la valeur des délibérations publiques.

Or, le vote échappe largement à cette exigence de justification. Bien qu'il puisse être informé par le processus délibératif, son exemption de l'exigence de justification pose question d'un point de vue délibératif. On ne peut en effet que regretter la substitution brutale de la « force non coercitive de l'argument meilleur » [4], caractérisant l'idéal délibératif, par la cruelle loi du plus grand nombre sanctionnant un rapport de force électoral. Pratiquement plus personne n'accepte le simple argument de majorité comme suffisant. S'imposer dans les urnes ne dispense pas de devoirs à l'égard des minorités ; celles-ci préservent leur droit à la justification.

Le devoir de justification ne concerne pas seulement les gouvernants. Le vote est en effet un acte par lequel chaque citoyen exerce un pouvoir indirect sur les autres. Par le biais du vote, en effet, on autorise un gouvernement à faire usage de la coercition [5] (imposer ou interdire certains comportements sous peine de sanction) pour réguler la vie en société. Et c'est cette dimension de pouvoir, de coercition qui entraîne le devoir de justification. Certes, comme le souligne à juste titre Annabelle Lever, ce n'est pas le même pouvoir qui est en jeu dans la relation entre citoyens – qui partagent tous (plus ou moins) le même pouvoir face à l'urne – et dans celle entre les citoyens et leurs représentants – qui gouvernent avec leur confiance [6].

1. *Ibid.*, p. 180.

2. T. M. Scanlon, « Utilitarianism and Contractualism » ; J. Habermas, *Droit et démocratie* ; J. Rawls, *Libéralisme politique* ; B. Barry, *Justice as Impartiality*.

3. B. Manin, *Principes du gouvernement représentatif*, *op. cit.*, p. 244.

4. J. Habermas, *Droit et démocratie*.

5. A. Przeworski, *Why Bother with Elections ?*, *op. cit.*, p. 14.

6. A. Lever, « Mill and the Secret Ballot : Beyond Coercion and Corruption », *Utilitas* 19/3, 2007, p. 359-361.

Pour cette raison, l'exigence de justification peut être jugée plus importante dans le second cas. Pour autant, les citoyens ne sont pas exemptés de ce devoir de justification. En effet, si les représentants ont pour devoir de justifier leurs actes et si ces actes sont (partiellement) contraints par la volonté de leurs électeurs, ces derniers ont certainement également pour devoir moral d'être disposés à justifier leurs votes. Il s'agit d'un cas très simple de transitivité : si X est redevable envers Y mais agit au nom de Z [1], alors Z est redevable envers Y.

Or, la pratique du scrutin secret engendre une interruption brutale du processus délibératif marqué par l'échange d'arguments et de justifications. Elle semble délier les citoyens de tous leurs devoirs à l'égard d'autrui. Comme le suggère Mill, l'esprit de cette institution, ou du moins l'idée qu'elle véhicule, est que le droit de vote peut être utilisé à toutes fins jugées utiles par le citoyen, qu'elles soient autocentrées ou altruistes, et que nul n'est tenu de s'en justifier [2].

Des chercheurs plus contemporains ont relancé ce débat sur le secret du vote [3]. Sur base de recherches de psychologie sociale confirmant que la publicité incite à une certaine impartialité, à la prise en égale considération des intérêts de tous, à la construction d'un jugement défendable devant autrui, ils ont renouvelé les anciennes critiques à l'encontre du scrutin secret, appelant de leurs vœux des mécanismes incitant le développement d'une attitude plus orientée vers l'intérêt public [4].

Personne, cependant, n'ose aujourd'hui réclamer l'abolition pure et simple du vote secret, et ceci pour des raisons de prudence essentiellement. Dans un monde exempt de domination, il faudrait sans doute que chacun soit tenu de voter publiquement et disposé à rendre compte de ses choix face aux autres. Cependant, dans le monde réel, une telle pratique pourrait avoir des effets extrêmement pervers. Rien ne permet en effet de préjuger

1. Et si Z est d'accord avec les agissements de X, pourrait-on ajouter. Cependant, il me semble qu'il est de notre devoir d'essayer d'anticiper les agissements des représentants auxquels nous accordons notre faveur, ce qui nous rend redevables même dans les cas où ceux que nous avons choisis n'honorent pas leurs promesses.

2. J.-S. Mill, *Considérations sur le gouvernement représentatif*, *op. cit.*, p. 177.

3. G. Brennan, P. Pettit, « Unveiling the Vote », *British Journal of Political Science* 20/3, 1990, p. 311-333 ; E. Beerbohm, *In Our Name* ; B. Engelen, T. Nys, « Against the Secret Ballot : Toward a New Proposal for Open Voting », *Acta Politica* 48, 2013, p. 490-507.

4. Eux-mêmes ont proposé de tels mécanismes – un vote semi-ouvert dans le cas de G. Brennan et Pettit ; une journée de la justification dans le cas d'Engelen et Nys – que je discute de manière critique dans P.-É. Vandamme, « Voting Secrecy and the Right to Justification », *op. cit.*, p. 393-395.

que la publicité et la possibilité qu'elle offre à chacun de scruter les choix des autres seront utilisées à des fins publiques plutôt que privées [1].

D'abord, la publicité du vote facilite la corruption. Dans des pays où règne la faim, il deviendrait encore plus facile d'acheter les voix des personnes les plus démunies. Dans des pays plus riches, cependant, acheter une élection coûte si cher qu'on ne se préoccupe plus vraiment de cette crainte, les smartphones étant même admis dans l'isoloir – ce qui permet en théorie la corruption puisqu'on peut dans certains cas de vote électronique acheter le vote d'une personne et lui demander de prendre une photo de son bulletin final [2].

La publicité permettrait également l'intimidation, au détriment des personnes les plus vulnérables. Après tout, Cicéron et Montesquieu défendaient le vote public à leurs époques respectives comme un moyen de s'assurer que les citoyens ordinaires seraient guidés dans leurs choix par les élites influentes [3]. On observe d'ailleurs aujourd'hui que la confiance dans le secret du vote a un impact sur le conformisme des électeurs. Aux États-Unis, où 25% des gens semblent douter de la protection du secret de leur vote, il a été constaté que ce doute poussait à voter en conformité avec les attentes de l'entourage [4].

Une crainte additionnelle à l'égard du vote public est qu'il désinciterait probablement à participer aux élections, alors qu'on observe déjà des taux de participation en diminution un peu partout [5]. On peut en effet s'attendre à ce que les citoyens rechignent à se rendre aux bureaux de vote s'ils savent qu'on va leur demander de justifier leur vote devant tout le monde – ou même devant certaines personnes qu'ils connaissent. Il existe d'ailleurs une corrélation historique entre l'extension du suffrage et la réintroduction du bulletin secret, ainsi que des indications selon lesquelles le scrutin secret aurait dans un premier temps augmenté les taux de participation aux élections [6].

1. B. Manin, « Why Open Voting in General Elections Is Undesirable », *in* J. Elster (dir.), *Secrecy and Publicity in Votes and Debates*, Cambridge, Cambridge University Press, 2015, p. 212.

2. J. Elster, *Securities against Misrule*, *op. cit.*, p. 8.

3. J. Elster, *Secrecy and Publicity in Votes and Debates*.

4. A. Gerber *et al.*, « Is There a Secret Ballot? Ballot Secrecy Perceptions and Their Implications for Voting Behaviour », *British Journal of Political Science* 43, 2012, p. 77-102.

5. P. Mair, *Ruling the Void*.

6. H. Buchstein, « Public Voting and Political Modernization : Different Views from the Nineteenth Century and New Ideas to Modernize Voting Procedures », *in* J. Elster, *Secrecy and Publicity in Votes and Debates*, *op. cit.*, p. 15-51.

Enfin, outre la domination sociale, le scrutin secret protège également contre la domination *politique* – l'intimidation de l'opposition par le parti au pouvoir. Semble en témoigner le fait que les partis au pouvoir ont remporté 92% des élections à scrutin public pour lesquelles nous disposons de données, pour 76 % des élections à scrutin secret [1].

Le vote public apparaît donc comme une mauvaise idée dans un monde où il y a de bonnes raisons de craindre l'intimidation de certains citoyens – généralement ceux dont la voix, déjà négligée, compte le plus d'un point de vue moral. J.-S. Mill prenait déjà ce risque au sérieux, mais il estimait qu'à son époque les craintes de corruption, chantage et intimidation n'étaient plus vraiment d'actualité. Malgré les progrès sociaux qui ont jalonné le XXe siècle, il demeure que dans des conditions d'inégalités importantes de revenu, d'éducation et de confiance en soi, il vaut mieux préférer la prudence de Bentham à l'optimisme de Mill – et donc le secret [2] à la publicité du vote citoyen – en essayant d'encourager l'*influence* mutuelle par d'autres moyens, moins vulnérables à la *domination*.

Cette distinction entre influence et domination est centrale pour toute approche délibérative. Rousseau, par exemple, craignait tellement les influences indues qu'il préconisait la délibération solitaire plutôt que les discussions [3]. Pourtant, nous l'avons vu, la discussion et l'influence mutuelle qu'elle peut provoquer sont essentielles au décentrement des perspectives individuelles. On peut dire qu'un jugement est socialement influencé quand il serait différent si l'agent ne prenait pas les autres en considération [4]. Il y a en revanche domination quand un jugement est altéré à la suite d'un usage illégitime d'une position de pouvoir par une personne ou un groupe [5]. La domination est donc une forme d'influence,

1. A. Przeworski, « Suffrage and Voting Secrecy in General Elections », *in* J. Elster, *Secrecy and Publicity in Votes and Debates*, *op. cit.*, p. 104.

2. En tout cas le secret temporaire. On pourrait en effet imaginer ne dévoiler les votes qu'un certain nombre d'années plus tard, de manière à réduire le risque de corruption mais à garder les électeurs redevables envers leurs concitoyens et leurs enfants, par exemple. Voir A. Vermeule, *Mechanisms of Democracy*, *op. cit.*, p. 203-208. On perdrait cependant l'articulation directe entre votes et délibérations, et il faudrait certainement prendre au sérieux les risques d'abus de ces informations par le gouvernement ou leur récupération par des acteurs mal intentionnés. Ce n'est qu'à condition d'avoir pleinement confiance dans la possibilité de préserver le secret pendant plusieurs années que le dispositif pourrait avoir un effet intéressant sur les électeurs.

3. J.-J. Rousseau, *Du contrat social*, dans *Rousseau*, Paris, Flammarion, 2008 ; B. Manin, « Volonté générale ou délibération ? ».

4. Dans un sens trivial, tous les jugements humains sont socialement influencés, dès lors que nous les construisons nécessairement à travers des interactions communicationnelles. Je m'intéresse ici à l'influence *synchronique* (au moment du vote), pas à l'influence *diachronique* (l'effet de notre éducation et de nos expériences de vie sur nos jugements).

5. I. Shapiro, *Politics against Domination*, *op. cit.*, p. 23.

mais l'influence sociale ne se réduit pas à la domination. Une influence peut être légitime – quand elle encourage le décentrement par exemple.

Outre cette attention au risque de domination, ce qu'il faut retenir de cette discussion du secret du vote, c'est qu'il n'a de valeur qu'instrumentale [1]. Si les citoyens ont droit à une procédure électorale équitable et à une protection contre l'intimidation, ils n'ont pas pour autant un droit moral au secret. À leur droit fondamental à la justification correspond, selon les termes de Rainer Forst un « devoir inconditionnel de justifier [leurs] actions pertinentes d'un point de vue moral » [2]. Or, le vote constitue à mes yeux le cas emblématique d'une telle action. Autrement dit, la protection légitime des électeurs ne les dispense pas de leurs obligations morales liées à l'acte de vote.

Considérer ainsi le secret du vote comme un pis-aller a le mérite de générer une insatisfaction incitant à se mettre à la recherche d'innovations permettant de combiner les avantages respectifs de la publicité et du secret. La publicité pousse à l'impartialité grâce à l'hypocrisie [3], oblige les citoyens à se décentrer, à prendre en considération les intérêts et attentes légitimes d'autrui, ainsi qu'à ne poser que des actes qu'ils pourraient justifier face à un interpellateur. Le secret permet aux personnes vulnérables de défendre leurs intérêts légitimes sans crainte de représailles ou d'interférences illégitimes. Il offre aussi plus de liberté à l'opposition. C'est la combinaison de certains de ces avantages que vise le vote justifié.

Le vote justifié

Le vote justifié consiste en un bulletin sur lequel sont proposées plusieurs justifications publiques possibles pour le choix qui est à effectuer – qu'il s'agisse du choix d'un candidat dans une élection (figures 2 et 3), ou d'une option dans un référendum ou dans un vote parlementaire (figure 1). À la suite du vote, l'anonymat est préservé, mais les statistiques des justifications sélectionnées sont dévoilées au public en même temps que les résultats. L'idée est de stimuler les délibérations et le processus d'échange de justifications tout en évitant les risques de corruption et d'intimidation affectant le vote public. C'est dans cette perspective qu'il est utile de séparer les idées et les justifications des

1. Pour un point de vue contraire, voir A. Lever, « Mill and the Secret Ballot » ; « Privacy and Democracy : What the Secret Ballot Reveals », *Law, Culture and the Humanities* 11/2, 2015, p. 164-183.

2. R. Forst, *The Right to Justification : Elements of a Constructivist Theory of Justice*, New York, Columbia University Press, 2012, p. 21.

3. J. Elster, « Le marché et le forum » ; « Argumenter et négocier » ; R. Goodin, *Motivating Political Morality*.

personnes. Ces dernières s'exprimeront ainsi plus librement, tant dans l'isoloir que dans les débats subséquents.

Bien entendu, une telle dissociation a également un coût puisqu'elle permet l'hypocrisie – on peut sélectionner des justifications qui n'ont en rien motivé notre choix, ou prétendre qu'on a voté pour une option alors qu'on a choisi l'autre. Cependant, Jon Elster a bien montré comment l'obligation de justifier ses positions par des arguments publiquement recevables, même si cela peut générer de l'hypocrisie, pouvait avoir une « force civilisatrice » [1]. En effet, comme nous l'avons vu précédemment, elle permet de débarrasser les débats publics d'arguments autocentrés, ce qui rend les positions des hypocrites plus vulnérables, puisqu'elles peuvent être contestées sur le terrain de la raison publique.

Il reste néanmoins vrai que les justifications plébiscitées n'offriront pas une indication certaine des véritables raisons ou motivations qui auront déterminé les choix des votants. Ce qu'elles permettront, en revanche, c'est un aperçu de la manière dont ceux qui ont voté justifieraient publiquement leurs décisions.

Faudrait-il remplacer notre système de revenu minimum garanti par un revenu de base inconditionnel distribué à tous les citoyens ?

Non, car ...

- cela désinciterait à travailler
- cela entraînerait des vagues d'immigration rendant son financement difficile
- il n'est pas juste d'octroyer des allocations aux chômeurs volontaires
- cela maintiendrait la subordination des femmes au foyer
- cela affaiblirait la protection sociale, le montant étant nécessairement faible
- autre raison

Oui, car ...

- cela combattrait les pièges à l'emploi
- cela protègerait les travailleurs peu qualifiés contre l'exploitation
- ce serait juste par rapport aux travailleurs non rémunérés et aux chômeurs involontaires
- cela combattrait des situations de dépendance familiale
- cela sauverait la protection sociale, qui n'est plus adaptée aux évolutions de l'emploi
- autre raison

Figure 1 : exemple de bulletin référendaire justifié

1. J. Elster, « Argumenter et négocier », *op. cit.*, p. 190.

Le premier atout d'une telle pratique de vote justifié pourrait être son effet sur l'attitude des citoyens face à l'urne. Même si rien ne les empêcherait de se décider en faveur d'une option sur la base d'une intuition, puis de raisonner *a posteriori* pour choisir une justification, la demande de justifier leur choix les inciterait néanmoins à s'emparer du langage de la raison publique, à situer leurs inclinations politiques dans ce cadre, et à considérer avec impartialité les intérêts affectés, dès lors que seuls des arguments d'apparence impartiale trouveraient vraisemblablement leur place sur les listes de justifications [1]. Par ailleurs, un tel mécanisme inciterait aussi à voter pour des raisons pertinentes par rapport à l'enjeu, ce que rien ne garantit en l'état actuel des choses.

Il s'agirait aussi, selon la formule de Robert Goodin, d'un « aimable rappel de rôle » [2] – rappelez-vous comment vous êtes supposés vous comporter en tant que citoyens – qui pourrait « encourager les agents démocratiques à internaliser un ensemble de raisons plus susceptibles de justice qu'ils ne le feraient autrement, et à les soupeser d'une manière plus appropriée qu'ils ne le feraient autrement » [3]. Ce mécanisme encouragerait donc la « délibération intérieure » [4], complément nécessaire des délibérations réelles. Et ce gain de réflexivité serait probablement bénéfique. En effet, même si la plupart des électeurs opèrent par rationalisation *a posteriori*, il se peut que la considération des justifications possibles de leur choix non délibéré en amène certains à revenir en arrière et changer d'avis, c'est-à-dire délibérer intérieurement, ce qui serait un bénéfice considérable du dispositif.

Au niveau collectif, une telle pratique devrait permettre, si ce n'est de stimuler la délibération publique, au moins de mieux articuler le moment délibératif et le moment du vote. Les justifications possibles feraient l'objet de discussions publiques avant le vote, en vue d'évaluer leur validité respective et de composer la liste définitive [5]. Après le vote, la divulgation des justifications retenues ne manquerait pas de relancer le débat sur la validité de celles-ci, recentrant l'attention sur ce qui apparaîtra alors être au cœur des préoccupations des citoyens. Le vote ne serait donc plus cette sanction par le nombre venant interrompre

1. Cela dépend en partie de la procédure d'élaboration de la liste, question sur laquelle je reviens plus loin.

2. R. Goodin, « Democracy, Justice and Impartiality », *op. cit.*, p. 111.

3. *Ibid.*, p. 109. Goodin ne parle pas du vote justifié, mais semble appeler de ses vœux un mécanisme de ce genre.

4. R. Goodin, *Reflective Democracy*.

5. Afin d'éviter un effet trop important d'orientation et de cadrage des choix individuels, il serait préférable de faire en sorte que les citoyens aient connaissance à l'avance des justifications possibles et ne les découvrent pas au moment de voter.

brusquement le processus délibératif – la « décision comme arrêt de la délibération » [1]. Il constituerait désormais un *moment* d'un processus délibératif continu, marquant la nécessité de décisions *temporaires*, d'interruptions momentanées de la délibération pour permettre l'action. Mais si une décision est justifiée, sa force de contrainte normative ne vaut que tant que la justification est largement acceptée. Or, le vote justifié incite à la poursuite des débats : la décision a été prise, certes, mais l'a-t-elle été pour de bonnes raisons ?

En quoi la pratique du vote justifié diffère-t-elle fondamentalement d'un sondage ? Outre le fait que la plupart des sondages demandent davantage des opinions que des justifications, le vote justifié diffère en ceci qu'il systématise la justification et en impose le devoir à tous (même s'il reste possible d'y échapper). Dès lors, bien qu'un sondage parmi un échantillon représentatif de citoyens puisse fournir les mêmes statistiques sur les justifications préférées par la population, il ne véhicule pas du tout le discours selon lequel il est naturel et désirable que toute prise de décision soit accompagnée d'une justification publique. Qui plus est, l'apport fondamental du vote justifié par rapport aux sondages est d'inciter les citoyens à voter d'une manière qui soit publiquement justifiable, ou du moins à voter sur la base de jugements mieux pesés. Or, ce n'est que si la demande de justification s'applique à l'ensemble des citoyens (ce qui n'est pas le cas avec un sondage) qu'elle peut avoir cet effet de rappel de rôle évoqué précédemment. En outre, le vote justifié offre aux citoyens un aperçu de la diversité des arguments en présence, invitant à tenir compte des positions adverses, ce que ne permet pas non plus un sondage.

Des référendums plus délibératifs

La méthode du vote justifié peut être utilisée dans une grande variété de contextes – référendums, élections, votes parlementaires, décisions internes à une entreprise ou association. L'usage politique qui me paraît le plus prometteur est l'usage référendaire. J'y vois en effet un outil de nature à enrichir la participation démocratique à grande échelle en remédiant à certains défauts du référendum [2]. Je n'entends pas développer ici un argumentaire en faveur de la démocratie référendaire, mais simplement souligner l'intérêt du vote justifié pour améliorer cet outil démocratique.

1. P. Urfalino, « Deciding as Bringing Deliberation to a Close », *Social Science Information* 49/1, 2010, p. 111-140.

2. Voir P.-É. Vandamme, « Des référendums plus délibératifs ? Les atouts du vote justifié », *Participations* 2018/1, p. 29-52.

Par rapport aux multiples reproches adressés à cet outil, l'usage du vote justifié offre en effet des perspectives intéressantes. Il permet notamment de réduire l'opacité du résultat caractéristique du référendum, puisqu'on ne sait pas toujours ce qui a véritablement nourri les votes citoyens (un jugement par rapport à la question posée ou par rapport au gouvernement en place ?). Il permet aussi d'en réduire l'effet polarisant [1], en faisant prendre conscience aux citoyens de la diversité des points de vue raisonnables possibles.

Par ailleurs, il rend plus acceptable la réversibilité des décisions, répondant à un reproche intéressant qui a été adressé au référendum [2]. On ne dirait plus « le peuple a parlé », mais « la majorité a pris telle décision pour telle et telle raison », ce qui invite à reconsidérer les raisons. Certains craindront que cela affaiblisse la légitimité du verdict référendaire, en exposant la faiblesse de ses justifications, voire ses incohérences. Mais d'un point de vue délibératif, la fermeté des décisions n'a pas de valeur en soi. Au contraire, la possibilité pour un groupe de changer d'avis est précieuse.

Les justifications accompagnant les résultats du vote pourraient de ce point de vue permettre également un type de délibération d'ordre « reconstructif » [3], autorisant la compréhension collective et l'évaluation critique rétrospective de la décision prise par la communauté. Imaginons un référendum sur une décision importante, divisant profondément la population (le Brexit par exemple). Une décision collective justifiée serait plus facilement réévaluée quelques années plus tard si le débat est relancé, ou en vue de relancer le débat. Les générations suivantes seraient en mesure de mieux comprendre la décision prise alors et de questionner, dans des circonstances potentiellement nouvelles, la validité des justifications avancées à l'époque. Cela contribuerait ainsi à faire de la démocratie une quête intergénérationnelle et continue de la justice sociale [4].

1. Comme le souligne I. Papadopoulos (*Démocratie directe*, *op. cit.*, p. 135), la démocratie référendaire possède une dimension clivante du fait qu'elle « ne prévoit en soi aucune procédure de conciliation des points de vue, pourtant nécessaire dans les sociétés contemporaines aux intérêts fragmentés ».

2. E. Cohen, G. Grunberg, B. Manin, « Le referendum, un instrument défectueux », *Telos* 13 juillet 2016, (http://www.telos-eu.com/fr/vie-politique/le-referendum-un-instrument-defectueux.html)

3. J.-M. Ferry, « L'éthique reconstructive comme éthique de la responsabilité politique », *Raison publique* 10, 2009.

4. J. Habermas, « Constitutional Democracy : A Paradoxical Union of Contradictory Principles ? », *Political Theory* 9/6, 2001, p. 766-781 ; S. Rummens, « Democratic Deliberation as the Open-Ended Construction of Justice », *Ratio Juris* 20/3, 2007, p. 335-354.

On pourrait en outre imaginer que les justifications le plus souvent sélectionnées influencent le gouvernement dans la mise en œuvre de la politique concernée (si elle est acceptée) ou dans le remodelage de la proposition (si elle est rejetée). Imaginons qu'une communauté politique accepte l'instauration d'un revenu de base inconditionnel, mais tout en montrant une importante préoccupation par rapport à de potentiels effets négatifs pour l'émancipation des femmes (une « subvention aux femmes au foyer », par exemple). Le gouvernement pourrait en prendre acte et chercher à y remédier par des politiques de promotion d'un partage équitable des rôles au sein des foyers, de manière à prendre au sérieux les préoccupations émises par le camp des « perdants ». Imaginons encore que l'instauration d'un revenu de base soit rejetée, mais que le vote justifié fasse apparaître une préoccupation importante pour les travailleurs non rémunérés et les chômeurs involontaires. Dans un tel cas de figure, le gouvernement pourrait décider d'élargir le cercle des activités comptant comme du travail ou adoucir ses politiques d'activation des personnes sans emploi. Dans ces deux cas, le mécanisme permettrait une approche moins majoritariste de la démocratie directe, une approche qui favoriserait davantage la prise en compte des vues exprimées par l'opposition.

Par ailleurs, si un gouvernement s'avère favorable à une politique qu'il voit cependant rejetée par la majorité des citoyens, il pourrait faire bon usage des informations sur les justifications du rejet au moment de remodeler, plus tard, le projet de politique pour le soumettre à nouveau à un référendum. Si, par exemple, l'idée d'un revenu de base est rejetée principalement parce que les gens sont inquiets de son financement (et pas spécialement en raison d'objections éthiques), le gouvernement pourrait se rabattre sur une proposition plus modeste, tel qu'un impôt négatif, ou une pension de base visant à combattre la précarité chez les personnes âgées. Toutes ces possibilités inciteraient d'ailleurs les citoyens à prendre l'exercice de justification au sérieux et à sélectionner la justification qui leur paraît véritablement la plus importante.

Le vote justifié impose également un moment plus délibératif dans la formulation de la question, puisqu'elle doit être pensée dans l'articulation avec ses diverses justifications possibles. De ce point de vue, un usage particulier du vote justifié me paraît particulièrement prometteur : son articulation avec une assemblée citoyenne.

Nous l'avons vu, il peut arriver que les participants à une assemblée citoyenne consacrent beaucoup de temps et d'énergie à la discussion et l'examen critique de projets de politiques dans des conditions d'authentique délibération orientée vers l'entente, et qu'ils voient ensuite leurs recommandations rejetées par une majorité moins informée, dans l'anonymat généralisé, sans plus d'explication ou de justification [1]. Le fait que des recommandations d'assemblées citoyennes ne soient pas suivies ne constitue pas en soi un problème. Cela prouve que le grand public garde un pouvoir de contrôle et de décision ultime par rapport à une institution qui n'a parfois pour mandat que d'éclaircir les enjeux d'un débat. Cela peut aussi parfois compenser des effets de polarisation qui menacent les délibérations dans des groupes insuffisamment diversifiés (ce que veillent cependant généralement à éviter les assemblées citoyennes). Un problème se pose néanmoins : encore une fois, il réside dans l'articulation du moment délibératif et du moment décisionnel, dans le fait que le passage de l'un à l'autre interrompt brusquement le processus délibératif et son exigence de justification. Il réside en outre dans le caractère strictement majoritaire du référendum anonyme, où se perdent la plupart des avantages gagnés dans les assemblées citoyennes délibératives.

Le vote justifié pourrait alléger cette tension. Les assemblées citoyennes pourraient à la fois livrer une synthèse argumentée de leurs débats au grand public [2], comme cela se fait aujourd'hui entre autres dans l'État d'Oregon [3] et préparer, sur base de leurs travaux, la liste des justifications qui seraient proposées lors du référendum. En pratiquant également en leur sein le vote justifié, les assemblées citoyennes pallieraient aussi la tension, dans leur propre fonctionnement, entre le moment délibératif et le moment décisionnel. De cette pratique émergeraient en outre les justifications principales liées à chaque décision.

Entre la fin des travaux de l'assemblée citoyenne et le référendum, le débat public serait centré sur la validité des différentes justifications ayant émergé des recommandations du mini-public, avec l'espoir de nourrir le jugement du grand public. À la suite du référendum, le débat reconstructif pourrait avoir lieu, permettant éventuellement de mettre en lumière les raisons de la divergence entre les recommandations de l'assemblée citoyenne et la décision du plus grand nombre.

En somme, le vote justifié, articulé avec une assemblée citoyenne, pourrait contribuer à rendre la participation référendaire plus délibérative

1. Voir P. Fournier *et al.*, *When Citizens Decide*, *op. cit.*, p. 153-154 ; J. Talpin, « The Publics of Constitutional Reforms », *in* M. Reuchamps, J. Suiter, *Constitutional Deliberative Democracy*.

2. J. Gastil, *By Popular Demand : Revitalizing Representative Democracy through Deliberative Elections*, Berkeley et Los Angeles, University of California Press, 2000, chap. 7.

3. Voir J. Gastil, R. Richards, « Making Direct Democracy Deliberative through Random Assemblies », *op. cit.*, p. 265.

de deux points de vue. D'une part, via la promotion d'une attitude plus délibérative de la part du citoyen appelé aux urnes. D'autre part, via l'articulation discursive entre mini-public et grand public. De ce point de vue, les médias auraient un rôle déterminant à jouer, puisque l'influence des recommandations d'une assemblée citoyenne dépend largement de la qualité de sa couverture médiatique. Il n'est pas suffisant d'envoyer un prospectus à tous les électeurs contenant ces recommandations. Pour qu'elles soient sérieusement prises en considération par un maximum de personnes, il est préférable que les électeurs soient au courant du processus délibératif, conscients des mérites de telles délibérations inclusives et curieux d'en découvrir les recommandations.

Améliorer le contrôle des représentants

Dans le cadre d'élections, assurément, l'utilisation du vote justifié serait plus complexe, étant donné la quantité des motifs pouvant guider le choix d'un candidat plutôt qu'un autre. Cependant, l'ajout de justifications pourrait avoir deux effets intéressants. Le premier, si les électeurs sont amenés à justifier leur choix en fonction des programmes présentés par les candidats (voir figure 2), serait de déplacer l'attention des caractéristiques personnelles du candidat, qui semblent aujourd'hui peser énormément dans les considérations des électeurs [1], vers ses options politiques, enjeu suprême d'une élection et pourtant parfois obscurci par la personnalisation de la politique. Je ne prétends pas que le caractère d'un candidat n'est pas un critère pertinent dans une élection. Toutefois, l'enjeu prioritaire *devrait* concerner les options politiques des candidats puisque ce sont ces options qui ont l'impact le plus important sur autrui.

Le second effet d'une élection justifiée, s'il est demandé aux électeurs de s'exprimer sur ce qu'ils attendent du candidat choisi (voir figure 3), serait de transformer quelque peu le mandat conféré aux élus, de le charger d'une mission particulière en fonction des préoccupations prioritaires des électeurs [2]. Les élus seraient alors amenés, au terme de leur mandat, à rendre des comptes sur ces points en particulier, ce qui contribuerait à accroître la lisibilité globale des attentes des électeurs et la reddition de comptes aujourd'hui obscurcies par l'extrême réduction de complexité induite par le bulletin de vote traditionnel [3]. Cette formule

1. B. Manin, *Principes du gouvernement représentatif*, *op. cit.*, p. 279-283.

2. Je remercie Loïc Blondiaux pour cette suggestion et pour m'avoir convaincu de la pertinence du vote justifié pour les élections.

3. Il convient toutefois de noter que de tels bulletins de vote sont adéquats pour l'aspect « mandat » de la représentation, mais moins pour l'aspect « sanction », puisqu'ils ne permettent

informelle me semble préférable à une forme de contrat ou de mandat impératif qui listerait les conditions auxquelles le parti ou la personne serait autorisé(e) à gouverner, sous peine de révocation, puisqu'elle laisse la possibilité aux électeurs de changer d'avis et de juger leurs gouvernants sur n'importe quel critère [1] (si, par exemple, ils ont convaincu sans pour autant respecter strictement leurs engagements de campagne). Cela évite aussi qu'un gouvernement soit automatiquement sanctionné alors que les circonstances lui ont été défavorables. Avec le modèle informel que permet le vote justifié, les représentants peuvent toujours s'expliquer, montrer ce qu'ils ont entrepris par rapport aux souhaits des électeurs, et expliquer pourquoi cela reste peut-être en-deçà de leurs attentes. Ce serait sans doute un progrès par rapport au système actuel où, comme le dit John Ferejohn, le choix le plus important au cœur de la démocratie représentative « est posé pour des raisons qui ne peuvent être que devinées ou spéculées » [2] par les représentants.

Je choisis le/la candidat(e) suivant(e) :

- Candidate 1
- Candidat 2
- Candidate 3

Pour la ou les raison(s) suivante(s) :

- Il/elle manifeste une volonté de lutter contre le chômage par des moyens adéquats et justes.
- Il/elle possède une vision de la fiscalité de nature à favoriser davantage de justice sociale.
- Il/elle manifeste une volonté de mener une politique migratoire juste.
- Il/elle possède une vision de l'éducation publique susceptible de remédier à ses manquements actuels.
- Il/elle possède une vision des moyens possibles de relever le défi environnemental.
- (Il/elle possède les qualités personnelles que j'attends d'un représentant politique.)
- Autre raison.

Figure 2 : Exemple de bulletin électoral justifié

pas de dire « je vote pour X parce que Y n'a pas tenu ses promesses ». Sur la distinction entre ces deux aspects de la représentation, voir A. Przeworski, S. Stokes, B. Manin, *Democracy, Accountability, and Representation*, *op. cit.*, p. 29-54.

1. Voir *ibid.*, p. 43-44.

2. J. Ferejohn, « Secret Votes and Secret Talk », *in* J. Elster, *Secrecy and Publicity in Votes and Debates*, *op. cit.*, p. 233.

J'ai choisi le/la candidat(e) 1 avec le souhait qu'il/elle

- réduise la fiscalité sur le travail.
- offre davantage de liberté aux parents dans le choix d'écoles.
- prenne des mesures favorables à la reprise de la croissance.
- permette à notre pays de retrouver sa souveraineté par rapport à l'Union européenne.
- recrée un sentiment de fierté nationale.
- Autre raison.

Figure 3 : Exemple alternatif de bulletin électoral justifié

Par ailleurs, à l'instar du processus imaginé pour des référendums plus délibératifs, ce sont les élections elles-mêmes qui pourraient devenir plus délibératives. Dans le même esprit que le modèle d'Oregon (*Citizen's Initiative Review*) discuté précédemment, John Gastil a imaginé que des assemblées citoyennes pourraient « préparer » les élections en comparant les programmes des différents candidats sur un certain nombre d'enjeux centraux, ou en évaluant leurs performances respectives à d'autres échelons de pouvoir, de manière à permettre aux électeurs de poser un jugement plus informé [1]. Encore une fois, ces assemblées citoyennes pourraient être chargées de préparer les justifications figurant sur les bulletins de vote, et d'évaluer a posteriori la performance des élus eu égard aux justifications les plus plébiscitées lors de leur élection.

Un dernier usage possible du vote justifié concerne les votes parlementaires. Nous l'avons vu, l'exigence de justification peut être ici considérée comme plus importante encore, s'agissant de votes effectués dans le cadre d'un mandat électoral et au nom des représentés, qui ont accordé leur confiance. De ce fait, les représentants votent généralement publiquement et doivent déjà, dans l'état actuel des choses, rendre compte fréquemment de leurs actes et décisions, principalement par le biais des médias. En outre, les délibérations parlementaires incluent des échanges d'arguments et de justifications. Enfin, l'exposé des motifs qui accompagne les projets de loi en Belgique comme en France a pour fonction d'en expliquer les raisons et visées. Dans le cadre parlementaire, une certaine culture de la justification est donc déjà à l'œuvre.

Le vote justifié pourrait néanmoins y jouer un rôle intéressant, en liant les motivations qui ont amené les élus au pouvoir (élection justifiée) et leurs comportements législatifs (vote parlementaire justifié). Cela

1. J. Gastil, *By Popular Demand*, *op. cit.*, chap. 7.

permettrait d'accroître encore davantage la redevabilité délibérative des représentants. En effet, la simple publicité de leurs votes ne suffit pas à générer une logique délibérative. Elle rend certes les représentants susceptibles d'avoir à rendre des comptes (en particulier en période électorale), mais cette redevabilité serait plus importante encore et d'une nature plus délibérative si les citoyens avaient un accès aisé aux justifications sélectionnées par les représentants quand ils votent [1]. Cela se distinguerait de l'exposé des motifs en ceci que la justification serait individualisée (les membres de la majorité, voire d'un même parti pouvant soutenir un projet de loi pour des motifs différents) et requise également de la part de ceux qui s'opposent au projet de loi.

Certes, se poserait le problème de la discipline de parti, que tend à accroître la publicité des votes parlementaires en raison de l'incitation à apparaître unis face aux adversaires [2]. Le vote justifié perdrait bien entendu de sa valeur si les leaders de partis imposaient une justification unique à l'ensemble des membres du parti. Il resterait néanmoins un gain de transparence (ce qui ne signifie évidemment pas une transparence totale) dans les décisions du parti, puisque les citoyens pourraient plus aisément identifier les raisons soutenant officiellement les décisions parlementaires des différents partis. Bien que de nombreuses décisions parlementaires soient déjà justifiées par les représentants devant leurs électeurs (voire devant l'ensemble de la population), l'usage du vote justifié, couplé à la création d'une plate-forme en ligne permettant le suivi des décisions et justifications parlementaires [3], rendrait la pratique plus systématique et plus « lisible » pour les citoyens. Il serait par exemple plus aisé de refaire le point, avant une élection, sur l'ensemble des décisions prises par un représentant (ou un parti) et sur les justifications avancées. Les justifications pourraient être plus aisément compilées et analysées par les médias. Par ailleurs, des votes sans justifications deviendraient suspects.

1. On pourrait objecter que le problème principal n'est pas de l'ordre du déficit de justifications parlementaires, mais concerne plutôt la pauvre qualité de ces justifications, relevant le plus souvent de la rhétorique plébiscitaire (D. Leydet, « Partisan Legislatures and Democratic Deliberation »). Il faut certes penser à des moyens d'accroître la qualité délibérative des échanges parlementaires (par exemple en encourageant la dissidence au sein même des partis, comme le suggère Leydet), mais il importe également de rendre publiquement lisible le processus de justification publique, ce à quoi contribue modestement le vote justifié.

2. *Ibid.*, p. 249.

3. À l'image de l'excellent site www.datan.fr pour l'Assemblée nationale française, créé par Awenig Marié.

De manière générale, les interactions délibératives entre citoyens et représentants pourraient s'en trouver améliorées [1].

Enfin, songeons encore à l'articulation possible entre l'idée du vote justifié et celle d'une chambre de représentants tirés au sort défendue dans la section précédente. Dès lors qu'on s'inquiétait de la perception de légitimité d'une telle chambre, où les représentants ne seraient pas soumis au contrôle électoral, la justification systématique des votes apparaît clairement comme un des moyens d'inciter à la reddition de comptes délibérative évoquée en réponse à ce défi.

Difficultés et objections

Je souhaiterais maintenant anticiper quelque peu sur les critiques qui ne manqueront pas d'être adressées à une telle proposition, en commençant par l'examen de quelques difficultés pratiques pour ensuite considérer des objections plus fondamentales.

La première difficulté à laquelle on peut s'attendre est bien entendu la rédaction de la liste des justifications proposées sur le bulletin de vote. Une liste exhaustive est inimaginable, non seulement parce que les motivations d'un vote peuvent être déclinées de centaines de manières différentes, mais surtout parce qu'elle rendrait l'outil inutilisable, trop peu lisible. Tout le défi sera alors de rédiger une liste dans laquelle un maximum de personnes puissent se retrouver, mais qui ne décourage pas non plus la lecture du fait de sa longueur. Les délibérations préalables à sa rédaction seront donc essentielles en ce qu'elles devront faire émerger les motivations principales des différentes options possibles. Il importera aussi, afin d'éviter la trivialité, que les justifications proposées n'atteignent pas un tel niveau de généralité qu'elles perdent tout leur caractère informatif. « Parce que ce serait injuste » constitue un exemple de justification dénuée d'intérêt. Envers qui la proposition examinée serait-elle injuste ? Et à moins qu'on ne puisse deviner la raison : en quoi serait-ce injuste ? Les justifications ne doivent évidemment pas être des argumentations complètes, mais simplement des indicateurs d'opinion plus précis que ce que permettent d'exprimer les bulletins de vote actuels.

Comme en ce qui concerne l'organisation de référendums ou de mini-publics, ceux qui auraient la responsabilité de déterminer la

1. On se rapprocherait du modèle de représentation « récursive » analysé par Jane Mansbridge (« Recursive Representation », *in* D. Castiglione, J. Pollack (dir.), *Creating Political Presence : The New Politics of Democratic Representation*, Chicago, University of Chicago Press, 2019, p. 298-338).

question éventuelle et les justifications se trouveront dans une position permettant la manipulation. Il sera donc irrémédiablement possible pour l'instance en charge de la rédaction de la liste de tenter de biaiser la décision ou les justifications en les orientant dans un sens jugé désirable. La formulation des justifications possibles aura certainement un effet important sur la manière dont ceux qui votent percevront la question et ses enjeux, comme c'est le cas aujourd'hui avec les sondages. Et même l'ordre des justifications proposées pourrait influencer le jugement du citoyen. Le vote justifié pourrait donc potentiellement ouvrir un espace de manipulation de l'opinion, au moins sous la forme discrète de *nudges*, ces mécanismes qui permettent de discrètement pousser à agir dans un sens plutôt que dans un autre [1]. C'est un risque qu'on ne peut nier, ni sans doute éliminer entièrement. Le prendre au sérieux incite à considérer avec davantage d'attention le *design* institutionnel. De ce point de vue, confier la rédaction de la liste à une assemblée délibérative tirée au sort, qui aurait auparavant auditionné des experts et des représentants de la société civile, paraît particulièrement indiqué, étant donné les plus grands espoirs d'impartialité que pourrait ici offrir une telle institution.

Une autre crainte que l'on peut nourrir à l'égard du vote justifié est qu'il incite au conformisme davantage qu'à la délibération. Si ce ne sont que quelques justifications considérées comme recevables qui sont disponibles sur le bulletin de vote, sera-t-il encore possible d'exprimer des opinions non conformistes? Assurément. Sans doute pas sur le bulletin lui-même, mais certainement dans les débats entourant le vote. Si les électeurs ne se retrouvent pas dans les justifications proposées, il devrait leur être permis de choisir l'option « autre raison » (voir figures 1, 2, 3) ou un équivalent, ceci ouvrant la possibilité de blâmer l'institution en charge de préparer la liste dans le cas où cette dernière option serait massivement cochée.

Ne faudrait-il pas plutôt, diront certains, permettre aux électeurs de rédiger leur propre justification (au moins dans le cas où ils ne se retrouvent pas dans celles qui sont proposées)? Je vois trois raisons de résister à une telle tentation. D'abord, le coût administratif d'une collecte et synthèse de justifications personnalisées. Ensuite, l'incitation que cela fournirait à y aller de sa petite touche personnelle, au détriment de la lisibilité générale des positions en présence. Enfin, on perdrait l'incitation à situer ses choix dans un langage commun à tous les citoyens, à s'approprier des

1. Voir R. Thaler, C. Sunstein, *Nudge : Improving decisions about health, wealth, and happiness*, Penguin Books, 2009. Je remercie Christopher Bennett pour cette suggestion.

raisons publiques. Certes, il ne sera pas possible de faire droit à toute la complexité des jugements individuels, mais il n'y aurait de toute façon, de ce point de vue, aucune régression par rapport aux pratiques existantes, qui étouffent complètement cette complexité.

Certains pourraient néanmoins craindre une forme de nivellement par le bas des délibérations publiques si les débats sont ramenés à des justifications lapidaires contribuant peut-être à une « twitterisation » de la politique [1] déjà observable aujourd'hui. Il me semble néanmoins que cette objection se méprend sur le rôle des bulletins justifiés. Leur mission ne consiste pas à limiter les échanges de justifications à une simple phrase lapidaire. Les justifications sélectionnées ont au contraire pour fonction de relancer le débat et d'inviter à la discussion. Les opposants ne se satisferont jamais d'une justification lapidaire. Ils demanderont toujours davantage d'explications, et à juste titre. La seule ambition du mécanisme est de rendre systématique l'ajout de justifications à la prise de décision et suspecte toute décision non justifiée afin de contribuer à la création d'une véritable « communauté de justification » [2].

Cela se ferait-il néanmoins au prix de l'autonomie de jugement? Certains pourraient juger particulièrement intrusif d'ainsi « cadrer » la réflexion des citoyens, de leur demander d'abandonner leurs raisonnements singuliers pour adopter un raisonnement générique. Il s'agit là d'une objection particulièrement puissante. Mon point de vue est cependant qu'il y a davantage à gagner qu'à perdre en incitant les citoyens à raisonner dans les mêmes termes. En effet, les raisonnements singuliers des votants peuvent ne pas être pertinents par rapport à l'enjeu. Ils pourraient succomber au raisonnement plébiscitaire, opter pour des raccourcis partisans, ne considérer que leurs propres intérêts. Or, un des mérites du cadrage des justifications est de recentrer l'attention sur des considérations jugées (par une instance relativement impartiale) pertinentes par rapport à l'enjeu et publiquement recevables, sans pour autant supprimer la liberté de raisonner de manière différente. C'est donc une réduction d'autonomie qui me paraît publiquement justifiable et même souhaitable.

Une autre crainte concerne un possible écart entre le type de justifications qui devraient *idéalement* être sélectionnées et celles qui seront *effectivement* sélectionnées. D'un point de vue normatif, nous devrions préférer des

1. J'emprunte l'expression et dois l'objection à Andrea Felicetti.

2. G. A. Cohen, *Rescuing Justice and Equality*, Cambridge (Mass.), Harvard University Press, 2008, p. 43-45.

justifications *publiques*, c'est-à-dire des justifications susceptibles d'être acceptées par l'ensemble des citoyens, quelle que soit leur religion ou leur conception particulière de la vie bonne [1]. Ceci n'implique pas que les discours religieux ou « perfectionnistes » [2] n'ont aucun rôle à jouer dans les débats publics. Le raisonnement est le suivant : s'il faut concentrer les débats sur un nombre limité de justifications possibles, et si le but est d'encourager un débat public inclusif, les justifications *publiques* offrent des perspectives plus intéressantes, puisqu'elles se basent sur ce qui est susceptible d'accord de la part des citoyens (même s'ils ne parviendront vraisemblablement pas à un consensus) plutôt que sur ce qui les divise. L'objectif du vote justifié est donc de s'appuyer sur des raisons qui soient « partageables » [3].

Dans les faits, bien entendu, c'est une question ouverte de savoir quels types de justifications seront effectivement sélectionnées. Dans des contextes suffisamment pluralistes et respectueux de la diversité des convictions, il y aura un incitant naturel à sélectionner des justifications publiques puisqu'elles seront aussi les plus susceptibles d'obtenir l'assentiment du plus grand nombre. En revanche, dans des contextes où la religion est plus politisée et où une religion est largement majoritaire – ce qui peut coïncider avec un contexte de pluralisme, comme aux États-Unis –, des justifications d'ordre religieux pourraient obtenir un soutien important, au détriment de l'objectif de création d'une véritable communauté de justification. Une source d'espoir vient néanmoins du fait que l'instrument du vote justifié a plus de chance d'être adopté dans des communautés politiques qui sont déjà suffisamment soucieuses de justifiabilité mutuelle – et donc plus susceptibles de privilégier les justifications publiques.

Avec le vote justifié, s'affrontent cependant deux conceptions distinctes de la raison publique. L'une insiste sur la mise en avant d'arguments acceptables par tous. L'autre, plus minimaliste, miserait sur les bénéfices d'« accords non complètement théorisés » [4] ou de recoupements partiels et spontanés entre visions du monde antagonistes. Le risque du vote justifié, de ce point de vue, c'est que des consensus apparents [5] s'écroulent du

1. J. Rawls, *Libéralisme politique*.

2. C'est-à-dire supposant une conception particulière de ce qu'est une bonne vie.

3. R. Forst, *The Right to Justification*, *op. cit.*, p. 21.

4. C. Sunstein, « Incompletely Theorized Agreements », *Harvard Law Review* 108/7, 1995, p. 1733-1772.

5. P. Urfalino, « La décision par consensus apparent. Nature et propriétés », *Revue européenne des sciences sociales* 45/136, 2007, p. 47-70.

fait de la clarification des motifs réels de chacun. C'est un risque qu'on ne peut pas nier. Mais on ne peut pas non plus miser uniquement sur les consensus apparents. Si on suivait cette logique jusqu'au bout, il faudrait éviter les délibérations inclusives ou réduire les débats publics. Il me semble donc que les vertus des accords non complètement théorisés sont surtout stratégiques et intéressantes dans le contexte de la construction de coalitions politiques, mais qu'elles ne doivent pas nous faire renoncer, au niveau du débat sociétal, à l'idéal délibératif.

Certains pourraient néanmoins insister sur le fait qu'on n'a pas *besoin* des justifications des citoyens. Si les représentants sont contraints de justifier leurs actes publiquement et que la force civilisatrice de l'hypocrisie agit sur eux, cela suffirait. Les citoyens n'auraient alors qu'à faire leur choix parmi les différents projets de société proposés par les partis. Et peu importe dans ce cas si leur choix est motivé par des raisons privées ou intéressées, tant que l'hypocrisie pousse les partis à défendre les intérêts de tous. Cela ne me paraît toutefois pas convaincant. En effet, cette stricte division du travail moral pourrait être valide dans un contexte idéalisé où les représentants seraient véritablement mus par un désir de justice, mais elle me semble largement insatisfaisante dans le contexte non idéal qui est le nôtre. Dans ce contexte, on ne peut pas se fier au désir de justice des représentants, et la force civilisatrice de l'hypocrisie, toute bénéfique qu'elle soit, ne les pousse pas suffisamment vers la justice. Bien souvent, les programmes proposés par les partis ne sont impartiaux qu'en apparence. Du fait de l'hypocrisie, la plupart des partis les présentent en effet comme servant l'intérêt général, avec toute l'ambiguïté de cette notion. Or, cela cache le plus souvent le fait qu'ils ne servent que des intérêts particuliers, et parfois de manière illégitime [1]. C'est donc la mission des citoyens d'évaluer de manière critique ces prétentions rivales à l'impartialité. Pour que les représentants aillent dans le sens de la justice, il faut qu'ils y soient poussés par les citoyens, dont le rôle principal est de surveiller et contrôler les actes et décisions de leurs représentants. Cela signifie que les citoyens doivent assumer une part de responsabilité pour les décisions prises en leur nom [2] et que la justice pourrait ne jamais advenir par les urnes sans une certaine transformation de l'*ethos* politique des citoyens. C'est pour cette raison

1. Je rappelle que je ne considère pas comme illégitime la défense d'intérêts particuliers quand ils sont ceux d'un groupe souffrant d'un désavantage injuste (et quand ils se rapportent à ce désavantage).

2. E. Beerbohm, *In Our Name*.

que les institutions doivent encourager le décentrement, la préoccupation mutuelle et une certaine capacité de raisonnement public – ce que ne fait absolument pas le scrutin secret.

Aucune des objections discutées ci-dessus ne me paraît donc fatale pour la modeste proposition d'expérimenter un outil qui ne coûte pas beaucoup plus qu'un peu de temps de préparation et d'usage. Il me semble que c'est dans la pratique qu'il devra surtout être évalué.

PROTÉGER LES DROITS SOCIAUX

Comme nous l'avons vu dans le premier chapitre, la valeur épistémique de la démocratie, son potentiel de justice, tient en partie au fait que le pouvoir de la majorité n'est généralement pas considéré comme absolu, que certains droits individuels sont protégés. Démocratie et libéralisme politique vont de pair, puisque les libertés de conscience, d'expression et d'association que promeut le libéralisme politique sont nécessaires à la démocratie [1]. Il existe cependant aussi des droits qui sont protégés dans la plupart des démocraties sans pour autant être *strictement nécessaires* pour que le régime compte comme démocratique [2]. Ils correspondent alors plutôt à des exigences de justice qu'on considère collectivement comme tellement fondamentales qu'elles ne sont pas à disposition de la majorité [3] ; des garanties mutuelles [4] sans lesquelles les minorités seraient moins susceptibles d'accepter l'autorité de la démocratie.

Ces droits, pour autant, ne sont pas donnés une fois pour toutes et n'échappent pas aux conflits politiques et sociaux. Ils sont le fruit de notre histoire collective et sont, dans cette optique, susceptibles d'être questionnés et révisés continuellement [5], même s'ils sont généralement plus solidement protégés que les droits ordinaires. En d'autres termes, s'il existe des raisons épistémiques de garantir un certain nombre de droits

1. Le libéralisme et la démocratie sont cependant aussi en tension (féconde), l'un promouvant la limitation du pouvoir, l'autre exigeant sa distribution égale. Voir N. Bobbio, *Libéralisme et démocratie*, Paris, Le Cerf, 1996 ; C. Mouffe, *The Democratic Paradox*.

2. C. Fabre, *Social Rights under the Constitution : Government and the Decent Life*, Oxford, Oxford University Press, 2000, p. 119 et 131-144.

3. Ces droits peuvent être justifiés au nom d'un idéal indépendant de justice sociale, comme chez R. Dworkin (*Taking Rights Seriously*) ou J. Rawls (*Théorie de la justice*), ou au nom de valeurs démocratiques fondamentales, comme chez C. Beitz (*Political Equality*), C. Brettschneider (*Democratic Rights : The Substance of Self-Government*, Princeton, Princeton University Press, 2006) ou T. Christiano (*The Constitution of Equality*).

4. R. Dahl, *After the Revolution*, *op. cit.*, p. 17.

5. J. Habermas, « Constitutional Democracy ».

fondamentaux, il n'y a aucune raison de considérer l'ordre constitutionnel prévalant à l'heure actuelle comme nécessairement satisfaisant.

Un ordre constitutionnel déséquilibré

Dans la plupart des démocraties existantes, les droits civils et politiques disposent d'une protection plus forte que les droits sociaux. L'ordre constitutionnel existant est, de ce point de vue, profondément déséquilibré, partial. Dans un sens, on pourrait dire que les droits des propriétaires sont bien mieux protégés que les droits de ceux qui ne possèdent rien d'autre que leur force de travail, selon la formule de Marx. Les droits sociaux – droits au logement, à l'alimentation, à l'éducation, à la santé, à la sécurité sociale –, qui ont précisément pour fonction de protéger les plus vulnérables (et, par extension, la plupart d'entre nous face aux aléas de l'existence), ne jouissent en effet pas de la même protection que les droits civils et politiques. Assurément, les plus pauvres comme les plus riches bénéficient des droits civils et politiques. Mais ce qui rend l'ordre constitutionnel existant biaisé, c'est le fait que les plus vulnérables peuvent très difficilement se passer des droits sociaux, tandis que les plus aisés le peuvent aisément. C'est dans ce sens qu'une protection moindre des droits sociaux privilégie les groupes sociaux déjà avantagés [1].

Bien que certains pays aient incorporé des droits sociaux dans leur constitution [2], nombreux sont ceux qui continuent de les considérer comme *secondaires* par rapport aux droits civils et politiques. Cette position a cependant perdu beaucoup du soutien intellectuel dont elle pouvait jouir dans le passé. On admet désormais plus aisément que la distinction entre droits de première et de seconde génération est simplement le fruit d'un contexte géopolitique ayant opposé pays libéraux et socialistes au cours du XXe siècle [3]. Il reste que ces droits continuent de jouir, dans les faits, d'un traitement différent. Que l'on songe à la différence de statut entre le Pacte international relatif aux droits civils et politiques (PIDCP) et le Pacte international relatif aux droits économiques, sociaux et culturels (PIDESC). Cette distinction juridique engendre des conséquences

1. On songe également à l'adage apparemment répandu dans la magistrature selon lequel le Code pénal est ce qui empêche les pauvres de voler les riches et le Code civil ce qui permet aux riches de voler les pauvres (cité dans le roman d'Emmanuel Carrère, *D'autres vies que la mienne*, Paris, P.O.L., 2009, p. 228).

2. P. Magalhães, « Explaining the Constitutionalization of Social Rights », *in* D. Galligan, M. Versteeg (dir.), *Social and Political Foundations of Constitutions*, Cambridge, Cambridge University Press, 2013.

3. Voir M. Langford, « The Justiciability of Social Rights », *op. cit.*, p. 9, n. 50.

politiques importantes [1] : tandis que les droits civils et politiques doivent être *respectés immédiatement*, les droits économiques et sociaux sont considérés comme étant de l'ordre de l'*aspiration*. L'obligation qui incombe aux États signataires est de prendre des mesures progressives allant dans ce sens, mais dans les limites de leurs ressources. Qui plus est, jusqu'à 2008 et l'adoption du « Protocole facultatif », il n'existait pas de mécanisme de plainte pour le second Pacte. Si ce nouveau protocole contribue à « rapprocher le PIDCP et le PIDESC » [2], de nombreux pays demeurent réticents face à l'application judiciaire des droits sociaux [3].

Cette asymétrie est donc le fruit d'une tradition libérale consacrant avant toute chose la liberté formelle [4] (y compris la liberté d'être exploité, c'est-à-dire de vendre sa force de travail pour un salaire de misère). De ce point de vue, les citoyens ne jouissent que de droits *négatifs* prévenant l'interférence illégitime des autres citoyens ou de l'État dans leur vie. Certains suggèrent d'ailleurs que si les droits et libertés des plus riches (en particulier le droit de propriété et la liberté d'émigrer) n'avaient pas été garantis, ils n'auraient probablement pas consenti à la démocratie [5]. Les plus démunis, étant moins influents malgré leur nombre à certaines époques, n'ont pas obtenu le même degré de protection de leurs intérêts. Fort heureusement, la tradition libérale a évolué. Sous l'influence de la critique marxiste, qui moquait ces droits « bourgeois » que sont les droits civils et politiques dans un contexte d'inégalités sociales [6], et surtout sous l'effet de la « menace » communiste, nos systèmes légaux en sont venus à reconnaître des droits sociaux ayant pour mission de protéger les intérêts fondamentaux des plus démunis ou des plus malchanceux dans

1. V. Mantouvalou, « In Support of Legalization », *in* C. Gearty, V. Mantouvalou, *Debating Social Rights*, Oxford, Hart Publishing, 2011, p. 94.

2. *Ibid.*, p. 95.

3. En témoigne également le statut du Comité européen des droits sociaux, qui sert d'équivalent à la Cour européenne des droits de l'homme pour ce qui concerne les droits sociaux. Les juges y sont remplacés par des experts, qui émettent des conclusions sur les rapports des États, ainsi que des recommandations aux États suite à des plaintes (qui doivent être collectives), recommandations qui n'ont pas la force légale des jugements de la CEDH et qui sont souvent ignorées par les États incriminés.

4. Le simple droit d'agir d'une certaine manière, par opposition à la liberté réelle, qui inclut les *moyens* de faire usage de ce droit. Voir P. Van Parijs, *Real Freedom for All : What (if Anything) Can Justify Capitalism ?*, Oxford, Oxford University Press, 1995, p. 4.

5. C. Boix, *Democracy and Redistribution*, Cambridge, Cambridge University Press, 2003, p. 36-59.

6. Sur le rapport ambigu de Marx aux droits humains, voir J. Lacroix, J.-Y. Pranchère, « Karl Marx fut-il vraiment un opposant aux droits de l'homme ? Émancipation individuelle et théorie des droits », *Revue française de science politique* 62/3, 2012, p. 433-451.

des économies de marché distribuant les chances et les récompenses de façon très inégale.

Toutefois, ces droits sociaux continuent d'être la cible d'attaques venant des milieux libertariens et conservateurs, qui ne reconnaissent pas aux citoyens des droits *positifs*, c'est-à-dire des droits réclamant une *intervention* (plutôt qu'une simple *protection*) de la part de l'État [1]. Une telle distinction est cependant profondément trompeuse, puisque même les droits considérés comme négatifs nécessitent, pour leur respect, des taxes et dépenses gouvernementales (afin de financer la justice et la police, par exemple). Dans ce sens, tous les droits sont positifs [2] : tous requièrent l'intervention de l'État. Et rien ne justifie dès lors que l'État ne protège les intérêts que de ceux qui disposent de moyens suffisants pour subvenir seuls à l'ensemble de leurs besoins.

On peut donc considérer le régime international de droits humains, tel qu'il existe, comme profondément *partial* en ce qu'il désavantage les citoyens qui manquent de ressources ou de capacités pour faire face aux aléas d'un marché de l'emploi qui distribue les chances de manière très inégale. Un régime de droits humains plus impartial semble dès lors nécessaire pour accroître le potentiel de justice des démocraties existantes. Une démocratie dans laquelle la majorité est autorisée à maintenir dans la pauvreté, la soumission et l'humiliation une partie de la population est en effet peu susceptible de justice.

Cet argument « épistémique » en faveur des droits sociaux se distingue de l'argument plus « procédural » qui consiste à mettre en avant la nécessité de la satisfaction des besoins de base pour garantir l'égalité politique ou l'inclusion dans la communauté politique [3]. Il me semble que ce dernier type d'argumentation – par ailleurs convaincante – détourne l'attention de la fonction première des droits sociaux, à savoir la protection, pour des raisons de *justice* minimale, face aux aléas du marché, ainsi que la démarchandisation des besoins fondamentaux [4]. Il ne s'agit pas juste de

1. On a longtemps parlé également de droits « créance » en opposition aux droits « liberté », en mobilisant une conception purement formelle et peu crédible de la liberté.

2. S. Holmes, C. Sunstein, *The Cost of Rights : Why Liberty Depends on Taxes*, New York, Norton, 1999, chap. 1.

3. Sur ce type d'argumentation, voir notamment T. H. Marshall, « Citizenship and Social Class », dans *Class, Citizenship and Social Development*, Westport, Greenwood, 1973 ; J. Bohman, « Deliberative Democracy and Effective Social Freedom : Capabilities, Resources and Opportunities », *in* J. Bohman, W. Rehg (dir.), *Deliberative Democracy : Essays on Reason and Politics*, Cambridge (Mass.), MIT Press, 1997 ; E. Anderson, « What Is the Point of Equality ? », *Ethics* 109/2, 1999, p. 287-337.

4. G. Esping-Andersen, *Les trois mondes de l'État-providence. Essai sur le capitalisme moderne*, Paris, P.U.F., 1999.

garantir à chacun le nécessaire pour pouvoir s'informer, voter et prendre part à des associations. Même s'il était possible de s'engager pleinement dans la vie politique tout en vivant dans la misère (ce que je n'affirme pas), les droits sociaux préserveraient leur valeur. Autrement dit, ils ne dépendent pas de cette hypothèse empirique. Néanmoins, comme je l'ai suggéré en début de chapitre, il est probable qu'un renforcement de la sécurité économique soit de nature à libérer quelque peu les citoyens des préoccupations matérielles qui peuvent freiner l'engagement associatif et politique, voire dans certains cas atrophier l'empathie et la capacité de décentrement, nécessaires à des démocraties justes. Outre le fait d'être une exigence de justice minimale, il est donc fort probable que la garantie des droits sociaux renforce la démocratie.

À travers l'exemple particulier des droits sociaux, c'est aussi indirectement le rôle des droits fondamentaux dans la relation entre justice et démocratie qui est ici examiné. Dans une perspective de justice, il y aurait certainement d'autres droits nouveaux à promouvoir, comme les droits des générations futures, ou les droits environnementaux, dont je ne parlerai cependant pas ici [1].

Constitutionnaliser les droits sociaux

La solidité des droits sociaux dépend à la fois du soutien public dont ils jouissent et de leur degré de protection légale. Les droits législatifs sont en effet plus fragiles que les droits constitutionnels, étant donné qu'ils peuvent être renversés par une majorité simple [2]. La constitutionnalisation apparaît alors comme un moyen effectif de garantir un droit dans le long terme. Et ce non seulement grâce à sa protection légale, mais également grâce à la fonction symbolique des constitutions et déclarations de droit. De ce point de vue, la constitutionnalisation d'un droit est sans doute « la meilleure expression du sérieux de notre engagement [envers ce droit] » [3]. C'est pourquoi, à l'instar d'Ulysse face aux sirènes [4], nos gouvernements

1. Voir à ce sujet D. Bourg *et al.*, *Pour une 6 e République écologique*, Paris, Odile Jacob, 2011 ; I. Gonzáles-Ricoy, « Constitutionalizing Intergenerational Provisions », *in* I. Gonzáles-Ricoy, A. Gosseries, *Institutions for Future Generations*, *op. cit.*, p. 170-183.

2. Au contraire des droits constitutionnels, qui exigent souvent (mais pas nécessairement) une majorité qualifiée pour être modifiés. M. Schwartzberg (*Counting the Many*, *op. cit.*, chap. 6) suggère de manière originale que la hiérarchie des normes et les bienfaits d'une constitution peuvent être préservés sans recours à une règle de majorité qualifiée, nécessairement arbitraire et biaisée à l'encontre de certaines minorités.

3. V. Mantouvalou, « In Support of Legalization », *op. cit.*, p. 88.

4. J. Elster, *Ulysses and the Sirens : Studies in Rationality and Irrationality*, Cambridge, Cambridge University Press, 1984.

devraient se contraindre contre la tentation de sacrifier les droits sociaux lors de périodes d'austérité [1].

Si la justiciabilité des droits sociaux, c'est-à-dire la possibilité de porter plainte à leur sujet auprès d'une cour, me semble essentielle pour renforcer leur protection, je ne prétends toutefois pas qu'il s'agisse là de la seule voie possible pour protéger ces droits [2]. On peut au contraire voir la constitutionnalisation comme faisant partie d'un processus plus large de *constitution* et de *légalisation* de ces droits [3]. Je me concentrerai cependant ici sur les questions de constitutionnalisation et de justiciabilité, qui me paraissent les plus controversées.

La méfiance à l'égard d'une constitutionnalisation des droits sociaux vient d'abord du coût présumé de ces droits, jugé beaucoup plus important que celui des droits civils et politiques. Trop souvent, toutefois, ce coût est envisagé de manière statique : on regarde seulement les implications budgétaires d'une réalisation effective de ces droits. Or, il faudrait également en considérer les effets dynamiques, qui pourraient s'avérer positifs. Les investissements sociaux et redistributions qu'ils requièrent, ainsi que la meilleure protection sociale qu'ils engendrent pourraient à la fois augmenter la demande de biens et services, améliorer le « capital humain » et diminuer les coûts de sécurité et de santé. Qui plus est, nous l'avons vu, tous les droits sont coûteux, dans le sens où ils requièrent une action de la part de l'État pour être protégés de manière effective. Contrairement aux droits civils et politiques, cependant, les droits sociaux peuvent effrayer les investisseurs en raison de la prétendue désincitation à travailler (si la satisfaction des besoins de base est garantie en l'absence de travail), de la hausse du « coût du travail », du risque d'inflation et de la menace d'une fiscalité accrue. Ils entrent donc en tension avec la « dépendance structurelle de l'État par rapport au capital » [4], c'est-

1. La comparaison est limitée du fait que dans le cas d'une constitution, une génération contraint les suivantes, et pas seulement elle-même (C. Nino, *The Constitution of Deliberative Democracy*, *op. cit.*, p. 183, renvoyant à Stephen Holmes).

2. Une série de voies non juridiques sont explorées dans T. Campbell, K. D. Ewing, A. Tomkins, *The Legal Protection of Human Rights : Sceptical Essays*, Oxford, Oxford University Press, 2011.

3. Catherine Young (*Constituting Social and Economic Rights*, Oxford, Oxford University Press, 2012) suggère de *constituer* ces droits plutôt que de simplement les *constitutionnaliser*, c'est-à-dire les « instituer socialement », construire un soutien populaire en leur faveur afin d'en garantir une réalisation effective par le droit. Dans le même esprit, Virginia Mantouvalou (« In Support of Legalization ») parle de *légalisation* de ces droits, concept qui va également au-delà de la *protection juridique* en reconnaissant aux gouvernements « l'obligation première de promouvoir les droits sociaux » (p. 89).

4. A. Przeworski, M. Wallerstein, « Structural Dependence of the State on Capital ».

à-dire l'importance considérable des investissements privés pour les économies capitalistes, quel que soit le parti au pouvoir. C'est pour cette raison que la voie supranationale serait plus prometteuse que l'initiative de constitutionnalisation nationale ; cela pourrait résoudre un problème d'action collective dans un contexte de compétition économique internationale.

Constitutionnaliser des droits coûteux est-il néanmoins prudent, d'un point de vue budgétaire, à l'« âge de l'austérité » [1] ? Assurément, on ne peut envisager ces droits sans aucun égard pour les capacités économiques des États, c'est-à-dire l'ensemble de dépenses qu'ils peuvent se permettre en gardant un niveau d'endettement raisonnable (notion évidemment sujette à débats politiques). Les engagements envers les droits sociaux de la part des États ont toujours inclus une clause de ressources suffisantes. Le danger de cet argument de l'austérité est cependant la tentation continue pour les États d'affirmer qu'ils ne peuvent pas respecter leurs engagements en raison de la conjoncture économique. Pour cette raison, c'est le rôle du public de questionner continuellement l'évaluation, par les gouvernements, de leur capacité budgétaire (qui n'est pas donnée une fois pour toutes, en raison des diverses possibilités de recettes) et de les pousser vers des voies alternatives pour le financement de la protection sociale. S'il persistera toujours une incertitude quant à la capacité budgétaire des États, il me semble néanmoins raisonnable de penser que les États sociaux avancés pourraient faire face à l'obligation d'amener tout le monde à un seuil de suffisance, quitte à prioriser la protection sociale par rapport à d'autres types de dépenses [2]. Dans les périodes de récession, un effort particulier sera alors demandé aux personnes plus avantagées, ou des économies pourront être faites sur des dépenses moins importantes, moins urgentes. On pourrait, par exemple, réduire les subventions accordées aux philosophes, aux sports professionnels, aux voitures de société, à la police ou à l'armée. Comme le suggère Malcolm Langford, dans certains pays, les dépenses de sécurité sociale sont minuscules par rapport aux fonds alloués à la sécurité personnelle (police, défense) [3], alors même qu'un

1. A. Schäfer, W. Streeck (dir.), *Politics in the Age of Austerity*, Cambridge, Polity Press, 2013.

2. Y compris les dépenses de santé, qui sont en inflation continue dans tous les États sociaux et menacent la soutenabilité de la sécurité sociale. Le droit à des conditions de vie décentes pourrait avoir priorité sur certains traitements excessivement coûteux. Par ailleurs, une mise en œuvre effective de ce droit pourrait contribuer à réduire certaines dépenses de santé.

3. M. Langford, « The Justiciability of Social Rights », *op. cit.*, p. 31.

meilleur respect des droits sociaux serait fort susceptible d'accroître la sécurité personnelle. La lutte contre l'évasion fiscale et la taxation du capital [1] viennent également immédiatement à l'esprit quand on envisage les manières de financer les droits sociaux. Dans tous les cas, il n'y a aucune raison pour que ceux qui sont déjà les plus désavantagés paient un coût beaucoup plus élevé – la pauvreté et l'exploitation – que leurs concitoyens, qui ne seraient jamais exposés qu'à une charge fiscale plus importante ou à la diminution de certains avantages. La perversité des arguments d'austérité est qu'ils cachent généralement des priorités politiques douteuses derrière des arguments de soutenabilité.

Un autre motif de réticence par rapport à la constitutionnalisation des droits sociaux est l'idée qu'un accroissement du rôle des cours pourrait avoir un effet de *dépolitisation* de la population [2]. D'autres craignent dans le même esprit la colonisation de la politique par l'empire du droit, alors même que la voie la plus efficace pour défendre les droits humains serait le processus politique lui-même [3]. Ces craintes légitimes n'affectent cependant pas l'argument ici développé, qui ne consiste pas à défendre la constitutionnalisation des droits sociaux hors de tout processus démocratique, par l'activisme d'un « Deus ex machina judiciaire » [4]. L'argument est au contraire *politique* : il vise la construction par l'activisme politique d'un consensus suffisamment large autour de la protection de ces droits, protection motivée par la conscience qu'un tel consensus peut disparaître avec le temps [5].

L'argument selon lequel les droits humains devraient être politisés (c'est-à-dire saisis comme objet de lutte et de revendications par des associations et partis) plutôt que de servir comme moyen pour les juges de faire de la politique est tout à fait convaincant. Néanmoins, l'arène politique et l'arène judiciaire sont complémentaires s'agissant de ces

1. Qu'il soit mobile et difficile à taxer ne signifie pas qu'il n'y ait rien qu'on puisse faire pour augmenter la contribution fiscale des plus riches. Voir T. Piketty, *Le capital au XXI*e *siècle* ; P. Dietsch, *Catching Capital : The Ethics of Tax Competition*, Oxford, Oxford University Press, 2015.

2. M. Walzer, « Philosophy and Democracy ». Voir aussi J. Habermas, *Droit et démocratie*, *op. cit.*, p. 442-447, même si la position est plus ambiguë chez ce dernier.

3. C. Gearty, « Against Judicial Enforcement », *in* C. Gearty, V. Mantouvalou, *Debating Social Rights*, *op. cit.*, p. 22.

4. *Ibid.*, p. 27.

5. On pourrait suggérer que si le consensus s'efface, c'est peut-être pour des raisons légitimes. En l'occurrence, il me semble plus plausible de penser que les droits sociaux seront plutôt remis en question pour leur coût que pour leur injustice, ce qui ne me paraît pas recevable pour les raisons déjà indiquées.

droits. Les déclarations de droits sont en effet largement le produit de combats politiques. Par ailleurs, le rôle de ces déclarations va au-delà de la question de la justiciabilité et donc de la question du juste pouvoir des juges. La reconnaissance du caractère fondamental de certains droits sert également de guide à l'action législative. De ce point de vue, la constitutionnalisation des droits sociaux peut envoyer le message aux législateurs qu'il en va de leur « devoir constitutionnel de considérer la satisfaction des besoins fondamentaux de tous comme une question ayant la priorité sur d'autres » [1]. Par ailleurs, la participation du public dans la défense de ces droits est également essentielle. Puisque les gouvernements peuvent essayer de se défaire de leurs obligations sous prétexte de manque de ressources, un contrôle de la recevabilité de cet argument de la part du public sera toujours nécessaire. Des droits sociaux constitutionnalisés pourraient alors devenir de véritables instruments de contestation politique. De ce point de vue, il n'y a donc pas de raison de croire qu'ils dépolitiseraient des débats essentiels. Et même si c'était le cas, si c'était le prix à payer pour plus de justice, cela ne me paraîtrait pas constituer un prix déraisonnable. Après tout, la conquête du suffrage puis des premiers droits sociaux a sans doute en partie dépolitisé ou démobilisé les classes ouvrières, mais on aurait tort, pour autant, de regretter le temps antérieur à ces conquêtes.

Une autre objection fréquente contre la justiciabilité des droits sociaux affirme qu'il est *illégitime* que des cours de justice disent aux gouvernements comment allouer les ressources collectives. Étant donné qu'il s'agit là d'une question très controversée au sein de la société, ce devrait être la prérogative du pouvoir législatif [2]. Ceci ne constitue cependant pas un argument contre les droits sociaux en particulier, puisque les droits civils et politiques ont également parfois des implications budgétaires. Cette objection questionne plutôt la légitimité du contrôle de constitutionnalité de manière générale, question souvent confondue, dans ce débat, avec celle des droits sociaux [3]. Or, un type de contrôle de constitutionnalité fort (conférant un pouvoir de veto absolu aux juges) n'est pas nécessaire pour protéger les droits sociaux. L'argument développé ici est indépendant d'une défense générale du constitutionnalisme. Il doit plutôt être conçu comme visant à atténuer les effets négatifs de l'ordre constitutionnel existant et à le rendre plus impartial en corrigeant le

1. V. Mantouvalou, « In Support of Legalization », *op. cit.*, p. 132.
2. J. Waldron, *Law and Disagreement*; C. Gearty, « Against Judicial Enforcement ».
3. V. Mantouvalou, « In Support of Legalization », *op. cit.*, p. 116.

déséquilibre de pouvoir qu'il consacre entre classes ou groupes sociaux. Certains droits sont en effet déjà protégés et appliqués par les cours, et l'ordre constitutionnel existant est loin d'être neutre d'un point de vue distributif puisqu'il protège les plus aisés contre l'expropriation, mais peine à protéger les plus vulnérables contre l'exploitation et l'exclusion sociale.

Par ailleurs, comme c'est le cas dans certains pays, on pourrait insister sur le fait que les cours ne jouent qu'un rôle modeste dans la protection des droits [1]. Leur mission consisterait alors à intervenir lorsque des droits sociaux ont été violés (ou sont susceptibles de l'être) par une disposition légale et à demander aux gouvernements de formuler une alternative plus respectueuse de ces droits, sans donc dire aux gouvernements ce qu'ils devraient faire précisément, quel type de loi serait préférable – car ce n'est pas leur rôle [2]. Il est ainsi possible – et souhaitable – de combiner les légitimités respectives du pouvoir législatif et du pouvoir judiciaire. L'un représente les citoyens comme auteurs de la loi ; l'autre les défend comme sujets de la loi [3]. Tous deux contribuent à la redevabilité des gouvernements : du fait qu'elles ne sont pas redevables envers la majorité, les cours peuvent plus aisément rendre les gouvernements redevables envers les minorités [4].

Outre la question de la légitimité démocratique, un certain nombre d'auteurs s'inquiètent du supposé *manque d'expertise* de la part des juges pour juger des questions d'ordre économique. D'après cet argument, souvent considéré comme central dans la littérature sur le sujet [5], les juges ne disposeraient pas des compétences nécessaires pour statuer sur le respect des droits sociaux. Cet argument est controversé. Les raisons pour lesquelles il serait beaucoup plus difficile de statuer sur les droits sociaux que sur les droits civils et politiques ne semblent plus si

1. Voir R. Gargarella, « 'We the People' Outside of the Constitution », sur l'idée d'un constitutionalisme « dialogique », qui permettrait aux juges de relancer une procédure délibérative pour ralentir une législation, mais qui ne leur conférerait aucun droit de veto autre que suspensif, temporaire.

2. I. Shapiro, *Democracy's Place*, Ithaca, Cornell University Press, 1996, p. 256-260 ; C. Fabre, *Social Rights under the Constitution*, *op. cit.*, p. 148-150.

3. C. Beitz, *Political Equality* ; C. Brettschneider, *Democratic Rights*.

4. V. Mantouvalou, « In Support of Legalization », *op. cit.*, p. 125. Cela rend évidemment aussi les cours vulnérables à l'influence des minorités privilégiées. Ce danger est cependant atténué si les droits des plus démunis sont reconnus explicitement.

5. Voir C. Fabre, *Social Rights under the Constitution* ; C. Brettschneider, *Democratic Rights* ; M. Tushnet, *Weak Courts, Strong Rights : Judicial Review and Social Welfare Rights in Comparative Constitutional Law*, Princeton, Princeton University Press, 2008.

claires quand on considère des cas difficiles des deux côtés et que l'on se débarrasse de la vieille distinction entre droits négatifs et positifs. En outre, même si l'on acceptait la thèse de la complexité plus importante des droits sociaux, cela ne suffirait pas à rejeter leur constitutionnalisation. On pourrait plutôt décider de restreindre davantage le rôle des cours – en conformité avec l'idée d'un « contrôle de constitutionnalité faible » [1] – ou rendre leur tâche plus aisée. Cécile Fabre suggère par exemple que le contrôle de constitutionnalité *ex ante* (avant l'entrée en vigueur de la loi) demande moins d'expertise et d'informations que le contrôle *ex post* [2]. Par ailleurs, un principe tel que celui de *standstill* ou de non-régression – interdisant la diminution du niveau de la protection sociale sans justification raisonnable [3] – n'apparaît pas excessivement exigeant pour les juges (même si la notion de « raisonnable » est évidemment sujette à de nombreux débats).

Certains pourraient néanmoins demeurer sceptiques quant au potentiel de justice de la constitutionnalisation des droits sociaux. Un exemple d'inefficacité d'une telle démarche serait l'Afrique du Sud [4], qui possède l'une des constitutions les plus progressistes en la matière et qui sert souvent de modèle aux promoteurs des droits sociaux. Or, les obligations liées aux droits sociaux sont toujours limitées par la capacité budgétaire des États. Qui plus est, les cours pourraient être complaisantes avec les États, les juges partageant souvent les opinions de la majorité des élites [5]. En conséquence, malgré l'engagement à protéger une série de droits sociaux inscrits dans la constitution, la Cour constitutionnelle sud-africaine n'a pas objecté au remplacement rapide du très redistributif « Programme pour la reconstruction et le développement » mis en place

1. M. Tushnet, *Weak Courts, Strong Rights*.

2. Le contrôle *ex ante* [*judicial preview*], qui est pratiqué notamment en France et en Irlande, est en effet plus aisé que l'évaluation de l'impact d'une loi particulière sur des cas individuels (la situation d'un individu dépendant d'une grande diversité de facteurs parmi lesquels il est difficile d'isoler l'impact d'une loi). Concernant le contrôle *ex post*, C. Fabre (*Social Rights under the Constitution*) suggère alors de juger des plaintes *collectives*, à l'instar de ce que fait le Comité européen des droits sociaux, du fait que dans le scénario *individuel* 1) il est difficile d'évaluer la situation d'une personne sans comparer avec celle de tiers à propos desquels une cour pourrait manquer d'informations ; 2) une réparation pour un plaignant ne s'applique pas automatiquement à toutes les personnes se trouvant dans une situation similaire.

3. Voir dans le contexte belge D. Dumont, « Dégressivité accrue des allocations de chômage *versus* principe de *standstill* », *Journal des tribunaux* 6541, 2013, p. 769-776.

4. Je remercie Ian Shapiro pour cette suggestion.

5. R. Hirschl, « The Political Origins of Judicial Empowerment Through Constitutionalization ».

par le gouvernement Mandela par un « Programme pour la croissance, l'emploi et la redistribution » « qui visait la croissance continue plutôt que la réparation des injustices, et qui adoptait les schémas économiques néo-libéraux de privatisation, libéralisation et compétitivité en vue de satisfaire ses objectifs de croissance » [1].

On peut évidemment contrer cette objection pessimiste en attirant l'attention sur des expériences positives dans la défense des droits sociaux par diverses cours de justice un peu partout dans le monde [2]. Il semble y avoir une série de cas d'impacts directs sur la pauvreté et la discrimination et indirects sur la mobilisation citoyenne et la prise de conscience [3]. Cependant, l'efficacité de la défense judiciaire des droits sociaux dépend de multiples facteurs contextuels tels que « le type d'ordre [juridique], le pouvoir politique et organisationnel des plaignants et la puissance institutionnelle de l'État » [4]. Elle dépend également de la formulation de ces droits. Eu égard à l'ambiguïté du droit international des droits humains sur les questions de protection sociale, il n'est pas surprenant que la reconnaissance de certains droits soit insuffisante pour s'attaquer de manière effective à la pauvreté et à l'exploitation. En effet, la Déclaration universelle des Droits de l'Homme (DUDH), le Pacte international relatif aux droits économiques, sociaux et culturels (PIDESC), tout comme la Charte sociale européenne (CSE) font preuve d'ambiguïté concernant l'articulation entre un principe de suffisance affirmant le droit à des conditions de vie décentes et une norme de réciprocité implicite qui veut qu'on n'ait droit à la protection sociale qu'à condition de chercher activement de l'emploi. Bien que ces textes reconnaissent un droit à un niveau de vie suffisant (Articles 25 de la DUDH et 11 du PIDESC), ainsi qu'un droit à la sécurité sociale pour les travailleurs (Articles 22 de la DUDH et 9 du PIDESC), ils demeurent de ce fait relativement silencieux concernant les droits des personnes sans emploi. Tandis que l'*assurance* sociale (basée sur les cotisations sociales) est jugée obligatoire,

1. C. Young, *Constituting Social and Economic Rights*, *op. cit.*, p. 21. La Cour constitutionnelle sud-africaine est néanmoins souvent citée en exemple pour une série d'autres décisions plus récentes allant bel et bien dans le sens de la protection des droits sociaux (voir par exemple R. Gargarella, « Should Deliberative Democrats Defend the Judicial Enforcement of Social Rights ? », *op. cit.*, p. 245).

2. Voir R. Gargarella, P. Domingo, T. Roux, *Courts and Social Transformations in New Democracies : An Institutional Voice for the Poor ?*, Aldershot, Ashgate, 2006 ; A. Føllesdal, « Building Democracy at the Bar : The European Court of Human Rights as an Agent of Transitional Cosmopolitanism », *Transnational Legal Theory* 7/1, 2016, p. 95-113.

3. M. Langford, « The Justiciability of Social Rights », *op. cit.*, p. 45.

4. *Ibid.*

l'*assistance* sociale (financée par l'impôt) ne le semble pas. Cela signifie qu'une personne qui n'a pas cotisé auprès de la sécurité sociale et qui se trouve dans le besoin n'a pas nécessairement droit à une allocation sociale. Qui plus est, rien ne semble empêcher la suspension des droits pour ceux qui ne satisfont pas aux conditions toujours attachées à l'octroi d'allocations sociales et qui vont de l'obligation de travailler (*workfare*) à l'obligation de chercher activement du travail (activation). La CSE révisée en constitue un exemple assez clair. Bien que le Principe 13 reconnaisse un droit à l'assistance sociale (et médicale) à « toute personne démunie de ressources suffisantes », la Charte spécifie plus loin que les États ne doivent assistance qu'à « toute personne qui ne dispose pas de ressources suffisantes *et qui n'est pas en mesure de se procurer celles-ci par ses propres moyens* » [1], ce qui ouvre clairement la porte à des exclusions de toute forme de protection sociale sous prétexte de responsabilité pour sa situation, et ce qui manifeste une attitude de suspicion vis-à-vis des demandeurs.

En conséquence, le principe de suffisance peut être violé sans atteinte évidente, d'un point de vue strictement légal, aux droits humains. Même si les États ont l'obligation de prendre les mesures adéquates en vue d'atteindre le plein-emploi (Articles 6 (2) du PIDESC et 1 (1) de la CSE), rien ne les empêche de priver certaines personnes de l'assistance sociale si celles-ci ne respectent pas certaines obligations (de réciprocité). Cette priorisation implicite de la réciprocité par rapport à la garantie de revenu n'est pas sans conséquence : elle fragilise l'ensemble des droit sociaux. C'est là une autre limite de l'ordre constitutionnel existant, que seuls pourraient dépasser les horizons plus franchement utopiques encore d'un véritable droit positif au travail (dont seule la création d'emplois publics pourrait garantir le respect) ou d'un droit explicite à la sécurité de revenu [2].

Pour conclure cette section, on peut également souligner que même si une protection légale accrue n'aura pas forcément d'effets désirables immédiats du point de vue de la justice, ces droits pourraient servir d'outils à des luttes politiques futures. Songeons par exemple à la clause de Protection égale dans la constitution états-unienne. Qui aurait pensé, lorsqu'elle fut adoptée, qu'elle justifierait d'un point de vue juridique

1. Charte sociale européenne (révisée), https://rm.coe.int/168007cf94. C'est moi qui souligne.

2. Pour un examen de cette ambiguïté et la promotion d'un tel droit à la sécurité de revenu, voir P.-É. Vandamme, « Democracy and the Right to Income », *Astrolabio : revista internacional de filosofia* 19, 2017, p. 162-183.

la fin de la ségrégation raciale? De même, les populations pourraient s'emparer du droit à des conditions de vie décentes pour défendre un véritable droit à la garantie de revenu. Le droit et la politique évoluent par le biais d'interactions dynamiques, les constitutions et déclarations possédant un fort caractère d'aspirations poussant généralement les gouvernements dans la direction de plus de justice [1]. Sans activisme politique ni large soutien au sein de la société civile, les droits sociaux ne transformeront pas seuls nos sociétés. Ils constituent néanmoins un instrument non négligeable de prévention contre les abus, potentiellement crucial dans la quête démocratique de la justice sociale.

JUSTICE ET DÉMOCRATIE AU-DELÀ DES NATIONS

Si la démocratie est, de manière générale, le mode de gouvernement qui offre le plus de perspectives de justice, la démocratie *nationale* possède un potentiel de justice limité dans un contexte caractérisé par la mondialisation croissante (mais partielle) des échanges économiques, des inégalités importantes de pouvoir, de développement et d'accès aux ressources naturelles, ainsi que par la restriction du droit d'immigrer. Le fait que l'ensemble des personnes consultées dans les prises de décision ne coïncide pas avec l'ensemble des personnes affectées par ces décisions limite certainement le potentiel d'impartialité du mode de décision. C'est pourquoi je souhaiterais brièvement examiner, en conclusion de ce chapitre, la manière dont les réformes préconisées peuvent contribuer à davantage de justice à l'échelle mondiale [2].

L'argumentation développée dans ce dernier chapitre prend place dans un contexte international non idéal. L'idéal serait une meilleure coïncidence entre les personnes affectées et les personnes incluses dans la prise de décision : une forme de fédéralisme mondial, le fédéralisme étant

1. S. Benhabib, *The Rights of Others*, *op. cit.*, chap. 5.

2. La question tout aussi essentielle de la justice entre les générations a quant à elle été abordée directement dans les différentes propositions. L'éducation citoyenne sera déterminante pour cette dimension de la justice. Les bénéfices d'une chambre tirée au sort dans la prise en compte du long terme ont été mentionnés. L'impact du vote justifié est incertain, mais il est très peu probable qu'il soit négatif pour les générations futures, surtout s'il parvient à stimuler une attitude plus délibérative face à l'urne. Enfin, l'argument en faveur de la protection constitutionnelle des droits sociaux est tourné vers l'avenir. Il vise à assurer de génération en génération, avec un principe de non-régression, la garantie d'un minimum assurant à tous une vie décente. Un des défis identifiés de ce point de vue est cependant la soutenabilité intergénérationnelle de l'État social, qui doit guider nos choix de *types* de protection sociale, question qui n'est pas abordée dans ce livre.

le mode de gouvernement combinant les avantages de la centralisation (l'efficacité dans l'application de l'égalité des droits et dans la poursuite de l'égalité des opportunités) et de la décentralisation (l'autonomie de sous-groupes politiques aux préférences culturelles variées, dans les limites du respect de ces droits et opportunités pour tous) [1]. Cet idéal constitue peut-être l'horizon de l'humanité, mais il fait face à des obstacles tels qu'on ne peut manquer de réfléchir à la manière de poursuivre la justice mondiale dans un monde non idéal, marqué par une certaine prédominance des États-nations.

Cette prédominance doit évidemment être nuancée. On ne peut plus considérer les États-nations comme le lieu unique de la démocratie ni comme le seul espace de validité des principes de justice. D'abord parce qu'ils ont subi une importante perte de souveraineté vis-à-vis d'institutions supranationales diverses qui ont un impact considérable sur les politiques qu'ils sont autorisés à mener. Que l'on songe à cet égard aux décisions du FMI, de la Banque mondiale, ou aux contraintes budgétaires européennes. Ensuite, parce qu'ils font face au développement d'un droit supranational à la force de contrainte certes relative, mais néanmoins réelle [2]. Au vu du développement de l'Union européenne en particulier, et de la prise d'importance croissante de son parlement [3], on ne peut plus réduire la démocratie à la souveraineté nationale.

Du point de vue du problème de régulation identifié précédemment, on peut s'en réjouir, puisque le changement d'échelle démocratique est sans doute la réponse la plus crédible à la perte de souveraineté des États [4]. Mais cela engendre également de nouveaux problèmes de représentation. Dans un contexte où de nombreuses décisions importantes sont prises par des acteurs (comme la Commission européenne) qui ne jouissent pas d'une légitimité d'autorisation populaire et ne font face à aucun mécanisme institutionnalisé de reddition de comptes envers les citoyens, il est illusoire d'espérer que ceux-ci se sentent adéquatement représentés.

1. Voir J. Habermas, *La Paix perpétuelle. Le bicentenaire d'une idée kantienne*, Paris, Le Cerf, 1996; R. Marchetti, « Models of Global Democracy : In Defence of Cosmo-Federalism », *in* D. Archibugi, M. Koenig-Archibugi, R. Marchetti, *Global Democracy : Normative and Empirical Perspectives*, Cambridge, Cambridge University Press, 2012.

2. J. Habermas, *Après l'État-nation. Une nouvelle constellation politique*, Paris, Fayard, 2000; C. Colliot-Thélène, *La démocratie sans* demos, Paris, P.U.F., 2010.

3. O. Costa, P. Magnette, « Idéologies et changement institutionnel dans l'Union européenne. Pourquoi les gouvernements ont-ils constamment renforcé le Parlement européen », *Politique européenne* 9, 2003, p. 49-75.

4. Ce qui n'implique pas qu'il soit *toujours* préférable d'aller dans le sens d'une plus grande intégration supranationale.

S'ajoutent à cela la diversité linguistique et le manque de mobilité transnationale qui empêchent la création d'une véritable communauté politique « postnationale ».

En dépit de ce processus de décentrement des démocraties nationales, donc, les États-nations demeurent aujourd'hui les lieux où se joue encore au premier plan la relation entre démocratie et justice sociale. Cela reste en effet à ce niveau que les citoyens ont le plus de pouvoir d'action politique (même si, dans le même temps, les États-nations perdent leur pouvoir d'action sur l'économie). C'est donc également au niveau national que se joue d'abord la justice mondiale, puisque c'est aux nations que revient le pouvoir de s'accrocher à leur souveraineté nationale malmenée ou de pousser la démocratie vers le haut, de se replier sur elles-mêmes ou de lutter contre les injustices mondiales.

Du point de vue de l'impartialité, l'ordre mondial est injuste, puisqu'il favorise largement les personnes qui naissent dans les pays riches – en particulier celles qui naissent dans des familles privilégiées et disposent de capacités valorisées par le marché. Leurs opportunités de vie sont tellement incomparables à celles des plus défavorisés de cette planète que l'injustice de cette situation est difficile à nier. La difficulté tient davantage à l'évaluation de la juste répartition des obligations d'y remédier entre les différents acteurs de ces injustices – citoyens, États, entreprises multinationales, organisations transnationales. Quelle que soit exactement cette répartition, il me semble que les citoyens des pays les plus favorisés ont en tout cas une obligation morale de pousser leurs gouvernements à lutter contre les injustices mondiales et de promouvoir la démocratisation de l'ordre mondial.

Dans un contexte idéal de justice mondiale, on pourrait reconnaître des obligations prioritaires à l'égard de ses compatriotes, ou à l'égard des personnes géographiquement les plus proches, comme on reconnaît des obligations spéciales à l'égard des membres de notre famille par rapport aux autres citoyens. Il s'agirait simplement d'une forme de division du travail politique [1]. Mais dans un monde aussi injuste que le nôtre et en l'absence de structure fédérale mondiale assurant que les intérêts de chacun seront mieux protégés par une telle division du travail, nos obligations morales dépassent largement le cadre de notre communauté, de notre nation, etc. Il faut donc penser à la manière dont nos institutions démocratiques encouragent la prise en compte des intérêts des étrangers.

1. R. Goodin, « What is So Special about Our Fellow Countrymen ? », *Ethics* 98/4, 1988, p. 663-686 ; B. Barry, « International Society from a Cosmopolitan Perspective », *in* G. Brown, D. Held (dir.), *The Cosmopolitanism Reader*, Cambridge, Polity Press, 1998, p. 100-113.

L'éducation au décentrement et l'appréciation critique des faits sociaux joueront probablement un rôle très positif dans ce sens, puisque leur visée est d'amener les futurs citoyens à porter un regard critique sur les avantages dont ils jouissent et sur la répartition des opportunités dans le monde dans lequel ils vivent. Bien entendu, on pourrait craindre une forme d'éducation nationaliste à la citoyenneté, comme cela existe dans de nombreux pays et comme cela a longtemps existé chez nous étant donné la fonction d'intégration nationale qu'a longtemps exercée l'éducation [1]. Cependant, dès l'instant où l'éducation publique se donne pour mission d'éduquer véritablement à la pensée critique, les visées fonctionnalistes (intégrer à la nation et au marché de l'emploi) deviennent de moins en moins tenables : il devient difficile d'empêcher les élèves d'interroger, par exemple, le bien-fondé des frontières et la justice des relations internationales. De la sorte, une éducation citoyenne qui aurait pour mission première de rendre meilleure une société donnée pourrait avoir pour effet secondaire de générer une attitude plus cosmopolite, plus critique à l'égard du nationalisme [2]. À condition que les cours d'histoire incitent eux aussi au décentrement critique (ce qui n'est pas l'approche promue par les gouvernements conservateurs), l'éducation nationale peut donc être un vecteur important de justice mondiale.

Le vote justifié stimulant lui aussi le décentrement, on peut également s'attendre à ce qu'il joue un rôle positif du point de vue de la justice mondiale, bien que beaucoup plus modeste. L'espoir qu'on peut placer en lui est lié à la force civilisatrice de l'hypocrisie. Si celle-ci est effective, les justifications proposées sur les bulletins de vote excluront le plus souvent les arguments nationalistes ou ouvertement ethnocentrés. Cela n'empêchera certes pas les citoyens de voter pour des motifs ethnocentrés, voire franchement xénophobes, mais cela les obligera à réfléchir à leurs choix dans un langage plus impartial, ce qui n'est pas sans intérêt éducatif. On ne peut cependant pas exclure tout à fait la possibilité que la préférence nationale soit considérée comme à ce point naturelle, dans certains contextes politiques, que la sélection de justifications « impartiales » mais dans un sens restreint ne choque personne. Comme nous l'avons vu, l'exigence d'impartialité est généralement interprétée dans un sens restreint plutôt qu'universaliste : ne favoriser aucun *membre*

1. E. Gellner, *Nations et nationalismes*, Paris, Payot, 1989.

2. Cet argument est développé dans P.-É. Vandamme, « Indirect Cosmopolitan Education : On the Contribution of National Civic Education to Attitudes towards Foreigners », *Journal of Global Ethics* 14/1, 2018, p. 114-132.

de la société [1]. De ce fait, l'impact réel que pourrait avoir le vote justifié sur un décentrement cosmopolite demeure une question ouverte. Ce qui est certain, c'est qu'il offre davantage d'espoir que le scrutin secret traditionnel, dans lequel la validité du vote ethnocentré n'est pas davantage remise en question que n'importe quelle autre motivation.

Concernant l'idée d'une chambre de représentants tirés au sort (CTS), rien n'est certain non plus, mais certaines études empiriques sont encourageantes. Pourtant, du fait que leurs emplois sont moins menacés par la mondialisation et les migrations, les élites se montrent souvent plus cosmopolites que les autres catégories de la population, et plus favorables à l'immigration [2]. A priori, on pourrait donc y voir un avantage d'une chambre élue sur une CTS du point de vue de la justice mondiale. Il ne faudrait cependant pas minimiser l'incitant électoral à prioriser les intérêts nationaux, quelles que soient les convictions profondes des élus. Un grand nombre de résultats électoraux récents, en divers contextes, montrent que les représentants élus s'alignent largement sur la montée de la xénophobie (quand ils ne la nourrissent pas eux-mêmes à des fins électorales). En comparaison, même si des citoyens ordinaires pourraient partir avec un biais nationaliste plus important que les élites, le fait qu'ils soient tirés au sort les libérerait de cette perversité de la logique électorale. On peut en outre espérer que le caractère favorable à la délibération d'une CTS l'amène à un décentrement plus important que la chambre élue, en particulier en raison du gain de diversité sociale et ethnique qu'on peut attendre en son sein. Ainsi, à Turku (Finlande), en 2012, une expérience délibérative fut menée qui rassembla 207 citoyens pour discuter d'immigration en petits groupes (certains homogènes d'un point de vue idéologique, d'autres hétérogènes; certains incluant une personne issue de l'immigration, d'autres pas), après avoir reçu quelques informations factuelles basiques sur l'immigration. Les changements d'opinion observés penchèrent en moyenne vers une perspective plus ouverte à l'immigration (surtout quand une personne issue de l'immigration faisait

1. J. Elster, H. Landemore, *Collective Wisdom*, *op. cit.*, p. 395.

2. D. Rodrik, *The Globalization Paradox*, *op. cit.*, p. 231. La preuve que le facteur principal déterminant cette attitude d'ouverture est la concurrence sur le marché de l'emploi plutôt qu'un plus grand degré d'éducation ou de culture, c'est qu'on observe des réticences face à l'immigration qualifiée de la part des travailleurs qualifiés qui sont par contre ouverts à l'immigration peu qualifiée (E. Murard, « Less Welfare or Fewer Foreigners? Immigrant Inflows and Public Opinion towards Redistribution and Migrations Policies », *Social Science Research Network*, 2017).

partie du groupe) [1]. Ceci confirme une étude de grande ampleur ayant montré que les délibérations font généralement évoluer les participants vers des positions plus cosmopolites (mais aussi plus égalitaristes et plus collectivistes) [2]. Un des facteurs explicatifs possibles est la correction des idées fausses que permettent des délibérations inclusives et de qualité [3]. Dans un domaine aussi chargé en *fake news* que l'immigration, par exemple, cet effet est loin d'être négligeable.

Enfin, l'apport d'une meilleure protection des droits sociaux à la justice mondiale demande une analyse un peu plus fine. Bien entendu, dans l'idéal, il s'agirait de promouvoir et protéger ces droits humains fondamentaux à l'échelle mondiale – le niveau de vie décente et les modalités de satisfaction de ces droits variant d'un contexte à l'autre. L'intégration économique mondiale pourrait d'ailleurs générer davantage de justice mondiale si elle s'approfondissait et s'accompagnait d'une mondialisation (dans le sens d'une généralisation) du modèle de l'État social [4]. Mais dans un avenir plus proche, la justiciabilité des droits sociaux pourrait faire face à une série de dilemmes si elle n'est appliquée qu'au niveau national, dans un contexte de pression migratoire qui n'est pas près de se tarir.

En effet, les cours de justice font souvent montre d'une interprétation inclusive des droits, élargissant progressivement leur portée des seuls citoyens aux étrangers résidant sur le territoire. La raison de cette interprétation inclusive est que les principes moraux qui résident au cœur de la plupart des constitutions nationales modernes ont une portée transnationale : ils sont formulés dans des termes universels qui excèdent la portée politique stricte de ces constitutions [5]. L'étude de la jurisprudence internationale est instructive de ce point de vue. En 2004, le Comité européen des droits sociaux a par exemple considéré que la France portait atteinte aux droits des enfants en ne donnant pas accès

1. M. Lindell *et al.*, « What drives the polarisation and moderation of opinions ? Evidence from a Finnish citizen deliberation experiment on immigration », *European Journal of Political Research* 56/1, 2017, p. 23-45.

2. J. Gastil, C. Bacci, M. Dollinger, « Is Deliberation Neutral ? Patterns of Attitude Change During "The Deliberative Polls™" », *Journal of Public Deliberation* 6/2, 2010.

3. S. Himmelroos, L. Rapeli, « Can Deliberation Reduce Political Misperceptions ? Findings from a Deliberative Experiment on Immigration », *Journal of Deliberative Democracy* 16/1, 2020, p. 58–66.

4. P. Bardhan, S. Bowles, M. Wallerstein (dir.), *Globalization and Egalitarian Redistribution.*

5. S. Benhabib, *The Rights of Others : Aliens, Residents and Citizens*, Cambridge, Cambridge University Press, 2004, p. 175-176 ; J. Habermas, *La Constitution de l'Europe*, Paris, Gallimard, 2012.

aux soins médicaux aux enfants de sans-papiers. Pourtant, la Charte sociale européenne exclut explicitement les non-nationaux des porteurs de droits sociaux. Ce qui explique cette décision, c'est que la politique poursuivie était considérée par le Comité comme contraire à la dignité humaine, valeur fondamentale, à portée universelle, sur laquelle repose la Charte [1] comme la plupart des déclarations de droits fondamentaux. Un raisonnement similaire a motivé la Cour constitutionnelle allemande, en juillet 2012, à invalider la loi limitant l'accès des demandeurs d'asile aux bénéfices sociaux. Elle en a profité pour rappeler que le droit à un minimum d'existence digne était un droit humain et non un droit réservé aux seuls citoyens, et que de ce fait la dignité humaine seule devait guider la détermination des bénéfices sociaux et non pas le statut de résidence *ni des considérations prudentielles sur les politiques migratoires* [2].

Il s'agit là d'exemples intéressants de ce que Seyla Benhabib a appelé les « itérations démocratiques », à savoir l'inclusion progressive dans le débat public et dans la jurisprudence, au niveau national et supranational, de normes cosmopolitiques (dont la validité est toujours débattue avant d'être éventuellement reconnue) [3]. De telles interprétations inclusives des droits sont bien entendu désirables pour (et justes envers) les étrangers *insiders*, ceux qui sont parvenus à immigrer dans des sociétés offrant davantage d'opportunités. Elles mettent en évidence le potentiel de justice qu'offrent les cours de justice, forçant les gouvernements à respecter aussi les droits de (certains de) ceux qui sont soumis à leurs décisions, mais envers lesquels ils ne sont pas électoralement redevables. Mais en même temps, de telles décisions peuvent avoir pour effet collatéral de réduire l'ouverture à l'immigration peu qualifiée, au détriment des étrangers *outsiders*, qui espèrent pouvoir eux aussi immigrer [4]. Il y a là une tension, qui mériterait d'être étudiée davantage, entre la *qualité* de l'accueil réservé aux immigrés et la *quantité* d'immigrés qu'un État social peut intégrer, dans un contexte de générosité limitée de la part des populations. Ce sont des contraintes du réel qu'une réflexion normative en contexte

1. V. Mantouvalou, « In Support of Legalization », *op. cit.*, p. 157.

2. Voir I. Winkler, C. Mahler, « Interpreting the Right to a Dignified Minimum Existence : A New Era in German Socio-Economic Rights Jurisprudence ? », *Human Rights Law Review* 13/2, 2013, p. 392.

3. S. Benhabib, *The Rights of Others*, *op. cit.*, chap. 5.

4. Même si la question est controversée en raison des effets sur les pays d'origine, il existe de bonnes raisons de croire que l'immigration (peu qualifiée en particulier) vers les pays riches contribue à réduire la pauvreté et les inégalités mondiales. Voir K. Oberman, « Poverty and Immigration Policy », *American Political Science Review* 109/2, 2015, p. 239-251 ; B. Milanovic, *Global Inequality*.

non idéal doit impérativement prendre en considération, même si on est en désaccord total avec l'égoïsme national et qu'on promeut par ailleurs son dépassement. Ce cas est par ailleurs intéressant en ce qu'il illustre une nouvelle fois la tension qu'il peut y avoir entre *justice mondiale* et *démocratie nationale*.

Une dernière question mérite d'être posée. L'exemple des cours de justice témoigne de ce que des instances de décision possédant une certaine indépendance politique peuvent montrer davantage de préoccupation pour les intérêts des étrangers que ne le feraient des gouvernements élus (même si leurs recommandations, en l'occurrence, n'améliorent pas *nécessairement* la situation du point de vue de la justice mondiale). Ne faudrait-il dès lors pas reconsidérer le statut des instances de régulation indépendantes? On pourrait imaginer qu'elles aient une tendance à prendre des décisions plus justes que les instances élues sur des questions de justice intergénérationnelle ou de justice mondiale, étant donné le manque important de coïncidence entre personnes affectées et personnes consultées. La Commission européenne, par exemple, s'est parfois montrée à son avantage sur ces sujets (sur l'accueil des réfugiés, par exemple, ou avec son Pacte vert pour l'Europe), bien qu'elle ait adopté des postures franchement hostiles à la justice sociale sur bien d'autres sujets.

La question qui se pose cependant ici, en plus de celle de la qualité des décisions, est celle de leur acceptabilité. Qu'une institution indépendante se charge de représenter les intérêts des générations futures [1] pourrait éventuellement être accepté par le plus grand nombre, même si les sujets ne manqueront pas sur lesquels s'affronteront les intérêts des vivants et des générations futures. Mais sur les sujets qui concernent la justice mondiale, la légitimité d'une institution indépendante avec pouvoir décisionnel souffrirait d'une contestation permanente aux effets potentiellement très néfastes. S'il n'y a sans doute pas une large majorité pour penser que la Terre appartient aux seuls vivants, il y en a certainement une estimant (à tort, de mon point de vue) que chaque nation a le droit moral de contrôler les entrées sur son territoire. Les décisions d'une institution indépendante ne manqueront dès lors pas d'être perçues comme des interférences illégitimes dans les prérogatives nationales, quelle que soit la validité

1. Voir D. Bourg *et al.*, *Pour une 6ᵉ République écologique*; I. Gonzáles-Ricoy, A. Gosseries, *Institutions for Future Generations*; D. Zwarthoed, « Political Representation of Future Generations », *in* M. Düwell, G. Bos, N. van Steenbergen (dir.), *Towards the Ethics of a Green Future. The Theory and Practice of Human Rights for Future People*, New York, Routledge, 2018, p. 79-109.

éthique de ce raisonnement. En conséquence, la population pourrait avoir le sentiment que des élites non élues et non redevables essayent de faire prévaloir leurs intérêts ou leur conception de la justice, renforçant l'opposition masse-élites et la tentation du vote antisystème au profit de partis nationaux-populistes peu susceptibles de faire avancer la cause des étrangers et donc de la justice.

Le décentrement, la délibération et la protection supranationale des droits humains me paraissent donc constituer les principales sources d'espoir de justice mondiale dans un monde encore fragmenté en État-nations – dont on peut par ailleurs espérer qu'ils soient progressivement absorbés dans des entités fédérales plus grandes, telle l'Union européenne, à condition que cette intégration supranationale se fasse également sur le plan démocratique.

CONCLUSION

Ce livre s'est ouvert sur une première interrogation : la démocratie est-elle le type de régime le plus susceptible de justice sociale? La difficulté, pour en juger, vient du fait que nous ne partageons pas tous la même conception de la justice. Certains trouvent le statu quo tout à fait satisfaisant. D'autres l'estiment rempli d'injustices insupportables. Un critère sur lequel nous pouvons chercher à nous entendre, au-delà de nos désaccords politiques, est celui de l'impartialité : un gouvernement juste ne défavoriserait ou privilégierait aucun citoyen, aucun groupe social au détriment des autres.

À mille lieues de ses interprétations élitistes, nous avons vu dans le second chapitre que cet idéal d'impartialité ne peut pas servir de prétexte à la dépolitisation des institutions démocratiques. C'est au contraire un idéal *politique*, qui implique de lutter contre toutes les formes de désavantages existantes. Et c'est donc de l'affrontement public de projets politiques concurrents, en donnant aux citoyens un pouvoir de contrôle et des moyens d'agir, qu'on peut espérer voir émerger davantage d'impartialité, plutôt que d'institutions prétendument indépendantes isolées du monde politique.

Si l'idéal d'impartialité n'a pas les attraits rhétoriques de l'idée d'égalité, il a malgré tout également derrière lui des siècles de luttes sociales : contre les privilèges, les biais, les désavantages et les discriminations – tous des antonymes de l'impartialité. Et il va le plus souvent de pair avec la lutte en faveur de l'égalité – des droits, des opportunités, du pouvoir, du respect, de la reconnaissance.

Bien entendu, nous ne serons pas tous d'accord sur les implications d'un tel principe, sur la manière correcte d'interpréter cette exigence fondamentale d'impartialité morale. Néanmoins, il est possible de mobiliser ce critère pour évaluer le potentiel de justice de différents régimes et institutions – dans quelle mesure différentes configurations institutionnelles engendrent ou réduisent différents biais.

Ainsi, on peut se demander si les institutions démocratiques traditionnelles ne risquent pas d'être biaisées à l'encontre de certains groupes. C'est indéniablement le cas : elles sont biaisées en faveur de la majorité par rapport aux minorités vulnérables, en faveur des plus riches, des plus éduqués, des citoyens par rapport aux étrangers, des vivants en âge de voter par rapports aux générations futures.

Malgré cela, aucune alternative plausible à la démocratie n'offre de meilleures perspectives de justice, comme nous l'avons vu dans le premier chapitre. Non seulement, il s'agit de la meilleure manière de réguler pacifiquement nos conflits politiques et nos désaccords sur le juste. Mais en outre, l'autogouvernement possède une série de traits favorables à la justice :

- l'inclusion égalitaire, dans la construction des décisions collectives, de la diversité des perspectives sociales, qui réduit les risques de biais ;
- le décentrement des perspectives et la circulation de l'information qu'entraîne la dynamique délibérative ;
- l'autocorrection à travers le temps grâce aux feedbacks répétitifs et contraignants entre gouvernés et gouvernants que génère la réitération des élections ;
- les principes de publicité et de redevabilité, qui réduisent les risques de corruption et les abus de pouvoir ;
- la protection de certains droits fondamentaux, protégeant à la fois les minorités et les fondements de la démocratie contre les abus de pouvoir.

En comparaison, les alternatives à la démocratie font toutes face, à des degrés divers, à des risques importants d'instabilité, de décisions volontairement biaisées (par manque de mécanismes de contrôle populaire des gouvernants) ou involontairement biaisées (faute d'inclusion de l'ensemble des perspectives concernées). Tout cela signifie que nous avons de bonnes raisons – y compris sur le plan épistémique – de nous fier à la démocratie comme mode de gouvernement, quelles que soient les promesses de croissance, d'ordre ou de stabilité que peuvent (sembler) offrir d'autres régimes.

Cette première conclusion est importante, car malgré le soutien populaire dont bénéficie encore l'idéal démocratique dans la plupart des démocraties établies, cet idéal est en danger. En effet, outre le fait qu'un certain nombre de pays aient connu un processus de régression démocratique, voire une franche transition vers l'autoritarisme, on observe également que la démocratie perd de plus en plus de sa substance là où le soutien populaire est encore relativement solide [1]. Outre des phénomènes comme le glissement de pouvoir du législatif vers l'exécutif et la perte de souveraineté au profit d'institutions supranationales peu ou pas démocratiques, on observe en effet la multiplication des instances de régulation indépendantes, contribuant à une dépolitisation du processus de décision collective. La technocratie n'est donc pas un adversaire fantôme. C'est au contraire un danger réel, qui séduit une bonne partie de l'élite politique et économique, un nombre important de citoyens, et qui nourrit la frustration des autres citoyens à l'égard de la politique. Ce danger me semblait devoir être affronté sur le terrain épistémique, qui est celui sur lequel jouent les partisans de la technocratie. Car c'est là où la démocratie est la plus vulnérable, sur la question de sa sagesse, de sa capacité à engendrer des décisions de qualité, qu'il faut la défendre – ce que ne permettent pas les justifications strictement procédurales ou minimalistes de la démocratie.

Ce qui importe le plus n'est cependant pas de justifier la démocratie. S'il me paraît utile de rappeler ce qui doit nourrir notre adhésion morale au gouvernement démocratique, comme j'ai cherché à le faire dans le premier chapitre, et s'il me paraît essentiel de remettre à sa place la thèse de l'irrationalité collective, l'objectif principal de ce livre consistait à fournir des pistes de réflexion pour l'*amélioration* du potentiel de justice des démocraties existantes. Il n'est en effet pas suffisant d'affirmer que le grand nombre fait souvent mieux que le petit nombre, qu'il faudrait davantage de démocratie ou une démocratie réelle. Il faut plutôt, pour guider l'action, réfléchir aux institutions les plus favorables à nos ambitions collectives de justice, les plus susceptibles de corriger ou réduire les différents biais évoqués à l'instant.

Les pistes de transformation de nos institutions défendues dans le troisième chapitre sont de nature à augmenter leur potentiel de justice en réduisant certaines sources d'irrationalité et de biais qui habitent le plus souvent les démocraties contemporaines, dans un grand nombre de contextes.

– Une meilleure éducation citoyenne, si elle prend la forme d'une éducation morale et politique dans une perspective résolument faillibiliste, est de nature à améliorer le jugement politique des citoyens en le rendant plus décentré et mieux informé.

1. C. Crouch, *Post-démocratie* ; P. Mair, *Ruling the Void* ; I. Papadopoulos, *Democracy in Crisis ?*.

- L'ajout à la représentation électorale d'une représentation par tirage au sort permettrait de lutter contre les divers biais de sélection inhérents à l'élection (y compris l'écart sociologique entre représentants et représentés) ainsi que, peut-être, contre le biais à l'encontre des générations futures qu'engendre la brièveté des cycles électoraux.
- Une participation citoyenne de nature plus délibérative résulterait peut-être d'une pratique systématique de justification des votes, en encourageant une attitude plus réflexive de la part des citoyens face à l'urne, et en stimulant et cadrant les débats publics. Cela permettrait peut-être de réduire le biais majoritariste lié à la démocratie directe.
- Le vote justifié pourrait également permettre d'améliorer la communication entre les citoyens et leurs représentants, voire de faciliter le contrôle des seconds par les premiers, ce qui contribuerait également à améliorer nos institutions représentatives.
- Enfin, une protection constitutionnelle plus forte des droits sociaux serait de nature à rééquilibrer un ordre constitutionnel largement biaisé en faveur des plus avantagés. Ce faisant, la protection contre les abus de pouvoir démocratique se verrait renforcée.

Ces pistes ne sont bien entendu que des réponses partielles aux différents maux démocratiques identifiés dans le premier chapitre. Ces réformes ne suffiront sans doute pas à la transition vers un monde juste. D'autres s'imposent avec une certaine urgence, comme la protection de l'environnement contre la faiblesse de la volonté démocratique, la régulation de l'influence de l'argent en politique, ou encore la régulation du nouveau paysage médiatique. Malgré tout, les quelques pistes ici formulées constituent des utopies réalistes susceptibles de nourrir les luttes politiques pour un monde plus juste. Or, ces luttes ont besoin de visées ambitieuses, crédibles et attrayantes à la fois. Même s'il faudra du temps pour parvenir à nos fins, il importe de préserver des idéaux motivants. Nous avons besoin de la politique pour changer la société, et il nous faut de la confiance et de la motivation pour nous engager politiquement. Rien de bon n'adviendra « spontanément » de la politique. Si nous n'y croyons pas un peu, si nous ne parvenons pas à surmonter cette crise de confiance collective qui nous afflige, la politique demeurera désespérante [1]. Mon souhait est que ce livre s'inscrive dans un tissu de discours qui donnent envie de croire qu'un changement social positif est possible, y compris par la voie institutionnelle, même si la route démocratique vers la justice est pavée d'obstacles.

1. C. Hay, *Why We Hate Politics*, *op. cit.*, p. 156-162.

BIBLIOGRAPHIE

ABENSOUR M., *Hannah Arendt contre la philosophie politique ?*, Paris, Sens & Tonka, 2006.

ABIZADEH A., « Representation, Bicameralism, Political Equality, and Sortition : Reconstituting the Second Chamber as a Randomly Selected Assembly », *Perspectives on Politics*, 2020 (https://doi.org/10.1017/S1537592719004626).

ACHEN C., BARTELS L., *Democracy for realists : Why elections do not produce responsive government*, Princeton, Princeton University Press, 2017.

ACKERMAN B., AYRES I., *Voting with Dollars : A New Paradigm for Campaign Finance*. New Haven, Yale University Press, 2002.

ADAMS J., *Thoughts on Government, Applicable to the Present State of the American Colonies*, 1776 (https://en.wikisource.org/wiki/Thoughts_on_Government).

ALEXANDER A. C., WELZEL C., « The myth of deconsolidation : Rising liberalism and the populist reaction », *The Journal of Democracy* web exchange, 2017 (https://www.journalofdemocracy.org/online-exchange-democratic-deconsolidation/).

ANDERSON E., « What Is the Point of Equality ? », *Ethics* 109/2, 1999, p. 287-337.

– « The Epistemology of Democracy », *Episteme* 3/1-2, 2006, p. 8-22.

APPEL K.-O., *Éthique de la discussion*, Paris, Le Cerf, 1994.

ARENDT H., « Martin Heidegger a quatre-vingts ans », dans *Vies politiques*, Paris, Gallimard, 1974.

ARISTOTE, *Les Politiques*, Paris, Vrin, 1995.

ARNESON R., « Democracy Is Not Intrinsically Just », *in* K. Dowding, R. Goodin, C. Pateman (dir.), *Justice and Democracy : Essays for Brian Barry*, Cambridge, Cambridge University Press, 2004, p. 40-58.

ARNOLD T., FARRELL D., SUITER J., « Lessons from a Hybrid Sortition Chamber : The 2012-2014 Irish Constitutional Convention », *in* J. Gastil, E. O. Wright (dir.), *Legislature by Lot : Transformative Designs for Deliberative Governance*, New York, Verso, 2019, p. 101-122.

ARNSPERGER C., « Entre impartialité, horizons de sens et précarité existentielle : les fondements de l'éthique économique et sociale », dans C. Arnsperger, J. Ladrière, C. Larrère, *Trois essais sur l'éthique économique et sociale*, Paris, INRA, 2001.

BADOUARD R., « Pluralisme, indépendance, diversité : peut-on encore "sauver les médias" ? » *Participations*, 2016/2, p. 259-271.

BAILLARGEON N., *L'ordre moins le pouvoir : Histoire et actualité de l'anarchisme*, Marseille, Agone, 2008.
BARBIER R., BEDU C., BUCLET N., « Portée et limites du dispositif "ury citoyen" », *Politix* 86, 2009, p. 189-207.
BARDHAN P., BOWLES S., WALLERSTEIN M. (dir.), *Globalization and Egalitarian Redistribution*, Oxford, Oxford University Press, 2006.
BARNETT A., CARTY P., *The Athenian Option : Radical Reform for the House of Lords*, Exeter, Imprint Academic, 2008.
BARRY B., « Justice and the Common Good », *Analysis* 21/4, 1961, p. 86-90.
– *Political Argument*, Londres, Routledge & Kegan Paul, 1965.
– *Theories of Justice. A Treatise on Social Justice. Vol. I*, Londres, Harvester Wheatsheaf, 1989.
– *Justice as Impartiality. A Treatise on Social Justice. Vol. II*, Oxford, Oxford University Press, 1995.
– « International Society from a Cosmopolitan Perspective » (1998), *in* G. Brown, D. Held (dir.), *The Cosmopolitanism Reader*, Cambridge, Polity Press, 2010, p. 100-113.
– *Why Social Justice Matters*, Cambridge, Polity Press, 2005.
BARTELS L., *Unequal Democracy : The Political Economy of the New Gilded Age*, Princeton, Princeton University Press, 2008.
– « Political inequality in affluent democracies : The social welfare deficit », *Center for the Study of Democratic Institutions*, working paper 5-2017.
BECKER L., « Reciprocity, Justice, and Disability », *Ethics* 116/1, 2005, p. 9-39.
BEERBOHM E., *In Our Name : The Ethics of Democracy*, Princeton, Princeton University Press, 2012.
BEESON M., « The coming of environmental authoritarianism », *Environmental politics* 19/2, 2010, p. 276-294.
BEITZ C., *Political Equality : An Essay in Democratic Theory*, Princeton, Princeton University Press, 1989.
BELL D. A., *The China model : Political meritocracy and the limits of democracy*, Princeton, Princeton University Press, 2015.
BELLO HUTT D., « Measuring popular and judicial deliberation : A critical comparison », *International Journal of Constitutional Law* 16/4, 2018, p. 1121-1147.
BENHABIB S., *The Rights of Others : Aliens, Residents and Citizens*, Cambridge, Cambridge University Press, 2004.
BENTHAM J., « Of Publicity », *in* J. Bowring (éd.), *The Works of Jeremy Bentham*, Édimbourg, William Tait, 1843, p. 310-317.
BERGOUNIOUX A., MANIN B., *La social-démocratie ou le compromis*, Paris, P.U.F., 1979.
BERTEN A., DA SILVEIRA P., POURTOIS H. (éd.), *Libéraux et communautariens*, Paris, P.U.F., 1997.
BERTSOU E., PASTORELLA G., « Technocratic attitudes : a citizens'perspective of expert decision-making », *West European Politics* 40/2, 2017, p. 430-458.

BLONDIAUX L., « Faut-il se débarrasser de la notion de compétence politique ? Retour critique sur un concept classique de la science politique », *Revue française de science politique* 57/6, 2007, p. 759-774.

– *Le nouvel esprit de la démocratie. Actualité de la démocratie participative*, Paris, Seuil, 2008.

BOBBIO N., *Le futur de la démocratie*, Paris, Seuil, 2007 (1984).

– *Libéralisme et démocratie*, Paris, Le Cerf, 1996 (1991).

BOHMAN J., « Deliberative Democracy and Effective Social Freedom : Capabilities, Resources and Opportunities », *in* J. Bohman, W. Rehg (dir.), *Deliberative Democracy : Essays on Reason and Politics*, Cambridge (Mass.), MIT Press, 1997.

– *Democracy across Borders : From* Dêmos *to* Demoi, Cambridge (Mass.), MIT Press, 2007.

BOIX C., *Democracy and Redistribution*, Cambridge, Cambridge University Press, 2003.

BOURG D., WHITESIDE K., *Vers une démocratie écologique*, Paris, Seuil, 2010.

BOURG D., BÉTAILLE J., BLONDIAUX L., COHENDET M.-A., FOURNIAU J.-M., FRANÇOIS B., MARZOLF P., SINTOMER Y., *Pour une 6e République écologique*, Paris, Odile Jacob, 2011.

BOURICIUS T., « Democracy through Multi-Body Sortition : Athenian Lessons for the Modern Day », *Journal of Public Deliberation* 9/1, 2013.

BOVENS M., WILLE A., *Diploma democracy : The rise of political meritocracy*, Oxford, Oxford University Press, 2017.

BOWLES S., « Egalitarian Redistribution in Globally Integrated Economies », *in* P. Bardhan, S. Bowles, M. Wallerstein (dir.) *Globalization and Egalitarian Redistribution*, Oxford, Oxford University Press, 2006, p. 120-147.

BOWLES S., GINTIS H., « L'idéal d'égalité appartient-il au passé ? Homo reciprocans versus Homo œconomicus », *Revue du MAUSS* 31/1, 2008, p. 209-241.

BRANHAM J. A., SOROKA S. N., WLEZIEN C., « When do the rich win ? », *Political Science Quarterly* 132/1, 2017, p. 43-62.

BRENNAN G., PETTIT P., « Unveiling the Vote », *British Journal of Political Science* 20/3, 1990, p. 311-333.

BRENNAN J., *Against Democracy*, Princeton, Princeton University Press, 2016.

BRETTSCHNEIDER C., *Democratic Rights : The Substance of Self-Government*, Princeton, Princeton University Press, 2006.

BRIGHOUSE H., FLEURBAEY M., « Democracy and Proportionality », *Journal of Political Philosophy* 18/2, 2008, p. 137-155.

BUCHSTEIN H., « Public Voting and Political Modernization : Different Views from the Nineteenth Century and New Ideas to Modernize Voting Procedures », *in* J. Elster (dir.) *Secrecy and Publicity in Votes and Debates*, Cambridge, Cambridge University Press, 2015, p. 15-51.

– « Elective and Aleatory Parliamentarism », *in* K. Palonen, J.-M. Rosales (dir.), *Parliamentarism and Democratic Theory : Historical and Contemporary Perspectives*, Barbara Budrich Publishers, 2015

BUCHSTEIN H., HEIN M., « Randomizing Europe : The Lottery as a Political Instrument for a Reformed European Union », *in* G. Delannoi, O. Dowlen (dir.), *Sortition : Theory and Practice*, Exeter, Imprint Academic, 2010.

BURNS N., SCHLOZMAN K., VERBA S., *The Private Roots of Public Action : Gender, Equality, and Political Participation*, Cambridge (Mass.), Harvard University Press, 2001.

CADWALLADR C., « Robert Mercer : the big data billionaire waging war on mainstream media », *The Observer*, 26 février 2017.

CALLENBACH E., PHILLIPS M., *A Citizen Legislature*, Berkeley, Banyan Tree Books, 1985.

CALUWAERTS D., REUCHAMPS M., « Facts, figures and some lessons from an experience of deliberative democracy in Belgium », in *The Malaise of Electoral Democracy and What to Do About It*, Re-Bel e-book n°14, Bruxelles, The Re-Bel Initiative, 2014, p. 10-33.

CAGÉ J., *Sauver les médias. Capitalisme, financement participatif et démocratie*, Paris, Seuil, 2015.

– *Le prix de la démocratie*, Paris, Fayard, 2018.

CAMPBELL T., EWING K. D., TOMKINS A., *The Legal Protection of Human Rights : Sceptical Essays*, Oxford, Oxford University Press, 2011.

CAPLAN B., *The Myth of the Rational Voter : Why Democracies Choose Bad Policies*, Princeton, Princeton University Press, 2006.

CARRÈRE E., *D'autres vies que la mienne*, Paris, P.O.L., 2009.

CASAL P., « Why Sufficiency Is Not Enough », *Ethics* 117/2, 2007, p. 296-326.

CASTORIADIS C., « Socialisme et société autonome », dans *Le contenu du socialisme*, Paris, Union générale d'Éditions, 1979.

CASSANI A., TOMINI L., *Autocratization in post-cold war political regimes*, Berlin, Springer, 2018.

CATO M., *Green economics : An Introduction to Theory, Policy and Practice*, Londres, Earthscan, 2009.

CEVIPOF, « Baromètre de la confiance politique – vague 8 », 17 janvier 2017, (http://www.cevipof.com/fr/le-barometre-de-la-confiance-politique-du-cevipof/rapports/defiance/).

CHAVEL S., *Se mettre à la place d'autrui. L'imagination morale*, Rennes, Presses Universitaires de Rennes, 2011.

CHRISTIANO T., « Is Democracy Merely a Means to Social Justice ? », *in* A. Reeve, A. Williams A. (dir.), *Real Libertarianism Assessed : Political Theory after Van Parijs*, New York, Palgrave Macmillan, 2003, p. 172-200.

– *The Constitution of Equality : Democratic Authority and Its Limits*, Oxford, Oxford University Press, 2008.

– « Review of Jason Brennan, *Against Democracy* », *Notre Dame Philosophical Reviews*, 19 Mai 2017.

COHEN E., GRUNBERG G., MANIN B., « Le referendum, un instrument défectueux », *Telos*, 13 juillet 2016 (http://www.telos-eu.com/fr/vie-politique/le-referendum-un-instrument-defectueux.html).

COHEN G. A., *Rescuing Justice and Equality*, Cambridge (Mass.), Harvard University Press, 2008.

– *On the Currency of Egalitarian Justice, and Other Essays in Political Philosophy*, Princeton, Princeton University Press, 2011.

COHEN J., « An Epistemic Conception of Democracy », *Ethics* 97/1, 1986, p. 26-38.

– « Deliberation and Democratic Legitimacy » (1989), *in* J. Bohman, W. Rehg (dir.), *Deliberative Democracy : Essays on Reason and Politics*, Cambridge (Mass.), MIT Press, 1997, p. 67-92.

– « Reflections on Habermas on Democracy », *Ratio Juris* 12/4, 1999, p. 385-416.

COLLIOT-THÉLÈNE C., *La démocratie sans* demos, Paris, P.U.F., 2010.

CONVERSE P., « Popular Representation and the Distribution of Information », *in* J. Ferejohn, J. Kuklinski (dir.) *Information and Democratic Processes*, Urbana, University of Illinois Press, 1990, p. 369-388.

COSTA O., MAGNETTE P., « Idéologies et changement institutionnel dans l'Union européenne. Pourquoi les gouvernements ont-ils constamment renforcé le Parlement européen », *Politique européenne* 9, 2003, p. 49-75.

COURANT D., « Penser le tirage au sort. Modes de sélection, cadres délibératifs et principes démocratiques », dans A. Chollet, A. Fontaine (dir.), *Expériences du tirage au sort en Suisse et en Europe : un état des lieux*, Berne, Bibliothèque Am Guisanplatz, 2018, p. 257-282.

CROUCH C., *Post-démocratie*, Paris, Diaphane, 2013 (2005).

CUNNINGHAM F., *Democratic Theory and Socialism*, Cambridge, Cambridge University Press, 1987.

DAHL R., *A Preface to Democratic Theory* (expanded edition), Chicago, The University of Chicago Press, 2006 (1956).

– *After the Revolution ? Authority in a Good Society*, New Haven, Yale University Press, 1990 (1970).

– *Democracy and its Critics*, New Haven, Yale University Press, 1989.

DALTON R., WATTENBERG M (dir.), *Parties without Partisans : Political Change in Advanced Industrial Democracies*, New York, Oxford University Press, 2000.

DASGUPTA P., MASKIN E., « Democracy and Other Goods », *in* I. Shapiro, C. Hacker-Cordón (dir.), *Democracy's Value*, Cambridge, Cambridge University Press, 1999, p. 69-90.

DAVENPORT C., ARMSTRONG D., « Democracy and the violation of human rights : A statistical analysis from 1976 to 1996 », *American Journal of Political Science* 48/3, 2004, p. 538-554.

DELANNOI G., DOWLEN O. (dir.), *Sortition : Theory and Practice*, Exeter, Imprint Academic, 2010.

DELANNOI G., DOWLEN O., STONE P., *The Lottery as a Democratic Institution*, Dublin, Policy Institute, 2013.

DEWEY J., *The Public and its Problems*, Athens (Ohio), Swallow Press, 1991 (1927).

DIETSCH P., *Catching Capital : The Ethics of Tax Competition*, Oxford, Oxford University Press, 2015.

DORIS J., *Lack of character : Personality and moral behavior*, Cambridge, Cambridge University Press, 2002.

DOVI S., *The Good Representative*, Malden, Blackwell, 2007.

DOWDING K., GOODIN R., PATEMAN C. (dir.), *Justice and Democracy : Essays for Brian Barry*, Cambridge, Cambridge University Press, 2004.

DOWLEN, O. « Sorting out sortition : A perspective on the random selection of political officers », *Political Studies* 57/2, 2009, p. 298-315.

DOWNS A., *An economic theory of democracy*, New York, Harper & Row, 1957.

DOYLE M., « Kant, Liberal Legacies, and Foreign Affairs », *Philosophy and Public Affairs* 12/3, 1983, p. 205-235.

DUBET F., *L'école des chances. Qu'est-ce qu'une école juste ?*, Paris, Seuil, 2004.

DUMONT D., « Dégressivité accrue des allocations de chômage *versus* principe de *standstill* », *Journal des tribunaux* 6541, 2013, p. 769-776.

DURAND G., FABRE M. (dir.), *Éducation et minimalisme moral*, numéro spécial de *Recherches en éducation*, HS n°6, 2014.

DÜR A., BERNHAGEN P., MARSHALL D., « Interest Group Success in the European Union : When (and Why) Does Business Lose ? », *Comparative Political Studies* 48/8, 2015, p. 951-983.

DWORKIN R., *Taking Rights Seriously*, Cambridge (Mass.), Harvard University Press, 1978.

– *A Matter of Principle*, Cambridge (Mass.), Harvard University Press, 1985.

– *Sovereign Virtue : The Theory and Practice of Equality*, Cambridge (Mass.), Harvard University Press, 2000.

– *Is Democracy Possible Here ? Principles for a New Political Debate*, Princeton, Princeton University Press, 2006.

ELCHARDUS M., « Classical Republicanism and the Contemporary Voter : An Empirical Cultural Sociology of the Relationship between the Private Realm and the Public Sphere », *Poetics* 39, 2011, p. 407-425.

ELSÄSSER L., HENSE S., SCHÄFER A., « Not just money : unequal responsiveness in egalitarian democracies », *Journal of European Public Policy*, 2020.

ELSTER J., *Ulysses and the Sirens : Studies in Rationality and Irrationality*, Cambridge, Cambridge University Press, 1984.

— « Le marché et le forum. Trois variétés de théorie politique » (1986), dans C. Girard, A. Le Goff (éd.), *La démocratie délibérative. Anthologie de textes fondamentaux*, Paris, Hermann, 2010, p. 119-165.

– « Argumenter et négocier dans deux Assemblées constituantes », *Revue française de science politique* 44/2, 1994, p. 187-256.

– *Le désintéressement. Traité critique de l'homme économique I*, Paris, Seuil, 2009.

– « The Optimal Design of a Constituent Assembly », *in* J. Elster, H. Landemore (dir.), *Collective Wisdom : Principles and Mechanisms*, Cambridge, Cambridge University Press, 2012, p. 148-172.

– *Securities against Misrule : Juries, Assemblies, Elections*, Cambridge, Cambridge University Press, 2013.

– (dir.) *Secrecy and Publicity in Votes and Debates*, Cambridge, Cambridge University Press, 2015.

ELSTER J., LANDEMORE H. (dir.), *Collective Wisdom : Principles and Mechanisms*, Cambridge, Cambridge University Press, 2012.

ENGELEN B., NYS T., « Against the Secret Ballot : Toward a New Proposal for Open Voting », *Acta Politica* 48, 2013, p. 490-507.

ESPING-ANDERSEN G., *Les trois mondes de l'État-providence. Essai sur le capitalisme moderne*, Paris, P.U.F., 1999 (1990).

ESTLUND D., « Jeremy Waldron on Law and Disagreement », *Philosophical Studies* 99, 2000, p. 111-128.

– *Democratic Authority : A Philosophical Framework*, Princeton, Princeton University Press, 2008.

– « Democracy Counts : Should Rulers Be Numerous ? », *Raison publique*, 2010 (https://www.raison-publique.fr/article319.html).

FABRE C., *Social Rights under the Constitution : Government and the Decent Life*, Oxford, Oxford University Press, 2000.

FEREJOHN J., « Secret Votes and Secret Talk », *in* J. Elster, *Secrecy and Publicity in Votes and Debates*, Cambridge, Cambridge University Press, 2015, p. 230-247.

FERRERAS I., *Firms as Political Entities : Saving Democracy through Economic Bicameralism*, Cambridge, Cambridge University Press, 2017.

FERRY J.-M., *Les puissances de l'expérience. Essai sur l'identité contemporaine. Tome I. Le sujet et le verbe*, Paris, Le Cerf, 1991.

– *Les puissances de l'expérience. Essai sur l'identité contemporaine. Tome II. Les ordres de la reconnaissance*, Paris, Le Cerf, 1991.

– *L'éthique reconstructive*, Paris, Le Cerf, 1996.

– « L'éthique reconstructive comme éthique de la responsabilité politique », *Raison publique* 10, 2009.

FISHKIN J., *When the People Speak : Deliberative Democracy and Public Consultation*, New York, Oxford University Press, 2009.

FLEURBAEY M., *Capitalisme ou démocratie ? L'alternative du XXIe siècle*, Paris, Grasset, 2006.

FLINDERS M., GHOSE K., JENNINGS W., MOLLOY E., PROSSER B., RENWICK A., SMITH G., *Democracy Matters : Lessons from the 2015 Citizens'Assemblies on English Devolution*, Londres, Democracy Matters Project, 2016.

FØLLESDAL A., « Building Democracy at the Bar : The European Court of Human Rights as an Agent of Transitional Cosmopolitanism », *Transnational Legal Theory* 7/1, 2016, p. 95-113.

FORSÉ M., PARODI M., *La priorité du juste. Éléments pour une sociologie des choix moraux*, Paris, P.U.F., 2004.

– « Perception des inégalités économiques et sentiment de justice sociale », *Revue de l'OFCE* 102, 2007, p. 483-540.

FORST R., *The Right to Justification : Elements of a Constructivist Theory of Justice*, New York, Columbia University Press, 2012 (2007).

FOURNIER P., VAN DER KOLK H., CARTY R. K., BLAIS A., ROSE J., *When Citizens Decide : Lessons from Citizen Assemblies on Electoral Reform*, Oxford, Oxford University Press, 2011.

FRANK T., *Pourquoi les pauvres votent à droite*, Marseille, Agone, 2013.

FRASER N., *Qu'est-ce que la justice sociale ? Reconnaissance et redistribution*, Paris, La Découverte, 2005.

GALLAND O., LEMEL Y., FRÉNOD A., « La perception des inégalités en France. Essai d'explication », *Revue européenne des sciences sociales* 51/1, 2013, p. 179-211.

GARGARELLA R., « Should Deliberative Democrats Defend the Judicial Enforcement of Social Rights ? », *in* S. Besson, J. L. Martí (dir.), *Deliberative Democracy and its Discontents*, Aldershot, Ashgate Publishing, 2006, p. 233-252.

– « "We the People" Outside of the Constitution : The Dialogic Model of Constitutionalism and the System of Checks and Balances », *Current Legal Problems* 67/1, 2014, p. 1-47.

GARGARELLA R., DOMINGO P., ROUX T. (dir.), *Courts and Social Transformations in New Democracies : An Institutional Voice for the Poor ?*, Aldershot, Ashgate, 2006.

GASTIL J., *By Popular Demand : Revitalizing Representative Democracy through Deliberative Elections*, Berkeley et Los Angeles, University of California Press, 2000.

GASTIL J., BACCI C., DOLLINGER M., « Is Deliberation Neutral ? Patterns of Attitude Change During 'The Deliberative Polls™' », *Journal of Public Deliberation* 6/2, 2010.

GASTIL J., RICHARDS R., « Making Direct Democracy Deliberative through Random Assemblies », *Politics and Society* 41/2, 2013, p. 253-281.

GASTIL J., WRIGHT E. O. (dir.), *Legislature by Lot : Transformative Designs for Deliberative Governance*, New York, Verso, 2019.

GASTIL J., WRIGHT E. O., « Legislature by Lot : Envisioning Sortition Within a Bicameral System », *in* J. Gastil, E. O. Wright, *Legislature by Lot : Transformative Designs for Deliberative Governance*, New York, Verso, 2019, p. 3-38.

GAUTHIER D. *Morale et contrat. Recherches sur les fondements de la morale*, Sprimont, Mardaga, 2000 (1986).

GEARTY C., MANTOUVALOU V., *Debating Social Rights*, Oxford, Hart Publishing, 2011.

GEARTY C., « Against Judicial Enforcement », *in* C. Gearty, V. Mantouvalou, *Debating Social Rights*, Oxford, Hart Publishing, 2011, p. 1-84.

GELLNER E., *Nations et nationalismes*, Paris, Payot, 1989 (1983).

GENDLER T., « On the epistemic costs of implicit bias », *Philosophical Studies* 156/1, 2011, p. 33-63.

GERBER A., HUBER G., DOHERTY D., DOWLING C., « Is There a Secret Ballot? Ballot Secrecy Perceptions and Their Implications for Voting Behaviour », *British Journal of Political Science* 43, 2013, p. 77-102.

GERRING J., THACKER S. C., ALFARO R., « Democracy and human development », *The Journal of Politics* 74/1, 2012, p. 1-17.

GILENS M., PAGE B., « Testing Theories of American Politics : Elites, Interest Groups, and Average Citizens », *Perspective on Politics* 12/3, 2014, p. 564-581.

GIRARD C., « De la presse en démocratie. La révolution médiatique et le débat public », *La Vie des idées*, 11 octobre 2011 (http://www.laviedesidees.fr/De-la-presse-en-democratie.html).

– « La règle de majorité en démocratie : équité ou vérité ? », *Raisons politiques* 53, 2014, p. 107-137.

– *Délibérer entre égaux. Enquête sur l'idéal démocratique*, Paris, Vrin, 2019.

GIRARD C., LE GOFF A. (éd.) *La démocratie délibérative. Anthologie de textes fondamentaux*, Paris, Hermann, 2010.

GISSINGER-BOSSE C., *Être juré populaire en cour d'assises : Faire une expérience démocratique*, Paris, Éditions de la Maison des sciences de l'homme, 2017.

GONZÁLES-RICOY I., GOSSERIES A. (dir.), *Institutions for Future Generations*, Oxford, Oxford University Press, 2016.

GONZÁLES-RICOY I., « Constitutionalizing Intergenerational Provisions », *in* I. Gonzáles-Ricoy, A. Gosseries, *Institutions for Future Generations*, Oxford, Oxford University Press, 2016, p. 170-183.

GOODIN R., « What is So Special about Our Fellow Countrymen ? », *Ethics* 98/4, 1988, p. 663-686.

– *Motivating Political Morality*, Cambridge (Mass.), Blackwell, 1992.

– *Reflective Democracy*, Oxford, Oxford University Press, 2003.

– « Democracy, Justice and Impartiality », *in* K. Dowding, R. Goodin, C. Pateman (dir.), *Justice and Democracy : Essays for Brian Barry*, Cambridge, Cambridge University Press, 2004, p. 97-111.

– *Innovating Democracy : Democratic Theory and Practice After the Deliberative Turn*, Oxford, Oxford University Press, 2008.

GOODIN R., LIST C. « Epistemic Democracy : Generalizing the Condorcet Jury Theorem », *Journal of Political Philosophy* 9, 2001, p. 277-306.

GOODIN R., SPIEKERMANN K., *An Epistemic Theory of Democracy*, Oxford, Oxford University Press, 2018.

GOODWIN B., *Justice by Lottery*, Hemel Hempstead, Harvester Wheatsheaf, 1992.

GOSEPATH S., « Equality », *in* E. Zalta (dir.), *The Stanford Encyclopedia of Philosophy*, 2007 (http://plato.stanford.edu/entries/equality/).

GOSSERIES A., « Libertarisme de gauche et hobbesianisme de gauche », *Raisons politiques* 23, 2006, p. 47-67.

GRAETZ M., SHAPIRO I., *Death by a thousand cuts : The fight over taxing inherited wealth*, Princeton, Princeton University Press, 2011.

GUERRERO A., « Against Elections : The Lottocratic Alternative », *Philosophy and Public Affairs* 42/2, 2014, p. 135-178.

GUIBET LAFAYE C., « Éducation à la citoyenneté et parité de participation », *Raison publique* 11, 2009, p. 121-147.

GUTMANN A., *Democratic Education*, Princeton, Princeton University Press, 1999 (1987).

GUTMANN A., THOMPSON D., *Democracy and Disagreement*, Cambridge (Mass.), Harvard University Press, 1996.

HABERMAS J., *Théorie de l'agir communicationnel. Tome I et II*, Paris, Fayard, 1987 (1981).

– *Morale et communication. Conscience morale et activité communicationnelle*, Paris, Le Cerf, 1986 (1983).

– *De l'éthique de la discussion*, Paris, Le Cerf, 1992 (1991).

– *Droit et démocratie. Entre faits et normes*, Paris, Gallimard, 1997 (1992).

– « La morale des visions du monde. "Raison" » et "vérité" dans le libéralisme politique de Rawls », dans J. Habermas, J. Rawls, *Débat sur la justice politique*, Paris, Le Cerf, 2005 (1995), p. 143-187.

– *La Paix perpétuelle. Le bicentenaire d'une idée kantienne*, Paris, Le Cerf, 1996.

– *Après l'État-nation. Une nouvelle constellation politique*, Paris, Fayard, 2000 (1998).

– « Constitutional Democracy : A Paradoxical Union of Contradictory Principles ? », *Political Theory* 9/6, 2001, p. 766-781.

– « Euroskepticism, Market Europe, or a Europe of (World) Citizens ? », in *Time of Transitions*, Cambridge, Polity Press, 2006.

– *La Constitution de l'Europe*, Paris, Gallimard, 2012 (2011).

HABERMAS J., RAWLS J., *Débat sur la justice politique*, Paris, Le Cerf, 2005 (1995).

HAIDT J., KESEBIR S., « Morality », *in* S. Fiske, D. Gilbert, G. Lindzey (dir.), *Handbook of Social Psychology*, Hoboken, John Wiley & Sons, Inc, 2010.

HAMILTON A., MADISON J., JAY J., *The Federalist Papers*, New York, Palgrave Macmillan, 2009.

HARDING S. (dir.), *The feminist standpoint theory reader : Intellectual and political controversies*, New York, Routledge, 2004.

HARE R., *The Language of Morals*, Oxford, Clarendon Press, 1961.

HAY C., *Why We Hate Politics*, Cambridge, Polity Press, 2007.

HEATH J., « On the Scope of Egalitarian Justice », *Les Ateliers de l'éthique* 1/1, 2006, p. 21-41.

– « On the Very Idea of a Just Wage », *Erasmus Journal for Philosophy and Economics* 11/2, 2018, p. 1-33.

HERLA A., « La discussion philosophique en classe : une pratique de l'émancipation ? », *Tracés*, 25, 2013, p. 103-123.

HIMMELROOS S., RAPELI L., « Can Deliberation Reduce Political Misperceptions ? Findings from a Deliberative Experiment on Immigration », *Journal of Deliberative Democracy* 16/1, 2020, p. 58–66.

HIRSCHL R., « The Political Origins of Judicial Empowerment Through Constitutionalization : Lessons from Four Constitutional Revolutions », *Law and Social Inquiry* 25/1, 2000, p. 91-149.

HÖFFE O., *La justice politique. Fondement d'une philosophie critique du droit et de l'État*, Paris, P.U.F., 1991.

HOLMES S., SUNSTEIN C., *The Cost of Rights : Why Liberty Depends on Taxes*, New York, Norton, 1999.

HONG L., PAGE S., « Some Microfoundations of Collective Wisdom », *in* J. Elster, H. Landemore (dir.), *Collective Wisdom : Principles and Mechanisms*, Cambridge, Cambridge University Press, 2012, p. 56-71.

HOULOU-GARCIA A., « Sagesse collective, diversité et mauvais usage des mathématiques », *Revue française de science politique* 67/5, 2017, p. 899-917.

HYTTEN K., « Ethics in Teaching for Democracy and Social Justice », *Democracy and Education* 23/2, 2015, p. 1-10.

JACQUET V., « Explaining Non-Participation in Deliberative Mini-Publics », *European Journal of Political Research* 56/3, 2017, p. 640-659.

JOST J., KAY A., « Social Justice : History, Theory, and Research », *in* S. Fiske, D. Gilbert, G. Lindzey (dir.) *Handbook of Social Psychology*, Hoboken, John Wiley & Sons, Inc, 2010.

KANT I., *Fondements de la métaphysique des mœurs*, Paris, Delagrave, 1969 (1785).

KELLER H., « Formes électorales et conception de la communauté dans les communes italiennes (XII e-XIV e siècle) », *Revue française de science politique* 64/6, 2014, p. 1083-1107.

KELLY T., « Discussing Controversial Issues : Four Perspectives on the Teacher's Role », *Theory and Research in Social Education* 14/2, 1986, p. 113-138.

KELSEN H., *La démocratie. Sa nature – sa valeur*, Paris, Economica, 1988 (1929).

KINDER D., KIEWIET R., « Sociotropic Politics : The American Case », *British Journal of Political Science* 11, 1981, p. 129-161.

KRASTEV I., « Eastern Europe's illiberal revolution : The long road to democratic decline », *Foreign Affairs* 97, 2018, p. 49-59.

KYMLICKA W., *Contemporary Political Philosophy : An Introduction* (2 e éd.), Oxford, Oxford University Press, 2002.

LACROIX J., *Michaël Walzer. Le pluralisme et l'universel*, Paris, Michalon, 2001.

LACROIX J., PRANCHÈRE J.-Y., « Karl Marx fut-il vraiment un opposant aux droits de l'homme ? Émancipation individuelle et théorie des droits », *Revue française de science politique* 62/3, 2012, p. 433-451.

LAFONT C., « Deliberation, Participation, and Democratic Legitimacy : Should Deliberative Mini-Publics Shape Public Policy ? », *Journal of Political Philosophy* 23/1, 2015, p. 40-63.

LANDA D., PEVNICK R., « Representative democracy as defensible epistocracy », *American Political Science Review* 114/1, 2020, p. 1-13

– « Is Random Selection a Cure for the Ills of Electoral Representation ? », *Journal of Political Philosophy*, 2020, https://doi.org/10.1111/jopp. 12219

LANDEMORE H., *Democratic Reason : Politics, Collective Intelligence, and the Rule of the Many*, Princeton, Princeton University Press, 2013.

– « Deliberation, Cognitive Diversity, and Democratic Inclusiveness : An Epistemic Argument for the Random Selection of Representatives », *Synthese* 190, 2013, p. 1209-1231.

– « Beyond the Fact of Disagreement ? The Epistemic Turn in Deliberative Democracy », *Social Epistemology* 31/3, 2017, p. 277-295.

LANGFORD M., « The Justiciability of Social Rights : From Practice to Theory », in *Social Rights Jurisprudence : Emerging Trends in International and Comparative Law*, Cambridge, Cambridge University Press, 2008, p. 3-45.

LAUENER L. « Why Do Citizens Vote Against Their Basic Political Values ? », *Swiss Political Science Review* 26/2, 2020, p. 153-180.

LAVAL C., *L'homme économique. Essai sur les racines du néolibéralisme*, Paris, Gallimard, 2007.

LEFEBVRE R., « Le socialisme français et la "classe ouvrière" », *Nouvelles FondationS* 1, 2006, p. 64-75.

LELEUX C., « La discussion à visée philosophique pour développer le jugement moral et citoyen ? », *Revue française de pédagogie* 166, 2009, p. 71-87.

LEMING J., « On the Limits of Rational Moral Education », *Theory and Research in Social Education* 9/1, 1981, p. 7-34.

LE PEN M., « Réaction à l'élection de Donald Trump au JT de 20h », France 2, 9 novembre 2016, [https://youtu.be/zt9OzT-Uow8»\t»_blank].

LESSIG L., *Republic, Lost : How Money Corrupts Congress – and a Plan to Stop It*, New York, Twelve, 2011.

LEVER A., « Mill and the Secret Ballot : Beyond Coercion and Corruption », *Utilitas* 19/3, 2007, p. 354-378.

– « Privacy and Democracy : What the Secret Ballot Reveals », *Law, Culture and the Humanities* 11/2, 2015, p. 164-183.

LEYDET D., « Représentation et présence : la démocratie représentative en question », *Politique et Sociétés* 21/1, 2002, p. 67-88.

– « Partisan Legislatures and Democratic Deliberation », *Journal of Political Philosophy* 23/3, 2015, p. 235-260.

– « Which Conception of Political Equality do Deliberative Mini-Publics Promote ? », *European Journal of Political Theory* 18/3, 2019, p. 349-370.

LINDELL M., BÄCHTIGER A., GRÖNLUND K., HERNE K., SETÄLÄ M., WYSS D., « What drives the polarisation and moderation of opinions ? Evidence from a Finnish citizen deliberation experiment on immigration », *European Journal of Political Research* 56/1, 2017, p. 23-45.

LIPMAN M., *Thinking in Education* (2 e éd.), Cambridge, Cambridge University Press, 2003 (1992).

LOCKE J., *Second Treatise of Government*, Harlan Davidson, 1982 (1690).

LÓPEZ-GUERRA C., « The Enfranchisement Lottery », *Politics, Philosophy and Economics* 10/2, 2011, p. 211-233.

LOVELL D. W., *From Marx to Lenin : An evaluation of Marx's responsibility for Soviet authoritarianism*, Cambridge, Cambridge University Press, 1984.

MACINTYRE A., « Is Patriotism a Virtue ? », The University of Kansas, Lindley Lecture, 1984.

MACKENZIE M., « A General-Purpose, Randomly Selected Chamber », *in* I. Gonzáles-Ricoy, A. Gosseries, *Institutions for Future Generations*, Oxford, Oxford University Press, 2016, p. 282-298.

MACKIE G., « Deliberation, but Voting Too », *in* R. Cavalier (dir.), *Approaching Deliberative Democracy : Theory and Practice*, Carnegie Mellon University Press, 2011.

MACMULLEN I., *Civics Beyond Critics : Character Education in a Liberal Democracy*, Oxford, Oxford University Press, 2015.

MAGALHÃES P., « Explaining the Constitutionalization of Social Rights », *in* D. Galligan, M. Versteeg (dir.), *Social and Political Foundations of Constitutions*, Cambridge, Cambridge University Press, 2013.

MAIR P., *Ruling the Void : The Hollowing of Western Democracy*, Londres, Verso, 2013.

MAJONE G., « Regulatory Legitimacy », in *Regulating Europe*, Londres, Routledge, 1996, p. 284-301.

MALKOPOULOU A., « The Paradox of Democratic Selection : Is Sortition Better than Voting ? », *in* K. Palonen, J.-M. Rosales (dir.), *Parliamentarism and Democratic Theory : Historical and Contemporary Perspectives*, Barbara Budrich Publishers, 2015, p. 229-254.

MALLESON T., « Should Democracy Work Through Elections or Sortition ? », *Politics and Society* 46/3, 2018, p. 401-417.

MANIN B., « Volonté générale ou délibération ? Esquisse d'une théorie de la délibération politique », *Le Débat* 33, 1985, p. 72-94.

– *Principes du gouvernement représentatif*, Paris, Flammarion, 2012 (1995).

– « Comment promouvoir la délibération démocratique ? Priorité du débat contradictoire sur la discussion », *Raisons politiques* 42/2, 2011, p. 83-113.

– « Why Open Voting in General Elections Is Undesirable », *in* J. Elster (dir.), *Secrecy and Publicity in Votes and Debates*, Cambridge, Cambridge University Press, 2015, p. 209-214.

– « À quoi tient la valeur épistémique de la démocratie ? », Collège de France, communication orale, 1 er mars 2017 (https://www.college-de-france.fr/site/claudine-tiercelin/seminar-2017-03-01-16h30.htm).

MANSBRIDGE J., « Accountability in the constituent-representative relationship », *in* J. Gastil, E. O. Wright, *Legislature by Lot : Transformative Designs for Deliberative Governance*, New York, Verso, 2019.

– « Recursive Representation », *in* D. Castiglione, J. Pollack (dir.), *Creating Political Presence : The New Politics of Democratic Representation*, Chicago, University of Chicago Press, 2019, p. 298-338.

MANSBRIDGE J., BOHMAN J., CHAMBERS S., CHRISTIANO T., FUNG A., PARKINSON J., THOMPSON D., WARREN M. « A Systemic Approach to Deliberative Democracy », *in* J. Parkinson, J. Mansbridge (dir.), *Deliberative Systems : Deliberative Democracy at the Large Scale*, Cambridge, Cambridge University Press, 2012, p. 1-26.

MANTOUVALOU V., « In Support of Legalization », *in* C. Gearty, V. Mantouvalou, *Debating Social Rights*, Oxford, Hart Publishing, 2011, p. 85-171.

MARAVALL J. M., *Demands on Democracy*, Oxford, Oxford University Press, 2016.

MARCHETTI R., « Models of Global Democracy : In Defence of Cosmo-Federalism », *in* D. Archibugi, M. Koenig-Archibugi, R. Marchetti, *Global Democracy : Normative and Empirical Perspectives*, Cambridge, Cambridge University Press, 2012.

MARSH J., *Unjust Legality : A Critique of Habermas's Philosophy of Law*, Oxford, Rowman & Littlefield, 2001.

MARSHALL T. H., « Citizenship and Social Class » (1949), in *Class, Citizenship and Social Development*, Westport, Greenwood, 1973.

MARTÍ J. L., « The Epistemic Conception of Deliberative Democracy Defended : Reasons, Rightness and Equal Political Autonomy », *in* S. Besson, J. L. Martí (dir.), *Deliberative Democracy and its Discontents*, Aldershot, Ashgate Publishing, 2006, p. 27-56.

– « Why (Deliberative) Democracy Has Epistemic Value and Why It Is Not Enough to Justify It ? », manuscrit non publié, 2013.

MAY K. O., « A set of independent necessary and sufficient conditions for simple majority decision », *Econometrica : Journal of the Econometric Society* 20/4, 1952, p. 680-684.

MCCORMICK J., *Machiavellian Democracy*, Cambridge, Cambridge University Press, 2011.

MEIRIEU P., *Le choix d'éduquer. Éthique et pédagogie*, Paris, ESF, 2005 (1991).

MENDUS S., *Impartiality in Moral and Political Philosophy*, Oxford, Oxford University Press, 2002.

MILANOVIC B., *Global Inequality : A New Approach for the Age of Globalization*, Cambridge (Mass.), Harvard University Press, 2016.

MILL J.-S., « Considerations on Representative Government » (1861), in *Three Essays*, Oxford, Oxford University Press, 1975 ; trad. fr. *Considérations sur le gouvernement représentatif*, Paris, Gallimard, 2009.

– *L'utilitarisme*, Paris, Garnier-Flammarion, 1968 (1863).

MILLER D., « Distributive Justice : What the People Think », *Ethics* 102/3, 1992, p. 555-593.

– *On Nationality*, Oxford, Oxford University Press, 1995.

MINEUR D., *Le Pouvoir de la majorité : Fondements et limites*, Paris, Garnier, 2017.

MISAK C., *Truth, Politics, Morality : Pragmatism and Deliberation*, Londres, Routledge, 2000.

MOUFFE C., *The Democratic Paradox*, Londres, Verso, 2000.

MOUNK Y., *Le Peuple contre la démocratie*, Paris, Éditions de l'Observatoire/ Humensis, 2018.

MUELLER D., TOLLISON R., WILLETT T., « Representative Democracy via Random Selection », *Public Choice* 12/1, 1972, p. 57-68.

MULLIGAN T., « Plural Voting for the Twenty-First Century », *The Philosophical Quarterly* 68/271, 2017, p. 286-306.

MURARD E., « Less Welfare or Fewer Foreigners ? Immigrant Inflows and Public Opinion towards Redistribution and Migrations Policies », *Social Science Research Network*, IZA Discussion paper No. 10805, 2017.

MYERS M., *The Soul of Modern Economic Man. Ideas of Self-Interest. Thomas Hobbes to Adam Smith*, Chicago, The University of Chicago Press, 1983.

NAGEL T., *Le point de vue de nulle part*, Paris, Éditions de l'Éclat, 1993 (1986).

– *Equality and Partiality*, New York, Oxford University Press, 1991 ; trad. fr. *Égalité et partialité*, Paris, P.U.F., 1994.

NINO C., *The Constitution of Deliberative Democracy*, New Haven, Yale University Press, 1996.

NORRIS P. (dir.), *Critical Citizens : Global Support for Democratic Governance*, New York, Oxford University Press, 1999.

– « Is Western democracy backsliding ? Diagnosing the risks », *The Journal of Democracy*, web exchange, 2017 (https://www.journalofdemocracy.org/online-exchange-democratic-deconsolidation/).

NORRIS P., LOVENDUSKI J., *Political Recruitment : Gender, Race and Class in the British Parliament*, Cambridge, Cambridge University Press, 1995.

NORTON M., ARIELY D., « Building a Better America – One Wealth Quintile at a Time », *Perspectives on Psychological Science* 6/1, 2011, p. 9-12.

NOZICK R., *Anarchy, State and Utopia*, Oxford, Basil Blackwell, 1974.

NUSSBAUM M., *Les émotions démocratiques. Comment former le citoyen du XXIe siècle ?*, Paris, Flammarion, 2011.

OBERMAN K., « Poverty and Immigration Policy », *American Political Science Review* 109/2, 2015, p. 239-251.

OFFE C., *Les démocraties modernes à l'épreuve*, Paris, L'Harmattan, 1997.

OGIEN R., « La morale minimale à l'école », dans G. Durand, M. Fabre (dir.), *Éducation et minimalisme moral*, numéro spécial de *Recherches en éducation*, HS n°6, 2014, p. 13-24.

O'NEILL S., *Impartiality in Context : Grounding Justice in a Pluralist World*, New York, State University of New York Press, 1997.

PAGE S., *The Difference : How the Power of Diversity Creates Better Groups, Firms, Schools, and Societies*, Princeton, Princeton University Press, 2007.

PAPADOPOULOS I., *Démocratie directe*, Paris, Economica, 1998.
– *Democracy in Crisis ? Politics, Governance and Policy*, Londres, Palgrave Macmillan, 2013.
PARKINSON J., *Deliberating in the Real World : Problems of Legitimacy in Deliberative Democracy*, Oxford, Oxford University Press, 2006.
PASQUINO P., « La minorité décisive. Le paradoxe de la démocratie majoritaire », *La Vie des idées*, 2 décembre 2011 (http://www.laviedesidees.fr/Le-peuple-en-democratie.html).
PEONIDIS P., *Democracy as Popular Sovereignty*, Lanham, Lexington Books, 2013.
PERELMAN C., *Justice et raison*, Bruxelles, Éditions de l'Université de Bruxelles, 1972.
PETTIT P., *Republicanism : A Theory of Freedom and Government*, Oxford, Oxford University Press, 1997.
– « Republican Freedom and Contestatory Democratization », *in* I. Shapiro, C. Hacker-Cordón (dir.), *Democracy's Value*, Cambridge, Cambridge University Press, 1999, p. 163-190.
– « Democracy : Electoral and Contestatory », *in* I. Shapiro, S. Macedo (dir.), *Nomos XLII : Designing Democratic Institutions*, New York, New York University Press, 2000, p. 105-146.
– « Depoliticizing Democracy », *in* S. Besson, J. L. Martí (dir.), *Deliberative Democracy and its Discontents*, Aldershot, Ashgate Publishing, 2006, p. 93-105.
– *On the People's Terms : A Republican Theory and Model of Democracy*, Cambridge, Cambridge University Press, 2012.
PIKETTY T., « Social Mobility and Redistributive Politics », *The Quarterly Journal of Economics* 110/3, 1995, p. 551-584.
– *Le capital au XXIe siècle*, Paris, Seuil, 2013.
PINKER S., *The Better Angels of Our Nature : The Decline of Violence in History and Its Causes*, Londres, Penguin Books, 2011.
PITKIN H., *The Concept of Representation*, Berkeley, University of California Press, 1967.
POURTOIS H., « Mini-Publics et démocratie délibérative », *Politique et Sociétés* 32/1, 2013, p. 21-41.
– « Les élections sont-elles essentielles à la démocratie ? », *Philosophiques* 43/2, 2016, p. 411-439.
– « Démocratie délibérative et démocratie électorale », dans L. Blondiaux, B. Manin (dir.), *Le tournant délibératif*, Paris, Presses de Sciences Po, 2021.
PRAIRAT E., *La morale du professeur*, Paris, P.U.F., 2013.
PRZEWORSKI A., *Capitalism and Social Democracy*, Cambridge, Cambridge University Press, 1985.
– « Minimalist Conception of Democracy : a Defense », *in* I. Shapiro, C. Hacker-Cordón (dir.), *Democracy's Value*, Cambridge, Cambridge University Press, 1999, p. 23-55.

– *Democracy and the Limits of Self-Government*, New York, Cambridge University Press, 2010.

– « Suffrage and Voting Secrecy in General Elections », *in* J. Elster (dir.), *Secrecy and Publicity in Votes and Debates*, Cambridge, Cambridge University Press, 2015, p. 97-107.

– *Why Bother with Elections ?*, Cambridge, Polity Press, 2018.

PRZEWORSKI A., ALVAREZ M., CHEIBUB J-A., LIMONGI F., *Democracy and Development : Political Institutions and Well-Being in the World, 1950-1990*, Cambridge, Cambridge University Press, 2000.

PRZEWORSKI A., STOKES S., MANIN B. (dir.), *Democracy, Accountability, and Representation*, Cambridge, Cambridge University Press, 1999.

PRZEWORSKI A., WALLERSTEIN M., « Structural Dependence of the State on Capital », *The American Political Science Review* 82/1, 1988, p. 11-29.

RAMELET L., « Why voting does not imply consenting », *Frontiers in Political Science* 2/5, 2020.

RAWLS J., « Justice as Fairness » (1958), in *Collected Papers*, Cambridge (Mass.), Harvard University Press, 1999.

– *A Theory of Justice*, Cambridge (Mass.), Harvard University Press, 1971 ; trad. fr. *Théorie de la justice*, Paris, Seuil, 2009.

– *Political Liberalism*, New York, Columbia University Press, 2005 (1993) ; trad. fr. *Libéralisme politique*, Paris, P.U.F., 1995.

– « Réponse à Habermas », dans J. Habermas, J. Rawls, *Débat sur la justice politique*, Paris, Le Cerf, 2005 (1995), p. 49-142.

– *The Law of Peoples, with The Idea of Public Reason Revisited*, Cambridge (Mass.), Harvard University Press, 1999 ; trad. fr. *Paix et démocratie. Le droit des peuples et la raison publique*, Paris, Flammarion, 2006.

RAZ J., « Authority and Justification », *Philosophy and Public Affairs* 14/1, 1985, p. 3-29.

REHFELD A., *The Concept of Constituency : Political Representation, Democratic Legitimacy, and Institutional Design*, Cambridge, Cambridge University Press, 2005.

REUCHAMPS M., « Belgium's experiment in permanent forms of deliberative democracy », *Constitutionnet*, 17 janvier 2020, http://constitutionnet.org/news/belgiums-experiment-permanent-forms-deliberative-democracy

REUCHAMPS M., SUITER J. (dir.), *Constitutional Deliberative Democracy in Europe*, Colchester, ECPR Press, 2016.

RICŒUR P., *L'idéologie et l'utopie*, Paris, Seuil, 2005 (1997).

RODRIK D., *The Globalization Paradox : Why Global Markets, States and Democracy Can't Coexist*, New York, Oxford University Press, 2011.

ROEMER J., « Does Democracy Engender Justice ? », *in* I. Shapiro, C. Hacker-Cordón (dir.), *Democracy's Value*, Cambridge, Cambridge University Press, 1999.

ROSANVALLON P., *Le libéralisme économique. Histoire de l'idée de marché*, Paris, Seuil, 1989.

– *La contre-démocratie. La politique à l'âge de la défiance*, Paris, Seuil, 2008.
– *La légitimité démocratique. Impartialité, réflexivité, proximité*, Paris, Seuil, 2010.
– *Le bon gouvernement*, Paris, Seuil, 2015.
ROSENBLUM N., *On the Side of the Angels : An Appreciation of Parties and Partisanship*, Princeton, Princeton University Press, 2008.
ROTHSTEIN B., TEORELL J., « What is quality of government ? A theory of impartial government institutions », *Governance* 21/2, 2008, p. 165-190.
ROUSSEAU J.-J., *Du contrat social*, dans *Rousseau*, Paris, Flammarion, 2008 (1762).
RUMMENS S., « Democratic Deliberation as the Open-Ended Construction of Justice », *Ratio Juris* 20/3, 2007, p. 335-354.
– « Staging deliberation : the role of representative institutions in the deliberative democratic process », *Journal of political philosophy* 20/1, 2012, p. 23-44.
– « Legitimacy without Visibility ? On the Role of Mini-Publics in the Democratic System », *in* M. Reuchamps, J. Suiter (dir.), *Constitutional Deliberative Democracy in Europe*, Colchester, ECPR Press, 2016, p. 129-146.
RUNCIMAN D., « Why replacing politicians with experts is a reckless idea », *The Guardian*, 1 er Mai 2018 (https://www.theguardian.com/news/2018/may/01/why-replacing-politicians-with-experts-is-a-reckless-idea).
SAFFON M. P., URBINATI N., « Procedural Democracy, the Bulwark of Equal Liberty », *Political Theory* 41/3, 2013, p. 441-481.
SANDEL M., *Le libéralisme et les limites de la justice*, Paris, Seuil, 1999 (1982).
– *Justice*, Paris, Albin Michel, 2016 (2010).
SAUNDERS B., « Democracy, Political Equality, and Majority Rule », *Ethics* 121/1, 2010, p. 148-177.
SCANLON T. M., « Utilitarianism and Contractualism » (1982), in *The Difficulty of Tolerance : Essays in Political Philosophy*, Cambridge, Cambridge University Press, 2003, p. 124-150.
– *What We Owe to Each Other*, Cambridge (Mass.), Harvard University Press, 1998.
SCHÄFER A., STREECK W. (dir.), *Politics in the Age of Austerity*, Cambridge, Polity Press, 2013.
SCHWARTZBERG M., *Counting the Many : The Origins and Limits of Supermajority Rule*, New York, Cambridge University Press, 2014.
SEN A., « Rational Fools : A critique of the Behavioral Foundations of Economic Theory », *Philosophy and Public Affairs* 6/4, 1977, p. 317-344.
– *Inequality Reexamined*, Cambridge (Mass.), Harvard University Press, 1995.
– « On the Status of Equality », *Political Theory* 24/3, 1996, p. 394-400.
– *L'idée de justice*, Paris, Flammarion, 2010.
SEN A., Nussbaum M., « Capability and well-being », in *The quality of life*, Oxford, Clarendon Press, 1993.
SHAPIRO I., *Democracy's Place*, Ithaca, Cornell University Press, 1996.
– *Democratic Justice*, New Haven, Yale University Press, 1999.
– *The State of Democratic Theory*, Princeton, Princeton University Press, 2003.

– « Against Impartiality », *The Journal of Politics* 78/2, 2016, p. 467-480.
– *Politics against Domination*, Cambridge (Mass.), Harvard University Press, 2016.
SHAPIRO I., HACKER-CORDÓN C. (dir.), *Democracy's Value*, Cambridge, Cambridge University Press, 1999.
SHEPSLE K. A., MUTHOO A., « The Constitutional Choice of Bicameralism », *in* E. Helpman (dir.), *Institutions and Economic Performance*, Cambridge (Mass.), Harvard University Press, 2008.
SINGER P., *The Expanding Circle : Ethics and Socio-Biology*, Oxford, Oxford University Press, 1981.
SINTOMER Y., *Petite histoire de l'expérimentation démocratique. Tirage au sort et politique d'Athènes à nos jours*, Paris, La Découverte, 2011.
SKINNER Q., « Sur la justice, le bien commun et la priorité de la liberté » (1992), dans A. Berten, P. da Silveira, H. Pourtois (éd.), *Libéraux et communautariens*, Paris, P.U.F., 1997, p. 209-226.
SMITH A., *Théorie des sentiments moraux*, Paris, P.U.F., 1999 (1759).
SOMER M., « Turkey : The slippery slope from reformist to revolutionary polarization and democratic breakdown », *The ANNALS of the American Academy of Political and Social Science* 681/1, 2019, p. 42-61.
SOMIN I., *Democracy and Political Ignorance : Why Smaller Government is Smarter*, Stanford, Stanford University Press, 2013.
STOJANOVIĆ N., *Dialogue sur les quotas. Penser la représentation dans une démocratie multiculturelle*, Paris, Presses de Sciences Po, 2013.
STONE P., *The Luck of the Draw : The Role of Lotteries in Decision Making*, Oxford, Oxford University Press, 2011.
SUNSTEIN C., « Incompletely Theorized Agreements », *Harvard Law Review* 108/7, 1995, p. 1733-1772.
– « Deliberative Trouble? Why Groups Go to Extremes », *The Yale Law Journal* 110/71, 2000, p. 71-119.
SUTHERLAND K., *A People's Parliament : A (Revised) Blueprint for a Very English Revolution*, Exeter, Imprint Academic, 2008.
SWIFT A., « Public Opinion and Political Philosophy : The Relation between Social-Scientific and Philosophical Analyses of Distributive Justice », *Ethical Theory and Moral Practice* 2/4, 1999, p. 337-363.
TALPIN J., « The Publics of Constitutional Reforms », *in* M. Reuchamps, J. Suiter (dir.), *Constitutional Deliberative Democracy in Europe*, Colchester, ECPR Press, 2016.
TAMINIAUX J., *La fille de Thrace et le penseur professionnel. Arendt et Heidegger*, Paris, Payot et Rivages, 2006 (1992).
THALER R., SUNSTEIN C., *Nudge : Improving decisions about health, wealth, and happiness*, Penguin Books, 2009.
TSEBELIS G., *Veto Players : How Political Institutions Work*, Princeton, Princeton University Press, 2002.

TSEBELIS G., MONEY J., *Bicameralism*, Cambridge, Cambridge University Press, 1997.

TUSHNET M., *Weak Courts, Strong Rights : Judicial Review and Social Welfare Rights in Comparative Constitutional Law*, Princeton, Princeton University Press, 2008.

URBINATI N., *Representative Democracy : Principles and Genealogy*, Chicago, The University of Chicago Press, 2006.

– « Unpolitical Democracy », *Political Theory* 38/1, 2010, p. 65-92.

– *Democracy Disfigured : Opinion, Truth, and the People*, Cambridge (Mass.), Harvard University Press, 2014.

URBINATI N., WARREN M., « The concept of representation in contemporary democratic theory », *Annual Review of Political Science* 11, 2008, p. 387-412.

URFALINO P., « La décision par consensus apparent. Nature et propriétés », *Revue européenne des sciences sociales* 45/136, 2007, p. 47-70.

– « Deciding as Bringing Deliberation to a Close », *Social Science Information* 49/1, 2010, p. 111-140.

VALENTINI L., « Justice, Disagreement and Democracy », *British Journal of Political Science* 43/1, 2013, p. 177-199.

VANDAMME P.-E., « Quels fondements philosophiques pour l'enseignement de la morale laïque? Pour une éducation au décentrement », *Revue française de pédagogie* 182, 2013, p. 107-116.

– « Exploitation et obligation de travailler », *Les Ateliers de l'Éthique* 9/2, 2014, p. 29-49.

– « Qu'est-ce que le décentrement? Moralité individuelle et justice sociale », *Ethica* 21/1, 2017, p. 167-202.

– « Voting Secrecy and the Right to Justification », *Constellations* 25, 2018, p. 388-405.

– « Le tirage au sort est-il compatible avec l'élection ? », *Revue française de science politique* 68/5, 2018, p. 873-894.

– « Indirect Cosmopolitan Education : On the Contribution of National Civic Education to Attitudes towards Foreigners », *Journal of Global Ethics* 14/1, 2018, p. 114-132.

– « Des référendums plus délibératifs? Les atouts du vote justifié », *Participations* 2018/1, p. 29-52.

VANDAMME P.-É., BELLO HUTT D., « Selecting Constitutional Judges Randomly », *Swiss Political Science Review* 27/1, 2021, p. 107-127.

VANDAMME P.-É., JACQUET V., NIESSEN C., PITSEYS J., REUCHAMPS M., « Intercameral Relations in a Bicameral Elected and Sortition Legislature », *Politics and Society* 46/3, 2018, p. 381-400.

VANDAMME P.-É., VERRET-HAMELIN A., « A Randomly Selected Chamber : Promises and Challenges », *Journal of Public Deliberation* 13/1, 2017.

VAN PARIJS P., *Real Freedom for All : What (if Anything) Can Justify Capitalism ?*, Oxford, Oxford University Press, 1995.

– *Just Democracy : The Rawls-Machiavelli Programme*, Colchester, ECPR Press, 2011.

– « Electoral Democracy and Its Rivals », in *The Malaise of Electoral Democracy and What to Do About It*, Re-Bel E-Book 14, Bruxelles, The Re-Bel Initiative, 2014, p. 46-61.

VAN REYBROUCK D., *Contre les élections*, Arles, Actes Sud, 2014.

VERMEULE A., *Mechanisms of Democracy : Institutional Design Writ Small*, New York, Oxford University Press, 2007.

WALDRON J., *Law and Disagreement*, Oxford, Oxford University Press, 1999.

WALZER M., « Philosophy and Democracy » (1981), *in* T. Christiano (éd.), *Philosophy and Democracy : An Anthology*, Oxford, Oxford University Press, 2003.

– *Sphères de la justice. Une défense du pluralisme et de l'égalité*, Paris, Seuil, 1997 (1983).

WHITE J., YPI L., *The Meaning of Partisanship*, Oxford, Oxford University Press, 2016.

WILLIAMS B., « Persons, Character and Morality » (1976), in *Moral Luck : Philosophical Papers 1973-1980*, Cambridge, Cambridge University Press, 1981.

WINKLER I., MAHLER C., « Interpreting the Right to a Dignified Minimum Existence : A New Era in German Socio-Economic Rights Jurisprudence ? », *Human Rights Law Review* 13/2, 2013, p. 388-401.

WRIGHT E. O., *Utopies réelles*, Paris, La Découverte, 2017 (2010).

YOUNG C., *Constituting Social and Economic Rights*, Oxford, Oxford University Press, 2012.

YOUNG I., *Justice and the Politics of Difference*, Princeton, Princeton University Press, 1990.

– *Inclusion and Democracy*, New York, Oxford University Press, 2000.

YZERBYT V., DEMOULIN S., « Intergroup Relations », *in* S. Fiske, D. Gilbert, G. Lindzey (dir.), *Handbook of Social Psychology*, Hoboken, John Wiley & Sons, Inc, 2010.

ZWARTHOED D., « Creating Frugal Citizens : The Liberal Egalitarian Case for Teaching Frugality », *Theory and Research in Education* 13/3, 2015, p. 286-307.

– « Political Representation of Future Generations », *in* M. Düwell, G. Bos, N. van Steenbergen (dir.), *Towards the Ethics of a Green Future. The Theory and Practice of Human Rights for Future People*, New York, Routledge, 2018, p. 79-109.

INDEX NOMINUM

INDEX RERUM

Remerciements

Ce livre a pour origine la thèse de doctorat que j'ai défendue à l'UCLouvain (Belgique) en juin 2017. Même s'il a évolué depuis lors, il doit énormément à ceux qui ont dirigé cette recherche – Walter Lesch et plus encore Hervé Pourtois –, ainsi qu'aux membres de mon jury de thèse – Charles Girard, Dominique Leydet et Philippe Van Parijs (dont les travaux et enseignements sont à l'origine des principales questions qui habitent ce livre). Je les remercie vivement pour leurs nombreuses suggestions.

Je remercie également toutes les personnes qui, au fil des années, ont lu et commenté des parties de ce livre ou des articles qui l'ont précédé, en ce compris Camille Bedock, Donald Bello Hutt, Sandrine Blanc, Loïc Blondiaux, Jean-Michel Chaumont, Jean-Michel Counet, Anne-France Colla, Dimitri Courant, Julian Culp, Jurgen De Wispelaere, Pierre-Luc Dostie-Proulx, Daniel Dumont, Andrea Felicetti, Thomas Ferretti, Clément Fontan, John Gastil, Iñigo Gonzáles-Ricoy, Axel Gosseries, Philippe Hambye, Siba Harb, Vincent Jacquet, Refia Kadayifci, Maxime Lambrecht, Hélène Landemore, Louis Larue, Annabelle Lever, Andrew Lister, Olivier Malay, Christophe Malisoux, José Luis Martí, Tim Meijers, Thomas Michiels, Emanuele Murra, Thierry Ngosso, Christoph Niessen, Jean-Paul Niyigena, Camille Pascal, Jean-Benoit Pilet, Aníbal Pineda Canabal, Katarina Pitasse Fragoso, John Pitseys, Min Reuchamps, Ian Shapiro, Isabella Trifan, Nadia Urbinati, François Vandamme, Yannick Vanderborght, Antoine Verret-Hamelin (auquel la partie sur la représentation par tirage au sort doit beaucoup), Erik Olin Wright et Danielle Zwarthoed.

Je souhaite également remercier Stéphane Chauvier et Céline Spector pour avoir accepté de publier ce livre dans leur collection.

Ce sont des financements du Fonds de la recherche scientifique belge (FRS-FNRS) et du KU Leuven Research Council qui m'ont permis de mener ce projet. Je suis très reconnaissant envers ces deux institutions pour les conditions de travail privilégiées qui m'ont été offertes.

Enfin, je tiens à remercier mes ami.e.s et ma famille pour leur intérêt et leur soutien – aux premiers rangs desquels Anne, Zoé et Luca.

Je dédie ce livre à Frédéric Mercier, mon ancien professeur de français, qui m'a convaincu que je n'étais pas un si mauvais élève que je le pensais à 15 ans, et à Jacques Vandamme, mon grand-père, qui m'a toujours encouragé à avoir des convictions fortes tout en doutant de tout.

TABLE DES MATIÈRES

IMPRIMERIE F. PAILLART, B.P. 30324, 80103 ABBEVILLE – (16839)
DÉPÔT LÉGAL : 3e TRIMESTRE 2021